Moderieren
Präsentieren
Faszinieren

Soft Skills

Christina Stoica-Klüver, Jürgen Klüver, Jörn Schmidt
Besser und erfolgreicher kommunizieren!
Vorträge, Gespräche, Diskussionen

Erwin Hoffmann
Manage Dich selbst und nutze Deine Zeit!

Marion Schröder
Heureka, ich hab's gefunden!
Kreativitätstechniken, Problemlösung & Ideenfindung

Helmut Balzert, Marion Schröder, Christian Schäfer
Wissenschaftliches Arbeiten, 2. Auflage
Ethik, Inhalt & Form wiss. Arbeiten, Handwerkszeug, Quellen, Projektmanagement, Präsentation

Management

Roman Bendisch, Andreas Führer
Projekte managen mit Microsoft Project
Projekte auch in stürmischen Zeiten auf Erfolgskurs halten

Petra Motte

Moderieren Präsentieren Faszinieren

W3L-Verlag | Herdecke | Witten

Autorin:
M. A. Petra Motte,
E-Mail: motte@moewe-seminare.de
www.moewe-seminare.de

Bibliografische Information Der Deutschen Nationalbibliothek:
Die Deutsche Nationalbibliothek verzeichnet diese Publikation in der Deutschen Nationalbibliografie. Detaillierte bibliografische Daten sind im Internet über
http://dnb.ddb.de/ abrufbar.

1. Auflage: Januar 2009
1. korrigierter Nachdruck: Dezember 2011

Gesamtgestaltung: Prof. Dr. Heide Balzert, Herdecke

Lektor: Prof. Dr. Helmut Balzert, Herdecke

Herstellung: M.Sc. Kerstin Kohl, Dagmar Fraude, Witten

Satz: Das Buch wurde aus der E-Learning-Plattform W3L automatisch generiert. Der Satz erfolgte aus der Lucida, Lucida sans und Lucida casual.

Druck und Verarbeitung: CPI buchbücher.de gmbh, Birkach

Vorwort

Sie interessieren Sich für die Gestaltung interessanter Präsentationen oder Moderationen? Sie sind selbst Redner oder Moderator und möchten mehr über dieses faszinierende Thema erfahren? Schön, dass Sie sich dann für dieses Buch entschieden haben.

In meinen Seminaren werde ich immer wieder gefragt, wie man es als Präsentierender oder Moderator, egal ob männlich oder weiblich, schaffen kann, die Aufregung in den Griff zu kriegen, souverän auf Störungen zu reagieren und bei alledem auch noch das Publikum zu faszinieren?

Nun, die Antworten werden Sie in diesem Buch finden. Und Sie werden feststellen, wie einfach und gleichsam vielschichtig diese Frage zu beantworten ist. Es geht dabei nicht darum, Ihnen vorzuschlagen, was Sie alles anders machen können. Dieses Buch ist eher ein wohlwollendes Angebot, das ein oder andere bei Ihrer täglichen Arbeit in der Präsentation und Moderation auszuprobieren, um später selbst zu entscheiden, was für Sie in ihrer individuellen Situation sinnvoll erscheint. Auch die Vorstellung der einzelnen Präsentationsmedien ist nicht so sehr mit der Absicht verbunden, ein Plädoyer für das ein oder andere Medium zu halten. Sie werden während des Studiums dieses Buches schnell erkennen, dass es darum geht, die wirkliche Faszination der Moderation und Präsentation in Ihnen selbst zu entdecken.

Seit einigen Jahren beobachte ich, dass die Teilnehmer meiner Seminare zunächst an einer gewissen Medienmüdigkeit leiden. War bislang beispielsweise eine Beamerpräsentation bei einigen meiner Kunden ein mit Staunen belohnter Türöffner, so stelle ich immer häufiger fest, dass sich die Gemüter mit dem Blick auf die Folien auf eine gewohnte Medienabfolge einstellen und ihren inneren Schalter auf *Ruhezustand* und passiven Konsum einstellen.

Um dieser ermüdenden Atmosphäre in Präsentationen und der Aktionslosigkeit in Seminaren und Workshops zu begegnen, hat sich in der modernen Didaktik ein Trend zur Handlungsorientierung und Interaktivität entwickelt. Also gehe ich heute bei einer Moderation mehr auf Zuhörer und Teilnehmer zu, binde sie interaktiv in das Geschehen ein und erlebe Menschen, die interessiert sind und für sich neue Perspektiven und Einblicke entdecken. Für eine Präsentation gibt es mittlerweile interessante Software-Lösungen, die einen neue Dynamik in die Vortragssituation bringen. Auf diese Weise haben Sie auch dort die Möglichkeit, Akzente zu setzen und für eine effektive Präsentation zu sorgen. Sind die Inhalte zudem gehirngerecht aufbereitet, so dass sie also der mentalen Struktur des Lernens und Denkens entsprechen, sind die Effekte solcher positiven Ergebnisse sogar von nachhaltiger Dauer. Sie sehen, es geht nicht um das Präsentieren und Moderieren allein, sondern um interessante Aspekte aus vielen wissenschaftlichen Bereichen, aus denen sich fundamentale Bausteine für die Faszination des Moderators ableiten.

An einigen Stellen des Buches werden Sie ein gewisses Augenzwinkern zwischen den Zeilen erkennen. Manchmal werden Sie sich in der einen oder anderen Situation aus der Praxis wieder finden, oder hoffen, niemals in eine solche hinein zu kommen. Manche Stolperfalle kann Ihnen auch ein noch so gründliches Studium dieses Buches nicht ersparen. Ich möchte Sie aber an die Hand nehmen und Ihnen zeigen, dass Sie gut in dem sind, was Sie als Redner oder Moderator tun.

Das Buch ist so angelegt, dass Sie sowohl praktische Tipps als auch interessante Diskussionen finden. Sie können es je nach Bedarf und Interesse chronologisch oder auch in beliebiger Reihenfolge bearbeiten.

Um Ihnen die Möglichkeit zu bieten, den ein oder anderen Gedanken zu vertiefen, befinden sich an den Seitenrändern Hinweise zu entsprechenden Übungen.

Voraussetzungen & Zielgruppe

Um dieses Buch mit Freude zu lesen und zu studieren brauchen Sie nur zwei wichtige Voraussetzungen: Interesse an den Themen Moderation und Präsentation, sowie eine gewisse Portion Neugierde auf aktuelle Entwicklungen und Methoden in diesem Bereich. Wenn Sie als Redner vor einem Publikum stehen, werden Sie in diesem Buch die entsprechenden Anregungen für Ihre persönliche Vorbereitung und die Gliederung Ihrer Präsentation finden.

Wenn Sie als Vorgesetzter eine Arbeitsgruppe zu einem bestimmten Thema leiten und moderieren – auch hierzu finden Sie in diesem Buch Informationen und Anregungen, wie Sie diesen Prozess gestalten und organisieren können.

Auch als Moderator einer größeren Veranstaltung gibt es besondere Rahmenbedingungen, die Sie zu berücksichtigen haben. Dieses Buch hilft Ihnen bei der systematischen Bearbeitung dieser Aufgaben und bietet Ihnen eine wertvolle Unterstützung.

Als Studierender haben Sie die Möglichkeit, sich über dieses Buch einen grundlegenden Einstieg in das Wissensgebiet der Präsentation und Moderation zu verschaffen.

Lassen Sie sich auf die vorgegebenen Situationen ein und Sie werden feststellen, dass Sie vieles aus Ihrer eigenen praktischen Erfahrung nachempfinden können oder bestätigt sehen. Sie haben noch keine praktischen Erfahrungen? Dann haben Sie das Glück, durch das Studium dieses Buches auf gewisse heilkle Situationen vorbereitet zu sein, so dass Ihnen manch Unangenehmes erspart bleibt.

Ziele

Nach Bearbeitung dieses Buches werden Sie in der Lage sein, fundiert über die sinnvolle Einsetzbarkeit der Präsentationsmedien und Moderationsmethoden in Ihrem Arbeitsbereich zu entscheiden. Sie werden darüber hinaus persönliche Kompetenzen entwickeln, die Ihnen dazu verhelfen, ein positives Selbstmanagement aufzubauen und dieses als selbstbewusste Basis für Ihren Einsatz als Vortragender oder Moderator zu nutzen. Letztlich wird Ihnen die Information über innovative Moderationsformen eine neue Perspektive eröffnen, vor deren Hintergrund Sie selbst das eine oder andere in Ihrer Praxis ausprobieren möchten.

Neue Didaktik

Um Ihnen das Lernen zu erleichtern, wurde für die W3L-Bücher eine neue Didaktik entwickelt. Der Buchaufbau und die didaktischen Elemente sind auf der vorderen Buchinnenseite beschrieben.

Kostenloser E-Learning-Kurs

Ergänzend zu diesem Buch gibt es den kostenlosen E-Learning-Kurs »Die Pinnwand«. Sie finden den Kurs auf der Website `www.W3L.de`. Klicken Sie auf den Reiter Online-Kurse und gehen Sie bei Erst-Kunde? auf den Link Zur W3L-Registrierung. Gehen Sie nach der Registrierung auf TAN einlösen und geben Sie folgende Transaktionsnummer (TAN) ein: 3095004135.

Kostenpflichtiger E-Learning-Kurs

Zusätzlich gibt es zu diesem Buch einen umfassenden, gleichnamigen Online-Kurs mit Mentor-/Tutorunterstützung, der zusätzlich zahlreiche interaktive Übungen, Tests und Aufgaben sowie Audio- und Videoclips enthält, und der mit qualifizierten Zertifikaten abschließt. Sie finden ihn ebenfalls unter `www.W3L.de`.

Danksagung

Herrn Prof. Dr. Helmut Balzert danke ich für die Übernahme des Gesamtlektorats und die ermunternde Zusammenarbeit. Ich danke Frau Prof. Dr. Heide Balzert für die kreative Gesamtgestaltung. Achim Motte und Andrea Arnold danke ich für das aufwändige Vor-Lektorat und für die vielen inspirierenden Diskussionen. Frau M.A. Andrea Krengel danke ich für ihre niemals enden wollende Geduld und für ihre guten Vorschläge. Frau Bianca Mertensotto danke ich an dieser Stelle für ihre kompetente Unterstützung. Ich danke dem Team des W3L-Verlages für die geduldige Bearbeitung der zahlreichen Details.

Vielen Dank sage ich auch meinen Semiarteilnehmern, die mich durch ihre Fragen und anregenden Diskussionen zu vielen Kapiteln in diesem Buch inspiriert haben.

Mein besonderer Dank gilt der Mediengestalterin Frau Steffi Liese für die Illustrationen und die mentale Stütze. Ebenso danke ich der Firma Neuland GmbH & Co. KG, die einige der Fotos in diesem Buch zur Verfügung gestellt hat.

Viel Spaß auf der Reise zu Ihren eigenen Fähigkeiten wünscht Ihnen

Ihre

Inhalt

1 Aufbau und Gliederung *

In diesem Buch mit dem Titel »Moderieren – Präsentieren – Faszinieren« wird in sechs Hauptkapiteln das Wesentliche zum Thema Moderation und Präsentation dargestellt.

Bevor Sie sich den einzelnen Inhalten zuwenden, entnehmen Sie die wichtigsten Informationen zu den Definitionen und Terminologien dieses Buches dem Kapitel:

- »Definitionen und Terminologie«, S. 3

Im ersten Hauptkapitel dieses Buches, spielt die Person des Moderators selbst die Hauptrolle. Über die persönliche Einstimmung auf eine Präsentation oder Moderation durch ein positives Selbstmanagement lernen Sie den Umgang und die Vorteile des Lampenfiebers kennen und schätzen. In einem weiteren Schritt haben Sie sowohl die Möglichkeit Ihre Gestik und Mimik zu trainieren, als auch Ihre rhetorischen Fähigkeiten zu überprüfen:

- »Der Moderator – Die Faszination in Person«, S. 7

Das zweite Hauptkapitel beschäftigt sich mit der Vorbereitung und Gliederung einer Präsentation. Dies beinhaltet einerseits die äußeren Rahmenbedingungen, wie die Raumplanung und Ausstattung der Räume mit den benötigten Medien. Andererseits wird auch auf die Gliederung der inhaltlichen Komponente Bezug genommen, die Ihnen als Moderator eine gewisse Sicherheit für den Verlauf Ihrer Veranstaltung bietet. Anhand der Vorstellung einiger Störfaktoren, die sich während einer Präsentation ergeben können, bekommen Sie einen Einblick, wie Sie sich durch eine effektive Detailplanung vor derartigen Zwischenfällen schützen, bzw. wie Sie einen souveränen Umgang mit ihnen erreichen können:

- »Vorbereitung und Gliederung der Präsentation«, S. 73

Im dritten Hauptkapitel werden die Präsentationsmedien und deren Technik beschrieben. Dabei ist zu beachten, dass in diesem Zusammenhang als Technik nicht nur die funktionelle Ebene der Geräte gemeint ist, sondern insbesondere die Art und Weise, wie die Präsentationsmedien jeweils einsetzbar sind. In diesem Teil des Buches werden die aktuellen Präsentationsmedien Beamer, Overhead-Projektor, Flipchart, *Whiteboard* und Pinnwand beschrieben und deren Eigenschaften und Anwendungsbereiche erklärt. Eine Auflistung der jeweiligen Vor- bzw. Nachteile hilft Ihnen bei der Entscheidung, welches Medium in Ihrer speziellen Präsentations- oder Moderationssituation in Frage kommt:

- »Präsentationsmedien und Technik«, S. 119

Im vierten Hauptkapitel des Buches werden faszinierende Moderations-Methoden vorgestellt, die sich in der Praxis bewährt haben, um die Teilnehmer zu involvieren und zu effektiven Arbeitsergebnissen zu gelangen. Hier ist in erster Linie der strukturierte Umgang mit Kreativität gefragt, indem neue Ideen geordnet und ausgewertet werden. Der Moderator kann es anhand der Thematik bzw. der Zielgruppe ausmachen, für welche der vorgestellten Moderationsmethoden er sich entscheidet:

- »Von der Präsentation zur Faszination«, S. 245

Das fünfte Hauptkapitel dieses Buches setzt sich mit innovativen Moderationsformen auseinander, die das Interesse und die Mitwirkung der teilnehmenden Personen in besonderem Maße fördern. Als Moderator haben Sie auf diese Weise die Möglichkeit, solche Momente in Ihre Moderation einzubringen, die den Teilnehmern eine gewisse Selbstorganisation einräumt und dadurch zusätzliche Motivationspotenziale freisetzt:

- »Innovative Moderationsformen «, S. 259

Sollten Sie feststellen, dass Ihnen die Thematik der Präsentation und Moderation liegt, können Sie im sechsten Hauptkapitel des Buches einen Ausblick wagen in die aktuelle Entwicklung der Präsentation und Moderation, sowie auf die sich daraus ergebenden Konsequenzen. Die aktuellen Bemühungen, den Teilnehmenden in all seinen individuellen Facetten zu bedienen, stellt höchste Ansprüche an die eingesetzten Moderatoren und Redner. Auch die Gratwanderung zwischen Trainer und Coach wirft immer neue Aspekte auf, die gerade im Zusammenhang mit den Diskussionen um eine innovative Gestaltung der Moderation und Präsentation an Aktualität gewinnt:

- »Ausblick«, S. 287

2 Definitionen und Terminologie *

Bei einer Rede steht der Vortragende vor einem Publikum und informiert über einen Sachverhalt. Möchte er dies z. B. mit einem Beamer oder Overhead-Projektor visualisieren, wird daraus eine Präsentation. Eine Diskussionsrunde mit einer Teilnehmergruppe wiederum wird als Moderation bezeichnet. Moderatoren werden auch in der Funktion eines Programmleiters bei Tagungen und Kongressen eingesetzt. Innerhalb der Moderation gibt es die Arbeit in Gruppen oder Workshops, in denen der Einsatz verschiedener Techniken, Methoden und Werkzeuge möglich ist.

In diesem Buch werden Sie auf einige Begriffe stoßen, die Sie entweder aus einem anderen Zusammenhang und dort mit einer anderen Bedeutung kennen gelernt haben, oder die für Sie völlig neu sind. Um Sie nicht gleich zu Beginn durch diese Begrifflichkeiten zu verunsichern, finden Sie in diesem Kapitel eine Definition und Erklärung zu den wichtigsten Begriffen dieses Buches.

Rede

Vortrag

Bei einer Rede geht es um die rein verbale Information des Publikums. Dazu steht der Redner vor einem Publikum und hält einen Vortrag zu einem bestimmten Thema. Dabei kann er entweder frei vor der Gruppe sprechen, oder sich hinter ein Rednerpult stellen, welches insbesondere bei längeren Veranstaltungen zu empfehlen ist. In größeren Räumen bzw. vor größeren Gruppen ist es zudem ratsam, ein Mikrofon zu benutzen, um die eigene Stimme zu schonen und der Länge der Veranstaltung stimmlich gewachsen zu sein.

Präsentation

Vortrag + Visualisierung

Im Rahmen einer Präsentation steht der Präsentierende ebenfalls vor einem Publikum. Hier geht es aber nicht nur darum, eine Rede zu halten, sondern die Inhalte zusätzlich z. B. durch einen Beamer oder Overhead-Projektor zu visualisieren. Die Präsentation dient in erster Linie dazu, das Publikum über einen bestimmten Sachverhalt zu informieren und diesen eben auch zu veranschaulichen. Im Rahmen der Entwicklung zu interaktiver Gestaltung solcher Szenarien kann der Präsentierende auch das Publikum mit einbeziehen. Nach einer entsprechenden Informationsphase haben die Zuhörer die Möglichkeit, Fragen zu stellen. Häufig ergeben sich daraus interessante Diskussionen, die zu weiteren Gesprächsimpulsen führen.

Moderation

Moderation

In einer Moderation kommt es darauf an, die Teilnehmer zum Mitmachen zu aktivieren und zu eigenen Ideen zu ermutigen. Der Moderator schlüpft in die Rolle des Begleiters oder Beraters und gibt hier und dort Impulse, um die Teilnehmer zu weiteren kreativen Ideen zu ermutigen. In einer Moderation steht nicht so sehr die Information durch den Moderator im Mittelpunkt, sondern vielmehr der **fachliche Austausch** und die **Kommunikation** zwischen den Teilnehmern.

Ergebnis wird erarbeitet

Eine Moderation ist ein gemeinschaftlicher Prozess, in dem jeder Einzelne sein Sozialverhalten auf das der Gruppe einstimmen muss. Am Ende steht ein gemeinschaftlich erarbeitetes Ergebnis, welches ein Gesamtbild der individuellen Meinungen darstellt.

Programmleiter

Es gibt auch Veranstaltungen, in denen Moderatoren als Programmleiter eingesetzt werden. Dies ist beispielsweise bei Tagungen oder Kongressen häufig der Fall, bei denen ein Moderator durch das Programm führt, indem er die verschiedenen Vorträge ankündigt, die Zeit im Auge behält oder eine sich ergebende Diskussion leitet.

Workshop

Gruppenprozess

Eine spezielle Form der Moderation ist der Workshop. Hier kommen die Teilnehmer zusammen, um an einem bestimmten, zuvor definierten Ziel zu arbeiten. Dies kann sich auf die Erarbeitung einer Lösung oder einer bestimmten Arbeitsmethode beziehen. Häufig steht auch die Beseitigung eines Problems im Mittelpunkt, wie es sich im Arbeitsablauf oder im Produktionsprozess ergibt. Auch hier steht wie bei der Moderation die Kommunikation der Teilnehmer im Mittelpunkt. Wichtig ist hier der fachliche Austausch, der sich in erster Linie auf die **praktischen** Erfahrungen bezieht. Da es häufig um praxisnahe Fragestellungen geht, schlägt sich der werkstattnahe Charakter in dem Begriff Workshop nieder. Der hierbei aus dem Englischen entliehene Begriff *work* (engl. = Arbeit) unterstreicht den produktiven und praxisnahen Gruppenprozess.

Gruppenarbeit

Mehrere Gruppen

Während einer Gruppenarbeit arbeiten mehrere Teilnehmer gemeinsam an einer Aufgabenstellung. Der Moderator kann beispielsweise im Rahmen einer Moderation die Teilnehmer bitten, sich in kleinen Gruppen um die Lösung eines bestimmten Problems zu bemühen. Die unterschiedlichen Lösungsansätze können anschließend im Plenum diskutiert werden und dienen der gegenseitigen Information sowie der Möglichkeit, durch die Lösung der anderen Gruppen zu neuen Perspektiven zu gelangen. Die kleinste Einheit einer Gruppe ist die Zweiergruppe. Nach oben hin ist die Teilnehmerzahl einer Gruppe zwar nicht begrenzt, jedoch muss der Moderator immer darum bemüht sein, eine dem Problem angemessene Gruppenstärke zu bilden.

Technik

Im Zusammenhang mit den Themen Moderation und Präsentation nimmt der Begriff Technik eine vielschichtige Bedeutung ein. Einerseits beschreibt dieser Begriff alle technischen Möglichkeiten, die in Form von Ausrüstung mit technischen Geräten (z. B. Overhead-Projektor, Beamer, PC) und Zugängen zu Netzwerken vorhanden sind. Andererseits beschreibt die Technik als *Moderationstechnik* auch die Art und Weise, wie der Moderator seine Arbeit erledigt; also in welcher Weise er die Moderationskarten verwendet oder wie er mit Markierungspunkten und anderen Moderationsmaterialien umgeht. Hier sind die Begriffe Technik und Methode (s.u.) nicht klar voneinander abgrenzbar. Dies liegt in erster Linie an der nicht geschützten Rollendefinition und Berufsbezeichnung des Moderators, andererseits an der Perspektive, aus der heraus die Arbeit des Moderators betrachtet wird.

Methode

Als Methode wird im Rahmen der Moderation und Präsentation in erster Linie die Umgangsform mit einem Präsentationsmedium verstanden. So hat der Moderator beispielsweise mehrere Möglichkeiten, gemeinsam mit seinen Teilnehmern das Medium Pinnwand einzusetzen. Auch für das Medium Overhead-Projektor gibt es verschiedene Methoden, also Vorgehensweisen, um die Inhalte den Teilnehmenden näher zu bringen. Bei der Methode geht es also um das *Wie*, also die Frage nach dem möglichen Verfahren, welches in einer Situation am sichersten zur gewünschten Lösung führt.

Werkzeug

Abgeleitet vom konventionellen Begriff *Werkzeug* als **Hilfsmittel** des Handwerkers ist das Werkzeug des Moderators all das, was zur praktischen Erledigung seiner Arbeit beiträgt. So sind zum Beispiel alle Zubehörteile eines Moderatorenkoffers als Werkzeuge zu bezeichnen. Im übertragenen Sinne werden auch die Hände des Moderators oder seine Stimme als Werkzeug bezeichnet, da er doch ohne diese nicht in der Lage wäre, seine Arbeit zu bewerkstelligen.

Wenn Sie das Buch lesen, werden Sie feststellen, dass sich der eine oder andere Begriff im jeweiligen Zusammenhang nicht ganz lupenrein definieren lässt. Aus der jeweiligen Situation heraus werden Sie jedoch sehr wohl in der Lage sein, den Kern der Sache richtig zu erfassen. Es ist dann die produktive Verbindung aus fachlicher Kompetenz und gekonnter Improvisation, wobei Letzteres insbesondere als persönliche Note zum gewünschten i-Tüpfelchen Ihrer Veranstaltung beiträgt.

3 Der Moderator – Die Faszination in Person *

Eine Präsentation kann technisch noch so eindrucksvoll inszeniert sein – ihre Qualität steht und fällt mit der Person des Moderators. Indem er die Veranstaltung, den Vortrag oder das Seminar leitet, wird er automatisch zum Dreh- und Angelpunkt des Geschehens. Nachdem sich die Präsentationskultur zu einer teilnehmerorientierten Atmosphäre entwickelt hat, steht der Moderator zwar nicht mehr zwangsläufig pausenlos im Mittelpunkt, doch laufen bei ihm die Fäden zusammen. Die vorbereiteten Medien dienen dem Moderator als Hilfsmittel, um ihn durch die Situation zu begleiten und nicht umgekehrt. Dies bedeutet für den Moderator, dass er nicht nur seine Präsentation, sondern vor allem sich selbst gut vorbereiten muss. So ranken sich um die Person des Moderators einige interessante Fragestellungen, die ausschlaggebend für ein positives Gesamtbild sind.

Dazu gehört es, mit positiver Ausstrahlung das Publikum wohlwollend für sich zu gewinnen, was nur gelingen kann, wenn Sie als Moderator mit sich und Ihrem gesamten Erscheinungsbild im Einklang sind:

- »Positives Selbstmanagement«, S. 8
- »Persönliche Vorbereitung des Moderators«, S. 14

Mit einer aussagekräftigen und gezielten Rhetorik kann es Ihnen zusätzlich gelingen, das Publikum zu faszinieren, indem Sie in der entsprechenden Situation mit Ihrer Stimme entscheidende Akzente setzen:

- »Die Rhetorik des Moderators«, S. 18

Auch der Einsatz von Gestik und Mimik sind von zentraler Bedeutung für Sie als Moderator, um als sympathischer Mensch mit souveräner Art wahrgenommen zu werden:

- »Elemente der Gestik«, S. 30
- »Elemente der Mimik«, S. 42
- »Intensivtraining für Gestik und Mimik«, S. 47

Ein wichtiges Thema ist in diesem Zusammenhang z. B. der Umgang mit Lampenfieber, und hier insbesondere die Erkenntnis, dass es durchaus eine Bereicherung sein kann,

Lampenfieber zu haben, um auf diese Weise zu ungeahnten spontanen Präsentationsfähigkeiten zu gelangen:

- »Lampenfieber und seine Symptome«, S. 53
- »Umgang mit Lampenfieber«, S. 55
- »Vorteile des Lampenfiebers«, S. 60
- »Checkliste gegen Lampenfieber«, S. 63

Abgerundet wird das positive Erscheinungsbild des Moderators über die Eigenschaft, ein guter Zuhörer zu sein:

- »Aktives Zuhören«, S. 66

3.1 Positives Selbstmanagement **

Ein positives Selbstmanagement ist eine gute Basis für eine gelungene Moderation. Ein wohlwollender Moderator begegnet seinem Publikum mit viel Einfühlungsvermögen und sieht sich in der Rolle eines Begleiters, dem es nicht so sehr darum geht, sein eigenes Wissen zu präsentieren, sondern seinem Publikum eine Reise zu neuen Wissensgebieten zu gestalten und den Lernerfolg zu sichern. Auf diese Weise kann das Publikum gewisse Selbstlerneffekte erfahren. Hierbei werden Informationen unter größtmöglicher Motivation wahrgenommen und verarbeitet und somit auch gut von den Teilnehmern abgespeichert. Eine positive Einstimmung auf die Veranstaltung hilft dem Moderator, sich effektiv vorzubereiten und mit sich selbst in Einklang zu sein.

Der Moderator – die Faszination in Person. Fühlen Sie sich angesprochen? Auf den ersten Blick werden Sie diesen Satz überlesen. Er wirkt etwas überspitzt. Und dennoch sollten Sie die darin implizierte Herausforderung annehmen und der Fragestellung nachgehen, worin die Faszination bei *Ihnen*, oder besser gesagt *in* Ihnen liegt. Doch verweilen Sie einen Moment und lassen Sie die Mehrdeutigkeit auf sich wirken. Dann wird Ihnen bewusst, auf welche Reise Sie sich begeben.

Erinnern Sie sich an ein Feedback aus Ihrem sozialen Umfeld? Was hat andere Menschen bislang an Ihnen fasziniert?

Was glauben Sie, wie ist die Relation zwischen dem *was* Sie sagen und dem *wie* Sie es sagen?

Auf das WIE kommt es an

Es gibt vielerlei Versuche, dieses Verhältnis auszudrücken. Alle haben die Tatsache gemeinsam, dass es im Wesentlichen darauf ankommt, auf welche Art und Weise Sie eine Sache präsentieren. Der Inhalt spielt eine weit untergeordnete Rolle. Eine grundlegende Studie zu dieser Thematik geht auf den Psychologieprofessor Albert Mehrabian zurück, der bereits Ende der sechziger Jahre die berühmte 7:38:55-Formel entwickelte [Scha08, S. 36]. Demnach spielt der Inhalt einer Rede nur zu 7 Prozent eine Rolle, während die Stimme die Wirkung zu 38 Prozent beeinflusst und die Körpersprache sogar zu 55 Prozent. Vor diesem Hintergrund wurden einige kritische Gegenstimmen laut, da dieser Untersuchung die Berücksichtigung der jeweiligen Situation fehlte.

Ohne sich auf eine strikte Formel einlassen zu wollen, so kann doch festgehalten werden, dass es im Wesentlichen in Ihren Händen liegt, wie Sie unter bewusstem Einsatz der Körpersprache Ihre Moderation oder Präsentation publikumswirksam darstellen. Also stehen *Sie* im Mittelpunkt – weniger die Sache an sich. Es bleibt Ihnen viel Handlungsspielraum um über den Inhalt hinaus nach Möglichkeiten zu suchen, die Ihr Publikum faszinieren. Von Ihnen kann also die größte Faszination ausgehen. Die Beurteilung darüber, ob Sie eine erfolgreiche Präsentation haben werden oder eher eine, die Ihnen als Lektion mit süßlich bitterer Erfahrung in Ihrem Gedächtnis verhaften bleibt, liegt also weniger in den Unterlagen, die Sie vorbereiten und austeilen, sondern in erster Linie *in Ihnen* selbst.

Spontane Reaktion

Sie müssen davon überzeugt sein, dass Sie die von Ihnen erwartete Leistung mit Bravour vollbringen können. Während einer Moderation wird kein Aufschub gewährt, sondern der Moderator steht *spontan* vor dem Publikum. Jede Bewegung wird mit Argusaugen beobachtet. Oft müssen Sie sofort aus dem Ärmel heraus reagieren und können sich eine wohlüberlegte Vorbereitung der Handlungsabfolge nicht leisten. Darin liegt die Herausforderung. Sie dürfen sich von diesem Faktum nicht verunsichern lassen sondern müssen sich so vorbereiten, dass Sie dieser Situation auf jeden Fall gewachsen sind. Dies gilt in besonderem Maße dann, wenn Sie die vorhandenen Bedingungen nicht beeinflussen. Wie ein Puzzleteil fügt sich dabei eins zum anderen. Der Moderator vermittelt zwischen den einzelnen Handlungsabschnitten und wird selbst zum entscheidenden Mosaikstein für ein positives Gesamtbild.

Der Weg dorthin führt über ein **positives Selbstmanagement**. Ein Gefühl, mit sich im Einklang zu sein, die Situation **souverän** zu beherrschen und der ganzen Thematik wissend (aber nicht allwissend!) gegenüberzustehen.

Moderator ist Spezialist...

Hierin liegt bereits die erste Stolperfalle. Positives Selbstmanagement ist eng verknüpft mit dem eigenen Wissensmanagement. Das Publikum geht davon aus, dass Sie als Moderator Spezialist auf Ihrem Gebiet sind und auch auf Fragen zu Nebengebieten Ihrer Fachkompetenz eine fundierte Antwort parat haben. Es würde Sie in den Augen Ihres Publikums nicht gerade sympathisch erscheinen lassen, wenn Sie diese Wissensberge ständig in den Mittelpunkt der Präsentation setzen würden.

...aber nicht allwissend

Aufgetürmtes Wissen versperrt regelrecht den Blick für die Person dahinter. Und die ist es ja schließlich, die faszinieren möchte; zwar auch über die Wissensschiene aber nicht ausschließlich über diese. Gebirge aus Fachwissen und eigenen Erfahrungen können allzu übermächtig auf andere wirken und im Zweifelsfall zu einem völligen Rückzug führen. Um dies zu vermeiden, ist es durchaus sinnvoll, sich ernsthaft mit Ihrer Rolle als Moderator auseinandersetzen und Wissen sozusagen scheibchenweise an das Publikum weiterzugeben.

Begriff Moderation

Der Begriff **Moderation** leitet sich aus dem Lateinischen ab und bedeutet so viel wie *Mäßigung*. Als Moderator kommt Ihnen also die Rolle eines **Mäßigers** zu, nämlich einen mäßigenden Einfluss auf das Geschehen zu nehmen. Verwandte Adjektive dazu sind *moderat* und *modest*, welche den Ausdruck von gemäßigtem Verhalten, Bescheidenheit und Sittsamkeit vermitteln.

Moderator als Begleiter

Während einer Moderation sind Sie also ein Begleiter, der hier und dort *vermittelnd* auf den Gesprächsverlauf *einwirkt*, sich aber ansonsten mit seiner persönlichen Meinung zurückhält. Sie sind der Partner Ihres Publikums und stellen sich mit ihm auf eine Ebene. Eine Moderation von oben herab würde soviel Unmut erzeugen, dass die Wissensaufnahme regelrecht blockiert wäre.

Sokratisches Argumentieren

Stellen Sie der Gruppe ein Thema vor, werden es die Teilnehmer als sehr positiv empfinden, wenn Sie sie durch geschicktes Erfragen und Kombinieren dazu ermutigen, die Lösungen auf die gestellten Fragen selbst hervorbringen zu können. Durch dieses **Maß an Selbsterfahrung** werden viele Zusammenhänge einsichtiger und können mit einem hohen Grad an Motivation und Freude über das selbst erreichte Lernziel abgespeichert werden. Eine historische Vorlage für diese Art der Gesprächsführung findet sich in der **sokratischen Lehre**. Kern der Erkenntnis ist das **kritisch-reflexive Argumentieren**, über das der Befragte zur Selbsterkenntnis angeleitet wird.

Moderator als Tutor

Wie ein **Tutor** nehmen Sie Ihr Gegenüber an die Hand und vermitteln das Gefühl, ein zwar wissender, aber zurückhaltender Partner zu sein. Als eine Art der Lernpartnerschaft entwickelt sich das Verhältnis zwischen den Zuhörern als Lernenden und dem Moderator als Wissenden. Treten Fragen und Probleme auf, ist die Hemmschwelle seitens des Publikums viel geringer, sich an jemanden zu wenden, der einem als Partner in gewisser Weise sympathisch geworden ist, als an einen Moderator, der hoch oben von seinem Podium aus seine Ansprache an ein Volk Unwissender richtet. Kanalisieren Sie also Ihr Wissen in dem Maße, wie die Teilnehmer es erfahren möchten und überprüfen Sie die gelernten Inhalte anhand von vielen praktischen Übungen zur Lernerfolgssicherung. Überdies hat die Praxis immer wieder belegt, dass auch der Moderator in jedem Fall ein Lernender wird, dessen Erfahrungsschatz sich durch die Beiträge der Teilnehmer und durch jede neue individuelle Moderationssituation bereichert.

Moderator als Vorbild

Um das Publikum möglichst von Anfang an für sich zu gewinnen, kann der Moderator vorhandene Hemmschwellen innerhalb der Gruppe aktiv angehen und diese durch gezielte Übungen und Handlungen abbauen. Seien Sie Vorbild und leben Sie das Verhalten eines Lernbegleiters vor. Legen Sie eine helfende Hand an bei der Verteilung der Arbeitsunterlagen, oder bei der Installation von Pinnwänden und Papierauflagen. Geben Sie der Sitzordnung den letzten Schliff und werfen Sie einen prüfenden Blick auf die bereitgestellten Getränke, denn schließlich geht es um das Wohlergehen *Ihrer* Gäste, für das *Sie* wesentlich **verantwortlich** sind. Mit dem Gefühl, sich gut aufgehoben zu fühlen, werden Ihnen als Moderator bereits »vorgewärmte« Teilnehmer begegnen, mit denen sich das weitere Vorgehen viel effektiver, kreativer und angenehmer gestalten lässt.

Gute Atmosphäre auch bei einem Vortrag

Halten Sie einen Vortrag und ist es nicht Ihre Absicht, die Zuhörer untereinander bekannt zu machen, haben Sie andere Möglichkeiten, die **Atmosphäre aufzuwärmen (*Warm-Up*)**. Versichern Sie glaubhaft, dass Sie für jegliche Art von Fragen jederzeit zur Verfügung stehen. Wenn Ihnen selbst etwas unklar ist, fragen Sie nach. Jeder freut sich über einen Moderator oder einen Vortragenden, der auch Fragen stellen kann und dadurch zugibt, dass er keineswegs allwissend und unfehlbar ist. Für einige zusätzliche Pluspunkte während der Veranstaltung sorgen sie, wenn Sie z. B. in eine Diskussion mit einem Zuhörer geraten, der Spezialist auf einem völlig anderen Gebiet ist. Geben Sie bereitwillig das Wort an Ihren Diskussionspartner weiter und freuen Sie sich, dass Sie auf diese Weise auch noch einiges lernen können. Vielen Menschen drängt es geradezu danach, eine Geschichte aus Ihrer praktischen Erfahrung beisteuern zu können, oder durch Einbringen von zusätzlichem Wissen zu glänzen. Gönnen Sie jedem den Glanz, den er haben möchte, denn letztlich spiegelt die Zufriedenheit auf den Gesichtern der Teilnehmer wieder doppelt zu Ihnen zurück.

Wichtig: Empathie

Um dieses **Maß an Sympathie** zu erreichen, ist ein sehr einfühlsames Vorgehen notwendig. Diese Einfühlsamkeit nennt man **Empathie**. Es ist die Fähigkeit, sich in andere Menschen hineinzudenken und auch hineinzufühlen, Anteil zu nehmen an den Belangen und Bedürfnissen unserer Mitmenschen und unser Verhalten entsprechend wohlwollend auszurichten. Das Ausmaß unseres Einfühlungsvermögens wächst mit zunehmender Moderations- und Präsentationserfahrung, sofern ein ernsthaftes Interesse daran besteht, das Publikum an einer bestimmten Stelle abzuholen und ihm durch die Moderation oder Präsentation ein Erlebnis zu ermöglichen, welches auch auf der emotionalen Ebene einen positiven Eindruck hinterlässt.

Fehler zugeben können

Ein weiterer Schritt zu einem gelingenden Selbstmanagement ist es, Fehler zugeben zu können. Es wird Ihnen immer wieder passieren: Auch bei noch so gründlicher Vorbereitung hat sich vielleicht der Fehlerteufel in eine Kopie oder eine Folie geschlichen, Sie versprechen sich in Datum und Uhrzeit oder zitieren eine falsche Jahreszahl etc. Die Tatsache, dass der Fehler passiert ist, empfindet man in der Regel eher als unangenehm. Sehen Sie es doch positiv: Hierin liegt eine gute Chance, einen Fehler zuzugeben und sich so von der menschlichen Seite zu zeigen. Wenn Sie **Scheitern als Chance** akzeptieren können, werden Sie auch in anderen Situationen viel selbstsicherer und souveräner. Der positive Umgang mit Fehlern nimmt den Druck, ständig perfekt sein zu müssen. Keiner verlangt von Ihnen immer an jedem Ort und zu jeder Zeit Spitzenleistungen erbringen zu müssen. Es ist diese feine Gratwanderung zwischen dem Anspruch, der Beste *sein* zu wollen, oder sein Bestes *geben* zu können.

Diszipliniertes Verhalten wird erwartet

An das Selbstmanagement eines erfolgreichen Moderators werden aber noch zahlreiche weitere Ansprüche gestellt, die auf das Charakterbild der jeweiligen Persönlichkeit abzielen. So erwartet das Publikum natürlich, dass es von einem Moderator durch die Präsentation geführt wird, der sich positiv und wohlwollend ausdrückt, keine einschlägigen oder zweideutigen Bemerkungen macht, sich nicht provozieren lässt und auch in brenzligen Situationen weder aus der Haut fährt, noch einige unrühmliche Kommentare von sich gibt. Ein solches Verhalten ist in mancher Situation nur mit äußerster Disziplin zu erreichen. Mit ein wenig Training lässt sich auch hier und dort eine gewisse Hornhäutigkeit produzieren, die uns vor Angriffen schützt und immer noch ein freundliches Lächeln auf unsere Lippen projiziert.

Die Chemie muss stimmen

Ob man Ihnen die Aufrichtigkeit Ihres Entgegenkommens abnimmt oder nicht, wird sich bereits in den ersten Sekunden Ihres Auftritts entscheiden. Sie kennen die dazu gehörigen Ausdrücke, *ob die Chemie stimmt*, oder *ob Sie auf einer Wellenlänge mit dem Publikum sind*. Ein guter Moderator liebt das was er tut und ist von seiner Sache überzeugt. Nicht zuletzt die dem Moderator zugesagten Vorlieben für

Kommunikation und soziale Kontakte machen es ihm einfach, mit diesen Ambitionen als erklärter Freund und Partner der Menschen eine gute Atmosphäre in die Präsentation zu zaubern. Sie können sich dabei noch wesentlich unterstützen, indem Sie sich zuvor positiv auf die Veranstaltung einstimmen.

Checkliste für ein positives Selbstmanagement

Folgende **Checkliste** gibt Ihnen einige Ansatzpunkte für eine **positive Disposition** gegenüber Ihrer Präsentation und Ihrer Rolle als Moderator:

- Ich bin ein positiv denkender Mensch.
- Ich habe die Gabe, andere zu begeistern.
- Ich freue mich auf die Veranstaltung.
- Ich kann eine gute Atmosphäre erzeugen.
- Ich habe die Zeit gut eingeplant.
- Ich habe die Rahmenbedingungen gut organisiert.
- Ich werde netten Menschen begegnen.
- Ich kann von meinem Publikum lernen.
- Ich kann mich gut in andere Menschen hineinversetzen.
- Ich möchte aktiv zuhören.
- Ich bin neugierig auf das, was mich erwartet.
- Ich freue mich auf interessante Diskussionen.
- Ich möchte mein Publikum wohlwollend begleiten.
- Ich kann Fehler zugeben.
- Ich sehe Scheitern als Chance.
- Ich kann die Veranstaltung zu einem guten Ende bringen.

Überprüfen Sie, welche der genannten Aspekte Sie bereits für sich geklärt haben, und an welchen Sie noch verstärkt arbeiten wollen.

3.2 Persönliche Vorbereitung des Moderators **

Wenn die Rahmenbedingungen zu einer Präsentation gut geprüft wurden und auch die Medien einwandfrei funktionieren, liegt es nun noch an der ganz individuellen Bereitschaft des Moderators, ob er die Präsentation zu einem faszinierenden Ereignis werden lässt. Neben einem positiven Selbstmanagement gibt es stilistische Feinheiten, die einer gewissen Etikette entsprechen und heute wieder von großer Bedeutung sind.

Beispiel 1

Sie haben den Auftrag, vor einer Jugendgruppe einen Vortrag zu halten zum Thema *Veränderung der Kommunikation im neuen Jahrtausend.* Sie haben sich wie immer für einen dunklen Anzug mit Krawatte entschieden. Für weibliche Moderatoren würde dies einem adäquaten Kostüm mit einer weißen Bluse entsprechen. Ihr Publikum begegnet Ihnen in Jeans, abgewetzten Turnschuhen und allem, was die Modeszene an Faszination zu bieten hat. Sie überkommt ein Gefühl von *Sich fehl am Platz fühlen, overdressed sein*, oder vom Publikum nicht ernst genommen zu werden.

Beispiel 2

An einem Freitagnachmittag werden Sie zu einer Bank gebeten, um für den Vorstand einen Vorschlag für ein Motivations-Seminar vorzustellen. Wie Sie es aus Ihrer Studienzeit in Amerika kennen, ist freitags nachmittags auch in höchsten Büro-Etagen bereits Wochenend-Feeling angesagt. Also fühlen Sie sich beflügelt und greifen selbstsicher zur Freizeithose und einem karierten Oberteil, welches natürlich erst ohne Krawatte und weit geöffnet so richtig souverän wirkt. Ebenso zweifelsfrei fällt Ihre Wahl auf Sportschuhe und eine modische Sonnenbrille. Als Sie den Besprechungsraum der Bank betreten, blicken Sie auf eine lange Reihe dunkler Anzüge, in denen Personen stecken, die mit übermächtigen Blicken zu Ihnen schauen. Sie werden von allen Seiten mit großen Augen bestaunt und während Sie Ihren Vorschlag präsentieren, fühlen Sie sich beobachtet und von oben bis unten begutachtet.

Schauen Sie sich die beiden Situationen aus den Beispielen noch einmal an: Wie können Sie sich als Moderator souverän aus der Situation befreien?

Wenn Sie sich vorstellen, welche positiven Effekte eine gute Vorbereitung freisetzt, ist einzusehen, warum diese mit besonderer Gründlichkeit und Besonnenheit unternommen werden will. Es gibt Ihnen Sicherheit und somit eine gute positive Ausstrahlung. So wendet sich Ihr Publikum Ihnen gerne zu und wird aufmerksam verfolgen, was Sie mit sicherer Geste zu präsentieren haben. Die Startbahn ist gesichert, um in den nachfolgenden Minuten mit größter Motivation loszulegen. Rückenwind erhalten Sie zusätzlich aus der Gewissheit, dass Sie die Situation beherrschen und nicht umgekehrt. Schließlich geht es nicht nur um die optimale Vorbereitung in fachlicher Hinsicht, sondern vielmehr um das »Abchecken« der individuellen Verfassung. Bedenken Sie, dass es wichtiger ist *wie* Sie die Inhalte vermitteln, als die Tatsache, *was* Sie überhaupt zu sagen haben. Also liegt es auf der Hand, dass Sie an der Art und Weise *wie* Sie etwas vermitteln und visualisieren möchten, ordentliche Vorbereitungsarbeit zu leisten haben.

Um zusätzliche Sicherheit zu gewinnen und sich einen guten Einstieg in die Präsentation zu ermöglichen, ist es sehr hilfreich, sich zuvor einige einleitende Sätze zu überlegen und diese auswendig zu lernen. Ebenso sollten Sie im Vorfeld eine passende Formulierung für ein wohlklingendes Ende parat haben. Lernen Sie beide Varianten auswendig. Auch wenn Sie später von dieser Version abweichen, so fühlen Sie sich doch gut gerüstet. Auf diese Weise schaffen Sie sich zu Beginn einige Sekunden Zeit, um sich vorne in Ihrer Position als Redner warmzudenken, bevor Sie »in medias res« zu brillanter Hochform auflaufen.

Stil & Etikette

Nachdem das Thema Stil und Etikette lange Zeit im Stadium des *Laissez-faire* belassen wurde, sind angemessene Kleidung und **ziel-** sowie **stilsicheres Auftreten** wieder sehr gefragt. So können Sie als Person Ihren Auftritt noch verfeinern, indem Sie sich sowohl innerlich, als auch nach außen hin sichtbar auf Ihre Präsentation einstellen. Nachdem Sie sich zunächst mit einem positiven Selbstmanagement auseinandergesetzt und sich bereits thematisch auf die Zielgruppe eingestellt haben, liegen hierin auch wichtige Hinweise auf das Erscheinungsbild Ihrer Person. Bleiben Sie sich dabei treu und verstellen Sie sich nicht in Form von aufgesetzter Kleidung, die nicht zu Ihnen passt, oder überzogenem Make-up, welches an einen Karnevalsumzug erinnert. Denn es hat ja einen Grund, dass Sie und genau *Sie* nun diese Präsentation halten werden.

Eine Einstimmung auf die Zielgruppe, die im **Einklang mit der Individualität** des Moderators steht, ist die optimale Form der persönlichen Vorbereitung. Hierzu gibt es so viele Denkansätze, wie es unterschiedliche Zielgruppen gibt. Bedenken Sie nur einmal, wie Sie sich vor einer Gruppe Bank-manager, Altenpfleger, Kinder, Politiker oder Studenten präsentieren würden. Wenn Sie für sich zu dem Schluss kommen, dass Sie für alle Zielgruppen den gleichen Kleidungsstil bevorzugen, mag das Ihre individuelle Note sein. Dann werden Sie aber spätestens in der Analyse Ihrer Gestik und Mimik an den Punkt gelangen, doch hier und dort feine Unterschiede aufzuspüren, die Sie als Moderator in der spezifischen Situation mit eben dieser Gruppe einsetzen, um zielgruppenorientiert zu präsentieren und unbewusst doch differenziert zu wirken.

Bei der Auswahl der Kleidung für Ihre Präsentation geht es nicht schwerpunktmäßig darum, dem neuesten Modetrend zu entsprechen, oder durch besonders teure Markenkleidung in eine zweifelhafte Aufmerksamkeit des Publikums zu geraten. Es ist hier vielmehr das Bemühen, durch ein gepflegtes Äußeres eine respektvolle Verlässlichkeit auszudrücken, anstatt durch zu gewagtes Äußeres vom eigentlich Wichtigen, nämlich dem Inhalt Ihrer Präsentation, abzulenken. Dies gilt für Damen und Herren gleichermaßen. Während bei einer langen Hose der Hosenabschluss am Schuhabsatz und nicht darüber wünschenswert ist, so ist eine bis über das Knie reichende Rocklänge eine Auswahl im stilsicheren Bereich. Die Verbannung von Tennissocken, bebilderten Krawatten oder knallfarbigen Kostümen hatte bereits vor einigen Jahren eine eingehende Diskussion erfahren. Dezente, eher gedeckte Farben haben sich im Kleidungsrepertoire der Moderatoren durchgesetzt, wobei auch hier die Praxis zeigt, dass sich einige beratungsresistente Kollegen und Kolleginnen geflissentlich darüber hinwegsetzen – manchmal zur belächelnden Wahrnehmung durch das Publikum, andererseits aber auch ganz bewusst zur persönlichen Akzentuierung, sofern dies mit einer entsprechend selbstbewussten Persönlichkeit einhergeht, der man solche modischen Experimente gerne verzeiht.

Kurz vor der Veranstaltung

Auch wenn Sie sich noch so sicher sind, dass kurz vor der Veranstaltung alle Einstellungen stimmen müssten – gehen Sie auf Nummer sicher. Überprüfen Sie die Schalter für Beleuchtung und Belüftung, sowie Kabel und sonstige Verbindungen auf ihre Funktionstüchtigkeit. Es klingt banal, aber vielleicht haben Sie schon einmal die Erfahrung gemacht, bei plötzlicher Bewölkung den Raum beleuchten zu wollen, um sich dann im Eifer der Situation durch eine Multi-Funktionsleiste mit zehn oder zwölf Schaltern aus dem Konzept bringen zu lassen? Auch wenn dieser Fall wahrscheinlich nicht eintreten mag, so liegt es doch in Ihrer Hand, die Möglichkeit dazu gar nicht erst einzurichten. Stellen Sie sicher, dass keine Stolperfallen durch Kabel oder herumliegende Taschen vorhanden sind.

Überlegen Sie sich, in welcher Art und Weise Sie mit dem Publikum kommunizieren möchten. Neben dem konventionellen Mikrofon gibt es auch komfortable Ansteckmikrophone, die insbesondere für Veranstaltungen in größeren Räumen hilfreich sind. Da diese aber nicht standardmäßig vorhanden sind, sprechen Sie diese Modalitäten zuvor mit dem Veranstalter oder der Haustechnik ab. Selbst als geübter Rhetoriker sollten Sie nicht die benötigte Energie für eine gleich bleibend starke Stimme während eine mehrstündigen Veranstaltung unterschätzen. Nehmen Sie die Ihnen angebotene technische Unterstützung also ruhig an. Nach dem obligatorisch letzten Gang zu den stillen Örtlichkeiten wird Ihnen ein letzter Blick in den Spiegel vor der Präsentation das gute Gefühl geben, dass Sie sich für den richtigen Stil entschieden haben. Schauen Sie sich im Spiegel an und lächeln Sie sich zu. Sie sind ein guter Moderator, werden nun hinausgehen und nicht nur präsentieren, sondern auch faszinieren.

Tipp

Kurz vor Beginn Ihrer Präsentation stellen Sie sicher, dass eine Flasche Wasser an Ihrem Standort parat steht. Nutzen Sie später jede Gelegenheit, um Ihre Kehle zu befeuchten und damit einen guten Klang Ihrer Stimme zu erhalten.

3.3 Die Rhetorik des Moderators *

Über die Mimik und Gestik kann der Moderator oder Redner bereits wichtige Informationen an das Publikum senden, aber erst über den zusätzlichen Einsatz der Sprache ist es möglich, umfassend und komplex mit dem Publikum zu kommunizieren. Für den Vortragenden als zentrale Figur der Präsentation oder Moderation liegt darin eine besondere Herausforderung. Es geht nicht nur darum, die gewünschten Inhalte deutlich genug zu übermitteln, sondern auch einen positiven Grundklang in die Stimme zu bringen,

so dass das Publikum auch über einen längeren Zeitraum gerne zuhört.

Redeprofil versus Rednerprofil

Während sich der Moderator über den Ausdruck in Mimik (siehe »Elemente der Mimik«, S. 42) und Gestik (siehe »Elemente der Gestik«, S. 30) sein individuelles **Rednerprofil** formt, führt eine Auseinandersetzung mit der eigenen Rhetorik zu der Entwicklung des persönlichen **Redeprofils**, welches im Einklang mit der Mimik und Gestik ausschlaggebend für eine erfolgreiche Präsentation ist. Anders als im normalen sprachlichen Umgang muss der Moderator einige Strategien entwickeln, mit denen er die Masse des Publikums durchdringt. Die Stimme soll einprägsam und überzeugend, gleichzeitig aber auch sympathisch und positiv klingen. Das Publikum soll sich dem Moderator gern zuwenden, um die präsentierten Inhalte problemlos verinnerlichen zu können. Ungeachtet der inhaltlichen Aspekte strahlt die Persönlichkeit des Moderators alle wesentlichen Elemente im Zusammenspiel seiner Gestik, Mimik und Rhetorik aus, die für eine erfolgreiche Präsentation ausschlaggebend sind. Man spricht in diesem Zusammenhang auch von einem **Halo-Effekt** (von griech. Halos = Lichthof): Eine Eigenschaft überstrahlt sozusagen alle sonstigen Effekte, so dass es in diesem Sinne auf der Hand liegt, als Moderator eine möglichst positive Ausstrahlung auf allen Ebenen zu verfolgen.

Der Weg dahin führt über wenige, aber wesentliche Bestandteile:

1. Langsam und deutlich sprechen

Es gibt Moderatoren oder Vortragende, die durch ihre Veranstaltung hasten – aus dem verständlichen Bedürfnis heraus, nur nicht mit der Zeit in Verzug zu geraten und schnell und pünktlich zum Ende zu kommen. Was sie dabei außer Acht lassen ist die Tatsache, dass möglicherweise ein pünktliches Ende der Veranstaltung erreicht wird, aber zu dem Preis, dass sich die Zuhörer nicht ernst genommen oder sogar regelrecht abgefertigt fühlen. Es entsteht die Empfindung einer gewissen Oberflächlichkeit, die in den Köpfen der Zuhörer eine instinktive Ablehnung aufbaut, so dass auch wohl aufbereitete weiterführende Informationen wie ein Schild an der Aufnahmebereitschaft des Zuhörers abprallen. Rast der

Moderator oder der Redner durch seine Präsentation, beraubt er sozusagen den Zuhörer um die Möglichkeit, sich auf den Inhalt einzulassen und enttäuscht damit die Erwartungen, an einem bestimmten Punkt abgeholt und von erfahrener Hand durch ein faszinierendes Thema geführt zu werden. Oft bringen wenige, aber dafür gut gewählte Worte mehr Erfolg als ein von Informationen überladener Redeschwall, der wie ein Güterzug an der Aufnahmefähigkeit des Publikums vorbeizischt.

Jeder Anwesende möchte das Gefühl haben, eine ihm zugewandte Veranstaltung zu erleben, die ihn inhaltlich interessiert und ihn sprachlich fasziniert. Da das inhaltliche Interesse in der persönlichen Entscheidung des Zuhörers liegt, kann der Moderator oder Vortragende also nur auf die sprachliche Faszination hinwirken.

Ein gezieltes Training für eine langsame und deutliche Aussprache sensibilisiert das Sprachzentrum des Redners dahingehend, die Exaktheit und das Tempo seiner Aussprache zu optimieren. Die nachfolgende Übung ist bewusst so konzipiert, dass es dem Übenden nur mit langsamer und exakter Aussprache gelingt, die Sätze verständlich auszusprechen. Der Sinngehalt des nachstehenden Textes sei dabei von sekundärer Bedeutung.

Lesen Sie den nachstehenden Text laut vor:

- Zur Reduzierung des Sprachtempos:
  - »Haben wir tatsächlich Eile in einer Weise langsam darzulegen, was in einer Eile nicht achtsam darzulegen wäre.«
  - »Reden mit Reben lässt Redner zwar redlicher reden, doch redliches Reden der Redner ohne Reben ist das, worüber Redner redlich reden.«
  - »Wären wir weiter in dem was wir wollen, wären wir nicht hier um auch zu sein, was wir nicht gern wären, um das zu werden, was wir wollen und gern wären.«
  - »Fände sich lieber ein fairer Verlierer, wäre dem faulen Gewinner ein feiner Feierabend gewiss.«
- Für eine exakte akzentuierte Aussprache:
  - »Der exzentrische Experte experimentiert extra interessant für diverse Expertisen.«
  - »Die Invasion intrigiert insgeheim hinter interessanten Intimitäten.«

- »Aktuelle Marktlage resultiert aus rekrutenhafter interdisziplinärer Synergie.«
- »Schöffen schöpfen schöner Schadenfreude, wenn Schaffner Schöffenschauen schaffen.«

Nehmen Sie sich einen beliebigen kurzen Zeitungsartikel zur Hand. Markieren Sie die wichtigsten Punkte und versuchen Sie, den Inhalt mit *wenigen* Worten wiederzugeben.

Indem Sie die erste Übung häufiger wiederholen, wird sich Ihr Bewusstsein für eine langsame, akzentuierte Sprache schärfen. Entwerfen Sie ähnliche Sätze und stellen Sie fest, wie unterschiedlich es klingt, den gleichen Satz in verschiedenen Rhythmen auszusprechen.

Eine Gefahr ist hierbei, im Training für eine langsame und deutliche Aussprache in einen langweiligen Sprechrhythmus zu verfallen. Dies werden Sie zu verhindern wissen, wenn Sie die an die Intonation geknüpfte Satzmelodie (z. B. Pausen nach dem Komma, leichtes Heben der Stimme bei Fragesätzen, Senken der Stimme am Satzende oder bei Ausrufen) einhalten und dies mit kräftiger Moderatorenstimme freundlich forcieren.

2. Von sich und seiner Leistung überzeugt sein

Ein Redner, der von sich und seiner Leistung überzeugt ist, wird es eher schaffen, das Publikum in seinen Bann zu ziehen, als jemand, der selbst nicht an das glaubt, was er zu sagen hat. Hier kommt das Maß an **Selbstwertgefühl** zum Tragen, welches umso größer ist, je höher der Wert ist, den Sie sich in Relation zu anderen Personen selbst zuschreiben. Dieser Vorgang vollzieht sich unbewusst innerhalb weniger Bruchteile einer Sekunde. Je höher Sie die Grundposition Ihres Selbstwertgefühls ansiedeln können, desto eher werden Sie in der Lage sein, sich nicht von anderen beeinflussen zu lassen und voller Überzeugung zu präsentieren. Eine gute Methode, um dies zu erreichen ist die **Affirmation** (siehe hierzu auch »Umgang mit Lampenfieber«, S. 55).

Schreiben Sie einige Dinge auf, die Sie an sich positiv finden und lesen Sie diese mehrmals für sich laut vor. Versetzen Sie sich zudem in die Situation, wie Sie sie nach Ihrer Präsentation vorfinden und schreiben Sie auf, wie gut es gelaufen ist. Dies könnte beispielsweise folgendermaßen aussehen:

- Ich bin gut vorbereitet.
- Ich bin selbstbewusst.
- Ich bin von meiner Präsentation überzeugt.
- Ich habe eine gute Präsentation gehalten.
- Das Publikum war begeistert.
- Ich bin mit meiner Leistung sehr zufrieden.

Nur wenn Sie wirklich von sich überzeugt sind, können Sie auch andere überzeugen. Die richtige Einstellung zu dem jeweiligen Thema wächst langsam, je näher der Termin der Präsentation rückt. Jede Veranstaltung für sich bringt ihr eigenes Aufkommen an Aufgeregtheit und thematischer Überzeugung mit, welches in Intensität und Beschaffenheit stark variieren kann. Eine positive Einstellung zu sich und Ihrer Person ist jedoch ein dauerhafter und stabiler Begleiter, sofern Sie sich genügend Gelegenheiten einräumen, an einem positiven Selbstwertgefühl zu arbeiten. Mit einigem Training werden Sie hierin eine stabile Größe finden, die Ihnen in Zeiten einer Unsicherheit der äußeren Umstände ein hohes Maß an innerer Verlässlichkeit liefert und Sie damit maßgeblich dabei unterstützt, eine souveräne Präsentation zu absolvieren.

3. Mit der Stimme lächeln

Eine Stimme, in der Sie Freundlichkeit und Sympathie erkannt haben, wird Ihnen unabhängig vom Inhalt eher in Erinnerung bleiben, als solche mit einem unangenehmen Klang. Einer Stimme, in der man das Lächeln förmlich hören kann, sind Sie angenehm zugewandt und lassen sich auch gerne auf die Informationen ein, die sie zu sagen hat. Zudem gesellen sich persönliche Präferenzen, die durch den Klang einer besonders sympathischen Stimme ein regelrechtes *Gänsehautgefühl* produzieren, während sich von einer für uns unsympathischen Stimme schnellstens abgewendet wird. Diesen Zusammenhang, der instinktiv bedingt ist und während eines Gesprächs seinen unbewussten Verlauf nimmt, ist der Ausgangspunkt, um möglichst mit lächelnder Stimme vor das Publikum zu treten und somit ein grundlegendes sympathisches Sprachempfinden anzulegen. Die beste Übung hierzu ist, sich als Moderator vor einer Präsentation in eine positive Grundstimmung zu bringen. Dies kann durch positive Gedanken oder auch durch das Lesen einer kleinen Geschichte verstärkt werden. Nach intensivem Training und ebenso tiefgehender Praxiserfahrung werden solche Hilfsmittel nicht mehr benötigt, da Sie lernen werden, den benötigten Schalter in Ihrer Befindlichkeit der Situation entsprechend professionell umzulegen.

Lesen Sie zunächst den unter **a** angegebenen Text und versetzen sich in die entsprechende Situation. Sprechen Sie anschießend den Begrüßungstext für Ihre Präsentation. Nehmen Sie dazu die vorgegebene Stimmung bewusst auf und setzen diese rhetorisch um. In gleicher Weise verfahren Sie mit dem Text, der in Teil **b** dieser Übung aufgeführt ist. Fühlen Sie den Unterschied?

a Text 1
Ausgangssituation: Sprechen Sie den Begrüßungstext für Ihre Präsentation mit grimmiger, missmutiger Stimme, als hätten Sie gerade erfahren, dass Sie durch eine Prüfung gefallen wären. Zuvor hätte Ihnen jemand Ihre Brieftasche gestohlen, Sie hätten einen Strafzettel wegen Falschparkens bekommen und ihr Handy wäre Ihnen in den Gullyschlitz gefallen. Über diesen Stress hätten Sie die wichtigen Unterlagen vergessen, die Sie für die Präsentation benötigten. Irgendwie sind alle sauer auf Sie und Sie wünschten sich am liebsten auf den Mond.

Begrüßungstext:
Liebe Gäste, ich freue mich, Sie heute zu dieser Veranstaltung begrüßen zu dürfen. Es ist mir eine besondere Ehre, in diesen traditionsreichen Räumlichkeiten zu Ihnen zu sprechen, in denen bereits historisch bedeutsame Redner Ihr Publikum verzaubert haben.

b Text 2
Ausgangssituation: Sprechen Sie nun den Begrüßungstext mit einer Stimme, als seien Sie in absoluter Urlaubsstimmung. Stellen Sie sich vor, Sie seien zum Moderator des Jahres gewählt worden. Sie schwebten geradezu, weil dieses Ergebnis all Ihre Erwartungen sprengen würde. Noch zwei Stunden und es wartete eine Riesenparty zu Ihren Ehren im Anschluss an die Präsentation. Außerdem hätten Sie den Förderpreis für junge Nachwuchstalente gewonnen, der mit 15.000 Euro dotiert wäre. Zu dieser Nominierung erhielten Sie von einer Firma ein Sponsoring über den dreimonati-

gen Besitz eines wertvollen Cabrios und alle wären einfach mächtig stolz auf Sie.

4. Seriöse Wortwahl

Auch wenn es sich im ersten Moment gut anhört, sollten Sie auf **umgangssprachliche Ausdrücke** verzichten: Mit Worten wie *cool*, *megastark* oder *fetzig* verliert Ihre Präsentation an Niveau und gibt Ihrer Expertise eine unerwünschte Nuance. Auch die Verwendung von **Anglizismen** sollte sich in Ihrer Präsentation eher spärlich niederschlagen: Modewörter wie z. B. *Event*, *To-Do-Liste* oder *Action* finden sicherlich auch in deutscher Sprache eine klangvolle Benennung. Treffen Sie Ihre Aussagen eher mit **Wir-Formulierungen** anstelle von *man*- und senden Sie **Ich-Botschaften** aus.

Mit einigen zusätzlichen Tipps aus der folgenden Checkliste können Sie das Training für ein wohldosiertes Selbstwertgefühl und dem gewissen Lächeln in Ihrer Stimme intensivieren, um es dann dauerhaft in Ihr Methodenrepertoire aufzunehmen:

Tipps

- Es kommt nicht darauf an, tolle Antworten zu geben, sondern locker und entspannt antworten zu können. Neben dem WAS spielt das Wie eine entscheidende Rolle. Die erste Überlegung des Publikums dient der Entscheidung festzustellen, ob Sie ein Mensch sind, mit dem man sich treffen möchte, dem man sich anvertrauen kann. Kommen Sie als sympathischer Mensch an, wird man Ihnen offen und interessiert gegenübertreten. Misslingt Ihnen dieser erste Eindruck, haben Sie wenig Aussichten auf eine gelingende Präsentation.
- Umgang auf leichte Weise mit den Einwänden! Versuchen Sie den »Wenn und Aber«- Fragen die Spitzen zu nehmen und schaffen Sie Vertrauen mit Argumenten wie: »Ich kann Sie sehr gut verstehen/ Genau für diese Fragen bin ich da«.
- Sie sollten versuchen, Einwände oder Bedenken als Chance zu nutzen. Anhand dessen merken Sie, wo noch Informationsbedarf besteht. Ohne Einwände auch keine Herausforderung, kein Hinterfragen, kein Problemlösen.

- Entwickeln Sie Stärken in sozialer Kompetenz. Aktives positives Zugehen auf den anderen, aktives Zuhören, sich einfühlen und dem Publikum Raum geben, sich mit Ihnen vertraut zu machen.
- Gestik und Mimik unterstützt Ihre Stimme enorm! Setzen Sie aktiv Ihre Körpersprache ein, um sich so in Ihrer Rolle als Redner zu differenzieren und durch zusätzliche optische Elemente das Publikum anzusprechen.
- Der Ton macht die Musik! Verinnerlichen Sie das Lächeln in Ihrer Stimme und erreichen Sie somit eine positive Grundstimmung, die sich während Ihrer gesamten Präsentation entfaltet und Ihnen weit reichende Unterstützung bringt.
- Die Grundtendenz ist: Sie stellen die Regeln auf. Sie sind der Dompteur und leiten die Präsentation. Seien Sie sich Ihrer Position stets bewusst und gehen Sie damit respektvoll um. Werkzeuge helfen Ihnen, diese Position aufrecht zu erhalten. Werkzeuge in Form von Signalen: Keine Autorität, sondern richtige Antworten auf gestellte Fragen. So strahlen Sie Stärke und Souveränität aus.
- Nie mit dem Gefühl der Unerfahrenheit auf die Piste! Wenn man einmal Abgefahren ist, entwickelt sich ein Selbstläufer. Gutes Training ist hier die Basis, auf die sich ein erfolgreicher Start und eine gute Performance stützen. Durch Übung erfolgt Selbstsicherheit und Routine im Umgang mit verschiedenen Situationen.
- Die meisten Fragen der Interessenten, die Sie nicht beantworten können, erschaffen Sie selbst. Anstatt kurz zu antworten, werfen Sie neue Fragen auf. Das schafft Unsicherheit. Diese Unsicherheit überträgt sich sofort.
- Holen Sie Ihren Gesprächspartner an einer bestimmten Stelle ab und geben Sie ihm das Gefühl, dass er nicht allein mit seinen Fragen dasteht. Vermitteln Sie das Gefühl, des Helfen Wollens. Es ist, wie jemandem eine schwere Einkaufstasche abzunehmen. Bemühen Sie sich um Achtsamkeit vor der Situation und um ein sensibles Umgehen mit den Fakten.
- Es geht vielmehr darum, Fähigkeiten umzusetzen, als Sie sich nur anzulesen und in dem Glauben zu sein, sie zu haben. Hier steht die Wirksamkeit nach außen im Vordergrund. Nutzen Sie jede Chance zur Übung!

- Nicht Antworten auswendig lernen, sondern lernen Sie zu einem Menschen zu werden, der nie um eine Antwort verlegen ist.
- Hier geht es mehr um das Fühlen und Wahrnehmen der Situation: Man nimmt Sie ernst, wenn Sie ein ernstzunehmender Mensch sind bzw. auch als solcher wahrgenommen werden.
- Einige Fragen Ihrer Gesprächspartner greifen oft in einander und erfordern mehrere Antworten. Holen Sie nicht zu lange aus und versuchen Sie kleinere Frageblöcke zu formulieren um klarere Antworten geben zu können.
- Zu kurze Antworten vermitteln das Gefühl von übereiltem Fortkommen und Zeitmangel. Nehmen Sie sich lieber in diesem Moment die Zeit für Ihr Gegenüber und arbeiten Sie das fehlende Zeitfenster an anderer Stelle unmerklich heraus.
- Zeigen Sie, dass Ihr Gesprächspartner ein aufmerksames Gegenüber ist: »Gut das Sie das fragen, das ist ein wirklich wichtiger Punkt.«
- Lächeln Sie einige Sekunden, in dem Sie die Mundwinkel leicht anheben. Unser Körper nimmt diese Mimik als Empfindung von Freude wahr und sendet entsprechende Endorphine als hormonelle Botenstoffe, so dass diesem bloßen Gefühl somit auch eine entsprechende Fundierung geboten wird, die sich in einer sich hebenden Grundverfassung widerspiegelt.

3.4 Gestik und Mimik **

Der effektive Einsatz der Körpersprache über die Gestik und Mimik sind für die Moderation und Präsentation ausschlaggebend für das Gelingen der Veranstaltung. Gestik umfasst den gesamten Bereich der Körpersprache. In dem Bereich Mimik werden solche Aspekte zusammengefasst, die sich auf den Gesichtsausdruck beziehen. Gezielte Übungen schärfen das Bewusstsein für den Umgang mit der eigenen Körpersprache und für einen erfolgreichen Einsatz in der Praxis.

Kein anderes Thema greift in der Präsentation und Moderation so sehr in das persönliche Feld des Redners oder Moderators wie eine Diskussion über Gestik und Mimik. Die Erfordernisse einer Darbietung vor einem Publikum brechen sich häufig an den Fähigkeiten einer Person, durch den effektiven Einsatz der Körpersprache dem Inhalt eine persönliche Note zu geben. Nur durch intensive praktische Übungen kann jeder sein persönliches Profil begreifen und daraus die für ihn geeigneteste Gestik und Mimik ableiten und trainieren.

Gestik und Mimik sind die Aspekte der Körpersprache, die in Präsentation und Moderation ausschlaggebend für das Gelingen der Veranstaltung sind. Gestik umfasst den gesamten Bereich der **Körpersprache**. Hierzu zählen die Bewegungen der Hände und Arme, sowie die Stellung der Beine und der Füße. Die Mimik hingegen bezieht sich ausschließlich auf den **Gesichtsausdruck**. Mit Gesten und mimischen Ausdrücken sind Sie in der Lage, auch ohne Worte Signale und Informationen zu geben. Gerade in Vorträgen und Moderationen ist dies die wichtigste Art mit dem Publikum zu kommunizieren. Das gesprochene Wort allein verfehlt seine Wirkung, wenn es nicht mit persönlicher Mimik oder Gestik begleitet wird. Dabei hat jeder Mensch seine individuelle Art und Weise, sich über die Körpersprache zu äußern. Und gerade diese Tatsache macht es so spannend, einen Vortragenden oder einen Moderator zu erleben, weil Sie im Vorfeld nicht wissen, in welcher Art und Weise hier die Gestik und Mimik zum Tragen kommt. Für Ihre eigene Situation als Redner oder Moderator werden Sie bereits festgestellt haben, welche Art der Gestik oder Mimik Sie bevorzugt einsetzen. Sicherlich lässt sich noch die ein oder andere Variante trainieren. Aber grundsätzlich sind die wesentlichen Züge Ihrer Körpersprache festgelegt und es liegt einzig und allein an Ihnen, oder besser gesagt *in* Ihnen, diese zu entdecken und bestmöglich einzusetzen.

Praktische Umsetzung ist wichtig

Sie möchten Ihr Moderatorenrepertoire um eben solche Kniffe erweitern, die Ihnen in den Augen Ihres Publikums eine gewisse Faszination einbringen? Nun können Sie vieles lesen, aber das Wichtigste ist die **praktische Umsetzung**. Vergleichen Sie es mit dem Skifahren. Irgendwann müssen Sie auf die Piste, um wirklich *an sich* zu erfahren, wo Ihre Grenzen sind, und in welchem Aktionsfenster des Methodenrepertoires Sie sich wohl fühlen.

Weniger ist mehr

Daher geht es hier eben nicht darum, ein allumfassendes Kompendium zur Gestik und Mimik zu entwickeln, denn vieles aus diesem Themenfeld braucht sich Ihnen als Moderator gar nicht zwangsläufig zu erschließen. Konzentrieren Sie sich auf das, was für Ihre Situation wichtig ist, nach dem Motto: »Weniger ist mehr«. Es geht nur um einige wenige, aber sehr grundlegende Elemente, die sich aus dem großen Komplex herausfiltern lassen, um Sie für Ihr Tätigkeitsfeld in der Moderation nutzbar zu machen. Es geht um ein Stück **Selbstwahrnehmung**, die ausschlaggebend für die Wahl der jeweiligen Körpersprache ist. Sie werden es nicht schaffen, auch nicht durch ein noch so intensives Training, aus einem eher stillen, realitäts- und faktenbezogenen Menschen einen Kreativ-Humpus zu zaubern, der Ihnen lauthals mit wild fuchtelnder Gestik in eine Ebene der Vision transportiert. Hingegen können Sie auch vorhandene Neigungen zu erheblichem Einsatz von Mimik und Gestik nicht abschmirgeln wie eine raue Oberfläche, um am Ende des Kapitels einen Einheitslook in Mimik und Gestik entworfen zu haben.

Jeder bringt schließlich sein geschnürtes **Genbündel** mit, in dem auch gewisse Anlagen zur Körperhaltung verankert sind. Dieses ist zu respektieren und nicht zu verbiegen, weil es damit jeden in seiner eigenen Art faszinierend macht. Der eine wird dies geschickt in der Moderation einzusetzen wissen, der andere eben in einem anderen Spezialgebiet.

Ausgehend von persönlicher Erfahrung und sozialen Kontakten hat der Mensch viele Bewegungsmuster abgespeichert und reagiert ganz instinktiv auf einige Anzeichen der Körpersprache. Somit reicht es völlig aus, sich einige Eckpunkte bewusst zu machen, um schließlich alle Puzzleteile zusammenzufügen, aus denen sich am Ende viel mehr ergibt, als die bloße Zusammensetzung seiner Teile.

Bleiben Sie authentisch

Im Gegensatz zu einer filmischen Inszenierung oder einer Theateraufführung geht es in der Darstellung während einer Präsentation um **Authentizität**, um das reale Übermitteln von Informationen durch ein Medium namens Moderator, welches durch klare Gestik und Mimik besticht, aber immer seine ehrliche, persönliche Note hinterlässt. Gerade dieses perfekte Zusammenspiel der Fakten und der Persönlichkeit bringt die gewünschte Faszination – erreichbar durch Selbstbewusstsein, Körperbeherrschung, Disziplin und Mut.

Aus dem Bauch heraus

Bevor Sie sich auf die eine oder andere Übung zum Thema Mimik und Gestik einlassen, werfen Sie einen Blick auf Ihr **Bauchgefühl**. Sie können sich sicherlich ein gewisses Grundwissen anlesen, in der entscheidenden Situation erschließt sich dann die richtige Reaktion zwar auch aus dem antrainierten und erlernten Verhalten, doch in erster Linie werden Sie *aus dem Bauch heraus* handeln und sich dabei auf Ihre **Intuition** verlassen müssen. Neben dem Training in Körpersprache geht es nun also nun noch um das Schärfen Ihrer Intuition. Wie das gehen kann? Durch die Beobachtung der Gestik und Mimik der Menschen aus Ihrer Umgebung. Anhand der Körpersprache und der Situation in der sie angewendet wird, werden Sie vielerlei Muster erkennen, die Sie für sich als Handlungsrepertoire kopieren und abspeichern.

Nun ist es so, dass Sie nicht erst jetzt mit der Sammlung für Ihr Methodenregister beginnen. Bereits in frühen Jahren Ihrer Kindheit haben Sie gelernt, die entdeckten Reaktionsvorlagen zu übernehmen, und diese für Ihr eigenes Handeln vorzusehen. Diese Tatsache wird Ihnen einiges an Zugewinn ermöglichen, denn es bringt Sie in die glückliche Lage, ohnehin über das wichtigste Handwerkszeug zu verfügen, das Sie für den gezielten Einsatz von Gestik und Mimik benötigen: sich selbst.

Trauen Sie sich also ruhig *das gewisse Etwas* zu und nehmen Sie die Übungen als Vorschläge an, um über bestimmte Wesenszüge nachzudenken und daran letztlich Ihr eigenes Profil abzugleichen, welches Ihnen ein höchstes Maß an Individualität und Unverwechselbarkeit einbringt. Erarbeiten Sie in den folgenden Kapiteln die Details über Mimik und Gestik, bevor Sie anhand eines individuellen praktischen Trainings nachvollziehen können, welche zahlreichen Möglichkeiten der Körpersprache Sie durch Ihre eigene Ausdruckskraft übermitteln können:

- »Elemente der Gestik«, S. 30
- »Elemente der Mimik«, S. 42
- »Intensivtraining für Gestik und Mimik«, S. 47

3.4.1 Elemente der Gestik **

Gestik umfasst alle Aspekte der Körpersprache, mit denen eine Person mit ihrer Umwelt kommunizieren kann. Mit zunehmender Praxis in der Präsentation und Moderation bilden sich die für diesen Bereich ausschlaggebenden gestischen Elemente heraus. Gezielte Übungen bieten zusätzliche Möglichkeiten, die eigene Gestik und den sicheren Umgang mit seiner Körpersprache zu verbessern.

In der Diskussion über die Gestik gibt es immer wieder die Frage nach einem Patentrezept für eine bestimmte Form der Körpersprache schlechthin. Da es aber so viele Situationen gibt, in denen Körpersprache anzuwenden ist, wie es eben verschiedene Personen gibt, die genau dies tun, bringt nur die Praxiserfahrung den gewünschten Erfolg, in dem ich anderen zuschaue, und selbst mit den Elementen der Gestik experimentiere.

Um der Diskussion über die Gestik, also der Körpersprache, eine Struktur zu geben, mag es vielerlei Ansätze geben. Sinnvoll ist es in diesem Zusammenhang, sich von unten nach oben zu arbeiten, also von einem sicheren Stand zu einer effektiven Armhaltung.

Ein sicherer Stand verlangt ein zweites Standbein

Übung 1

Stellen Sie sich aufrecht hin, die Füße schulterbreit auseinander. Verlagern Sie Ihr Gewicht gleichmäßig auf beide Beine. Atmen Sie mehrmals tief ein und aus stellen Sie sich vor, Ihre Präsentation würde bald beginnen. Nehmen Sie bewusst wahr, welche Aussage Sie mit dieser Position verbreiten:

Wirkung

+ Ich bin selbstbewusst und souverän.
+ Ich bin sicher und gut vorbereitet.
+ Ich bin ein ruhender Pol.
+ Ich gebe Stabilität.
+ Ich stelle etwas dar.
+ Ich nehme Raum ein.
+ Ich bilde ein Zentrum.
+ Ich stehe mit beiden Beinen im Leben.

Aber auch:

- Ich bin bewegungslos.
- Ich bin steif und behäbig.
- Ich bin inaktiv.
- Ich bin passiv.
- Ich lasse geschehen.

In dieser Übung liegt der erste Zugang zur Selbstwahrnehmung. Jede Körperhaltung kann meist in zweierlei Hinsicht interpretiert werden. Der stabile Stand auf beiden Beinen ist zwar eine souveräne, aber eben auch statische Position. Sie kann nicht dauerhaft eingehalten werden, da sonst bei Ihrem Publikum ein Eindruck von Lustlosigkeit, Inaktivität und Ideenarmut entsteht.

Übung 2

Wirkung

Nun gehen Sie her und beginnen, Ihr Gewicht erst auf das eine, dann auf das andere Bein zu verlagern. Beide Beine bleiben dabei auf dem Boden. Nehmen Sie auch hier die gefühlte Aussage wahr:

+ Ich höre zu.
+ Ich gebe ein Signal des Zugewandtseins.
+ Ich drücke Bewegung aus.

Aber auch:

- Ich schwanke zwischen zwei Polen.
- Ich wäge ab.
- Ich bin mir nicht sicher.

Übung 3

Wirkung

Ausgehend von der bisherigen Wahrnehmung nehmen Sie nun eine lockere Standposition ein. Beginnen Sie, in langsamen Schritten erst zu der einen Seite, dann zu der anderen Seite zu gehen. Was empfinden Sie im Unterschied zu den beiden vorherigen Übungen?

+ Ich bin aktiv und flexibel.
+ Ich erwarte weitere Aktionen.
+ Ich denke nach.

Aber auch

- Ich bin unruhig.
- Ich bin ungeduldig.
- Ich möchte schnell zum Ende kommen.

In allen drei Übungen kommt es auf die **Intensität** an, mit der sie betrieben werden. Ein sicherer Stand ist am Anfang jeder Präsentation wichtig, um ein Gefühl von Souveränität zu vermitteln, aber auch um im Publikum Ruhe einkehren zu lassen und den Fokus auf den Moderator zu richten. In späteren Moderationsphasen ist es für alle Anwesenden angenehmer, einen bewegten Moderator zu erleben, der sich entlang seinem Thema angemessen hin und her bewegt, solange es der Sache angepasst ist. Gerade in Beitragsphasen aus dem Publikum entspricht es einer positiven Position des Moderators als Zuhörer, sein Gewicht auf ein Bein zu verlagern, um sich so dem Beitragenden leicht schräg zuwenden zu können. Während längerer Ausführungen können bewusst eingesetzte Schritte zur Auflockerung dienlich sein und die Redezeit durch ein bewegtes Bild verkürzen. Passen Sie Ihre Schritte der Größe des Raumes an. Nutzen Sie die verfügbare Fläche voll aus und signalisieren Sie so einen souveränen Umgang mit der Weite des Raums. Machen Sie sich dazu im Vorfeld der Präsentation mit den Eigenheiten der Räumlichkeiten vertraut (siehe »Vorbereitung der äußeren Rahmenbedingungen«, S. 74).

Beinstellung in der Sitzhaltung

Auch in einer Sitzhaltung ist die Frage nach der Beinstellung nicht unerheblich. Denken Sie nur an klischeehaftes Übereinanderschlagen der Beine einer Frau, oder die eingeknickten Fußspitzen eines Mannes, die nicht selten in Filmszenen als Ausdruck von Unterordnung und Machtverlust eingesetzt werden. Für die Sitzhaltung wird es nicht sehr sinnvoll sein, eine Übung nach obigem Muster durchzuführen. Vielmehr geht es hier um eine Form der Selbstwahrnehmung, in dem Sie sich in bestimmte Situationen hinein assoziieren, um dann den Effekt an sich nachzuempfinden. Auch hier können Sie feststellen, dass es viele Situationen gibt, in denen sich bereits bestimmte Aussagen ablesen lassen.

Nehmen Sie nacheinander die beschriebenen Positionen ein und konzentrieren Sie sich bewusst auf die gefühlte Aussage Ihrer Körpersprache.

Situation 1: übergeordnete Gestik

Sie sind Lehrer oder Lehrerin an einer Oberstufe für das Fach Deutsch. Während der Diskussion sitzen Sie schräg auf der Vorderseite Ihres Pultes zur Klasse hingewandt. Ihre Beine folgen locker Ihrer Sitzhaltung, wobei der zum Pult gewandte Unterschenkel leicht auf und ab wippt. In Ihrer Hand haben Sie eine Brille oder einen Kugelschreiber, womit Sie souverän und wissend umherschwenken (Abb. 3.4-1).

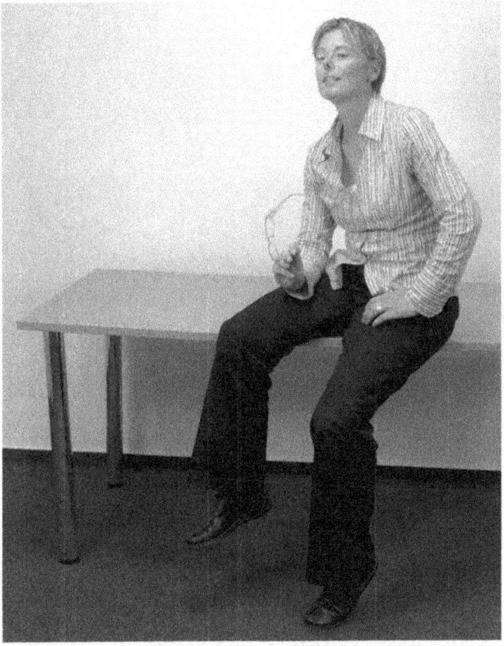

Abb. 3.4-1: Beispiel für einen »oberlehrerhaften« Ausdruck.

Situation 2: unterstützende Gestik

Sie sind in einem Kurzentrum tätig. Ihre heutige Aufgabe besteht darin, einer Patientin die Einnahme ihrer Medizin zu erklären. Dazu sitzen Sie auf einem Stuhl, die Beine sind im rechten Winkel aufgestellt, der Rücken gerade und leicht nach vorn gebeugt. Sie wenden sich Ihrem Gegenüber zu, um die Aussage zusätzlich zu bekräftigen. Jeden Satz betonen Sie mit sichtbaren verdeutlichenden Handzeichen (Abb. 3.4-2).

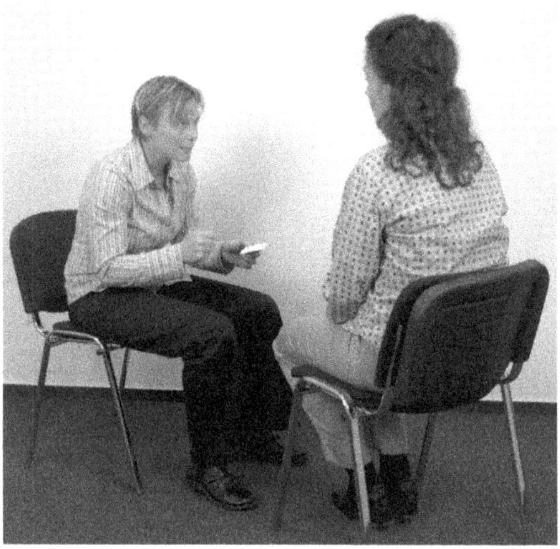

Abb. 3.4-2: Beispiel für besonders zugewandte Gestik.

Situation 3: entspannende Gestik

Sie sind Moderator einer Präsentation. Während einer Videoeinspielung nutzen Sie die Chance, sich zu setzen, um sich von der langen Stehphase zu erholen. Hierzu Varianten:

1 Sie legen sich förmlich in den Stuhl und lassen die Beine lang. Ihre Hose rutscht so hoch, dass das Ende Ihrer Socken sichtbar wird (Abb. 3.4-3).

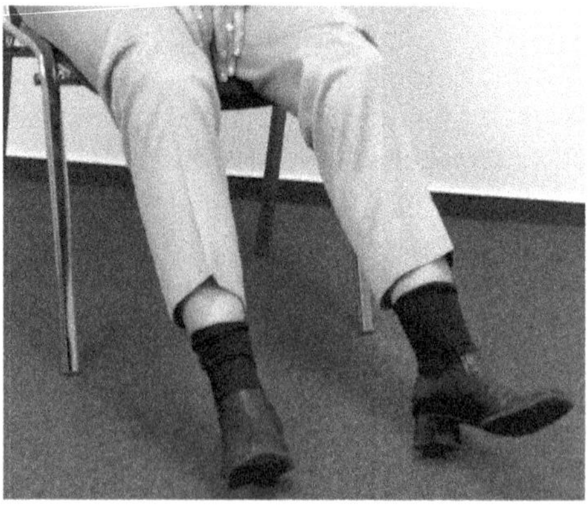

Abb. 3.4-3: Ungünstige Sitzposition mit sichtbaren Socken.

2 Sie sitzen auf dem Stuhl, lehnen die Arme auf die Knie und stützen Ihren Kopf darauf ab, während Ihre Fußspitzen nach innen deuten oder die Stuhlbeine umklammern (Abb. 3.4-4).

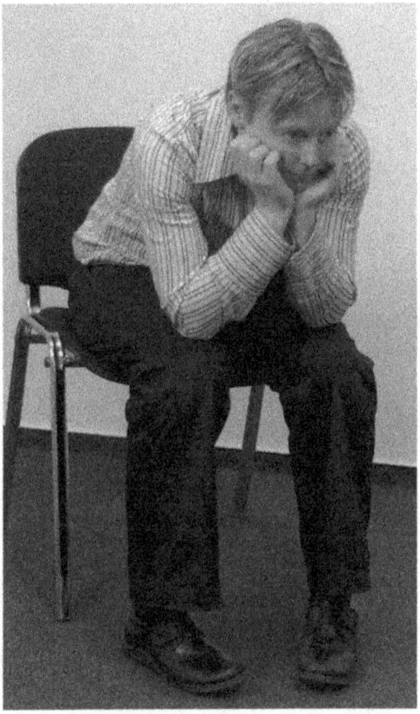

Abb. 3.4-4: Auch eine lustlose Erscheinung ist für die Teilnehmer nicht sehr ansprechend.

3 Sie sitzen aufrecht auf dem Stuhl. Ihre Beine sind im rechten Winkel aufgestellt. Einen Arm schränken Sie ein, um ihn als Stütze für den anderen Arm einzusetzen. Ihre Hand lassen Sie locker auf Ihrer Oberlippe ruhen oder das Kinn umspielen (Abb. 3.4-5).

Wirkung

zu **Situation 1**: Durch den Sitz auf dem Pult wird eine erhöhte Position ermöglicht. Die legeren aber dennoch bewusst eingesetzten Beinbewegungen signalisieren eine lockere Umgangsform und eine gewisse Stabilität innerhalb der Thematik. Brillenspiel oder Ähnliches drückt intelligentes Nachdenken, Verfolgen des Gesprächs und wissende Zustimmung aus. Es wird meist unbewusst und von durchaus selbstsicheren Rednerinnen und Rednern gepflegt. Die intellektuelle Wirkung mag positiv erscheinen, aber auf die Dauer wird das Publikum zu sehr abgelenkt – also nur sparsam einsetzen.

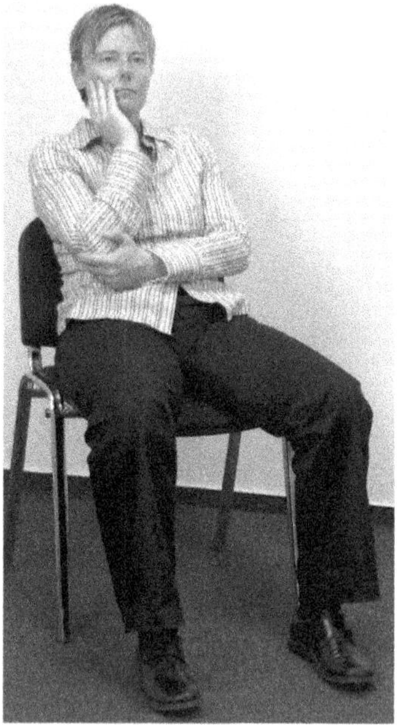

Abb. 3.4-5: Aufrechter Sitz und Konzentration ermöglichen es, jederzeit wieder aktiv in das Geschehen einzuwirken.

zu **Situation 2**: Gerade in einem Gespräch mit kranken oder therapiebedürftigen Menschen nimmt man unbewusst eine bescheidene Sitzhaltung ein. Hierin äußert sich sowohl der Respekt vor der Situation, als auch das Bemühen über die Sitzhaltung und einer zugewandten Körperhaltung zu einer klaren und transparenten Aussage zu gelangen. Diese Position, die häufig mit einer überzeichneten Rhetorik einhergeht, wird instinktiv gegenüber Bedürftigen, aber auch älteren Personen oder Kindern angewendet, um Argumente unmissverständlich zum Ausdruck zu bringen.

zu **Situation 3**: Ganz gleich, wie Sie sich fühlen und wie Ihr stark Ihr Bedürfnis ist, dem Drang nach Entspannung nachgeben zu wollen. Als Moderator sind Sie stets das Zentrum der Aufmerksamkeit und können es sich nicht leisten, in einem scheinbar unbeobachteten Moment ihrer Körpersprache undiszipliniert freien Lauf zu lassen. Ein Sitz mit langen Beinen in fast liegender Position **(1)** ist auch in vertrauter Umgebung zu leger. Bewahren Sie Haltung, um nicht zuletzt den Anwesenden gegenüber respektvoll begegnen zu wollen.

Eine gebeugte Sitzhaltung **(2)** in oben beschriebener Weise zeugt von Desinteresse und dem Bedürfnis, sich an einen anderen Ort zu wünschen. Vermeiden Sie zudem unbedingt die nach innen geneigte Fußstellung, da es häufig als Zeichen der Unsicherheit, Angst und Unterordnung interpretiert wird. Ähnlich verhält es sich auch mit den Stuhl umklammernden Beinen, die als Ausdruck von Hemmung und mangelndem Selbstbewusstsein bewertet werden.

Die aufrechte Sitzhaltung **(3)** ist eine optimale Grundposition, um auf verschiedene Anfragen zu reagieren. Eine lockere *einseitige* Armverschränkung mit einem zum Gesicht hin stützenden Arm zeigt Konzentration, Aufmerksamkeit und wohlwollende Zugewandtheit. Aus dieser Position heraus haben Sie vielerlei Reaktionsmöglichkeiten und drücken in jedem Moment aus, dass Sie auch in einem Augenblick der Pause Ihren Blick fest auf das Geschehen gerichtet haben.

Mit dem Stehpult moderieren

Das kleinste Maß an Aktion wird Ihnen abverlangt, wenn Sie die Möglichkeit haben, sich während der Präsentation hinter einem **Stehpult** aufzustellen (Abb. 3.4-6). Der **gefühlte Schutz** gibt Ihnen Sicherheit, Sie haben immer eine Ablagefläche für Ihre Arme und Hände parat und können dem Geschehen aus sicherer Position folgen. Ob Sie sich mit einem Stehpult wohler fühlen, oder Ihnen die Herausforderung der freien Rede eher zusagt, mag sich aus der praktischen Erfahrung, der Situation und Ihrer spontanen Stimmung ergeben. Haben Sie vor, eine längere Präsentation zu halten, achten Sie darauf, dass Sie eine Beinstütze unter dem Rednerpult haben. Verfügt das Stehpult nicht ohnehin über eine derartige Konstruktion, können Sie zuvor einen kleinen Schemel oder eine Fußbank unterstellen.

Die Tatsache, dass hier gleichzeitig mehrere Dimensionen der Gestik und auch Mimik angesprochen sind macht deutlich, wie nahezu unmöglich es ist, die einzelnen Elemente getrennt voneinander zu betrachten. Vielmehr entwickelt sich ein Gespür dafür, dass es nur aus der Summe vieler kleiner gestischer und mimischer Elemente heraus ein stimmiges Bild ergeben kann.

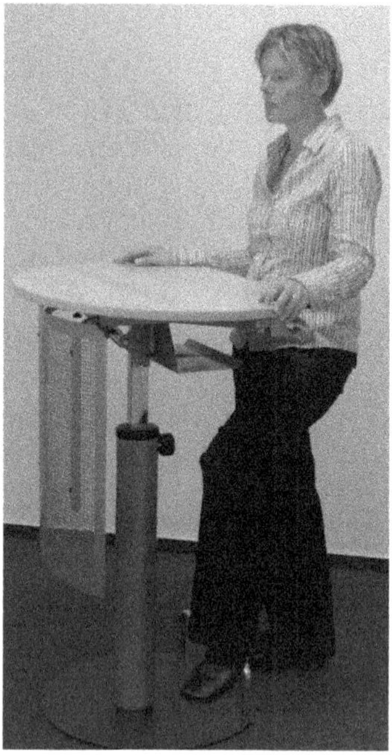

Abb. 3.4-6: Beispiel für ein Stehpult mit Fussablage.

Wohin mit den Armen?

Zu einem wohl geformten Standbild gehört ein entsprechender Armeinsatz, so dass Sie den im Stand gewünschten Ausdruck durch die Arme unterstützen. Es wird oft die Frage gestellt: »Wohin bloß mit den Händen und Armen?«.

Es kommt auf die Situation an, aber bevor Sie sich tiefer in diese Thematik wagen, sei eines vorweggenommen: Je häufiger ich meine Hände zeige, desto mehr geht meine Botschaft in Richtung Offenheit, Klarheit, Ehrlichkeit. Sofern ich nichts zu verbergen habe, kann ich also meine Hände stets offen zeigen. Je größer der Raum und die Gruppe sind, vor der ich präsentieren werde, je größer können auch meine Armbewegungen ausfallen.

Hand in die Hosentasche?

Warum dann das Spiel mit dem lockeren Verschwinden der einen Hand in der Hosentasche? Stellen Sie sich folgende Situation vor: Eine Hand, die in der Tasche ruht, arbeitet nicht. Sie kann sich erholen, Kraft schöpfen, sich auf dem Erfolg ausruhen, während doch die andere frei für Aktion und Reaktion bleibt. Betrachten Sie ältere Bilder aus Industriebetrieben, werden einige Verhaltensmuster deutlich: Sehr oft finden Sie dort Bilder von Arbeitern, die nach geleistetem Dienst oder in der Pause sich locker im *Smalltalk* verlieren und dabei eine Hand in der Hosentasche zur Ruhe legen. Die auch heute noch hintergründig wirkende Theorie aus soziologischer Perspektive soll Sie hier nicht weiter stören, sondern vielmehr die Tatsache, dass auch in einer solchen Situation viele Verhaltensmuster sichtbar werden, die man im Laufe der individuellen Sozialisation übernommen hat.

So stellt sich auch die Frage nach der Wirkungsweise beider Hände in den Taschen. Probieren Sie es aus. Beobachten Sie Menschen aus Ihrem Umfeld und stellen Sie fest, in welchen Situationen beide Hände in den Taschen verschwinden. Häufig deutet dies auf Ungeduld, Anspannung, Unentschlossenheit oder Unsicherheit. Aus diesen Überlegungen wird klar, welche Haltung Sie für Ihre Moderatorenrolle bevorzugen:

- Eine Hand locker in der Hosentasche:
+ Gerne in jeder Situation als Zeichen des positiven Zuhörens, Beendigung eines Sinnabschnitts.
− Nie während einer Aktion oder bei impulsreichen Vorträgen.
- Beide Hände in der Hosentasche:
− Niemals vor Publikum als Moderator.

Nehmen Sie die nacheinander die Grundpositionen aus den Übungen 1–3 ein.

☐ Zum Stand auf beiden Beinen (s. Übung 1)

1 Lassen Sie die Arme locker am Körper entlang hängen.
2 Verschränken Sie die Arme fest vor dem Körper.
3 Halten Sie ein Papier mit beiden Händen.
4 Halten Sie eine Moderationskarte mit einer Hand, während die andere Hand locker herunterhängt.
5 Halten Sie die Hände angewinkelt zu einer großen Begrüßungsgeste.

Nehmen Sie die jeweils gefühlte Wirkung bewusst wahr.

- Gleiches versuchen Sie im Stand, wobei Sie Ihr Gewicht auf eine Seite verlagern (s. Übung 2)
- Wenn Sie umher gehen (s. Übung 2), lassen Sie

1 Ihre Hände locker Ihrem Schritt folgen.
2 Während der Bewegung Ihre Hände an die Hüften gestemmt.
3 Ein Papier in einer Hand locker mitschwingen.

Beobachten Sie, in welcher Position Sie sich wohl fühlen und welche Körperhaltung Ihrer Meinung nach sinnvoll erscheint.

Wirkung

Sie werden feststellen, dass es Ihnen ein größtmögliches Maß an Sicherheit gibt, wenn Sie sich an einem Papier oder an einer Moderationskarte »festhalten« können (Abb. 3.4-7).

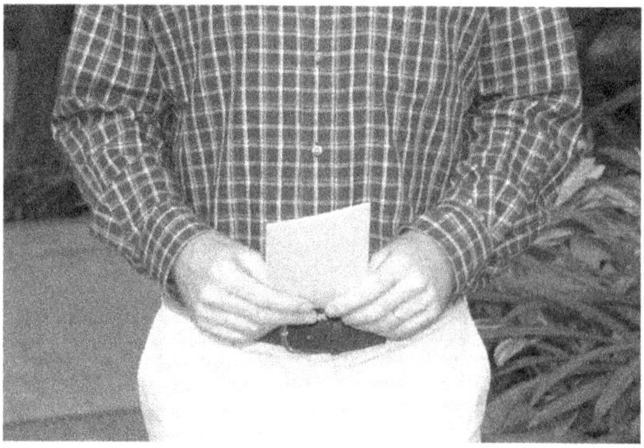

Abb. 3.4-7: Sich an einer Moderationskarte festhalten zu können, gibt Sicherheit.

Sich vor einem Publikum mit leeren Händen zu präsentieren, lässt eine gewisse Nacktheit spüren, signalisiert aber andererseits einen souveränen Umgang mit der Situation und vor allem: Jede Menge Mut. Würden Sie wirklich mit an die Hüften gestemmten Armen umhergehen, würde es Ihr Publikum verunsichern, oder gar belustigen. Diese Haltung ist künstlich und aufgesetzt und liegt fern von dem, was Sie ausdrücken wollen. In einer Spontanreaktion kann diese Geste aber gern als Ausdruck des Verblüfftseins oder einer spaßigen Beharrlichkeit eingesetzt werden. Probieren Sie es!

Fest verschränkte Arme (Abb. 3.4-8) sind ein sehr ambivalenter Ausdruck der Körperhaltung.

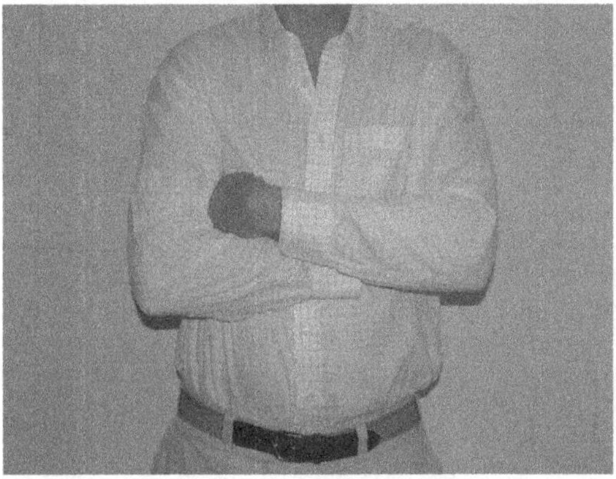

Abb. 3.4-8: Das Verschränken der Arme kann vieles ausdrücken.

Wenn Sie bedenken, in welchen Situationen Ihnen dieses gestische Element begegnet, fallen Ihnen sowohl angenehme, als auch unangenehme Situationen ein. Im nachbarschaftlichen Plausch ist diese Haltung genauso beheimatet, wie in einer scharfzüngigen Diskussion, in der jeder auf seinem Standpunkt beharrt. Wohin also damit in der Moderation? Verschränkte Arme können dem Moderator nur als Ruheposition dienen (mit der Botschaft »Ich höre zu«, »Ich warte ab«), so dass dies mit einer wohlwollenden Mimik verbunden werden muss. Ein anderer Einsatz dieser Geste steht einem Moderator als neutrales Medium nicht zu.

Moderates Fingerspiel

Wenn Sie sich mit der Armhaltung befassen, so kann auch ein kurzer Blick auf die **Fingerarbeit** nicht ausbleiben. Dass Sie nicht mit entblößtem Finger auf andere Menschen zeigen, mag Ihnen aus Kindertagen bekannt sein. Häufig werden damit aber unbewusst Akzente gesetzt. Auch die zu einem O geformten Daumen und Zeigefinger einer Hand geben in unserem Kulturkreis eine Aussage von Prägnanz und Exaktheit ab (Abb. 3.4-9).

Abb. 3.4-9: Beispiel für gestische Unterstützung einer Bestätigung oder einer positiven Entwicklung.

Mit den Fingern visualisierte **Aufzählungen** unterstützen den Redner bei seinen Ausführungen. Alles für sich genommen können Sie mit den Fingern viele kleine Botschaften absenden. Als Moderator wirken Sie umso effizienter, wenn Sie diese Elemente Ihrer Rolle entsprechend *moderat* einsetzen.

Im Rahmen Ihrer Praxis werden Sie unzählige Kombinationsmöglichkeiten entdecken, die sich aus dem Einsatz der Beine, Arme und letztlich der Mimik ergeben. So experimentierfreudig Sie sich auch entwickeln mögen, lassen Sie Ihr Publikum so oft wie möglich einen Blick auf Ihre Hände werfen, wie dem Zauberer, dem man nur allzu gern auf die Hände schaut, um zu erfahren, mit welchem Geschick er uns auf seine Reise mitnimmt.

3.4.2 Elemente der Mimik **

Der Gesichtsausdruck einer Person wird als Mimik bezeichnet. Bereits kleinste Veränderungen der Mimik lösen bei einem Gesprächspartner meist unbewusste Reaktionen aus. In der Präsentation und Moderation ist eine bewusste

Kontrolle der Gesichtszüge ein effektives Gestaltungsmittel, um gezielte Akzente zu setzen.

Neben der Gestik ist die Mimik der Bereich der Körpersprache, der es ermöglicht, wortlos Akzente zu setzen und Gefühle und Reaktionen auszudrücken, für die es oft so spontan gar keine passenden Worte zu geben scheint. Ganze Wissenschaften setzen sich mit den feingliedrigen Elementen der Mimik auseinander, die für die Moderation und Präsentation wichtige Informationen beinhalten, und daher für die Reaktion des Moderators und Redners von ausschlaggebender Bedeutung sind.

Die Mimik beschreibt den jeweiligen Gesichtsausdruck einer Person, welcher als *Spiel der Gesichtszüge* Aufschluss über das jeweilige Empfinden in einer bestimmten Situation vermittelt. Während einer Präsentation wird dies auf dem Gesicht des Moderators besonders sichtbar, da er im Mittelpunkt der Betrachtung steht und sich damit allen Blicken ausgesetzt sieht. Die Mimik lässt sich in ihren Einzelheiten kaum beschreiben, da viele kleine Bewegungen zusammenspielen, die sich in Bruchteilen von Sekunden zu einem mimischen Gesamtbild zusammenfinden. Dabei beginnt die Reaktion spontan aus dem Bauch heraus, basierend auf instinktiven Verhaltensmustern und solchen, die man im sozialen Umgang mit anderen erlernt und abgespeichert hat. In der Tab. 3.4-1 finden Sie dazu die wichtigsten Elemente im Überblick.

Mimik von		**Position**	**Deutung**
Augen		weit offen	Verwunderung, Zuspruch

Mimik von		**Position**	**Deutung**
Augen		verkniffen	Angst, Stress, Ablehnung, Konzentration
Mund		Winkel nach oben	positive Ausstrahlung, Freundlichkeit, Freude, Sympathie, Hilfsbereitschaft
Mund		Winkel nach unten	negative Ausstrahlung, Traurigkeit, Enttäuschung, Scheitern, Ablehnung
Nase		gerümpft	Nachdenken, Ekel, Ablehnung, Unsicherheit
Stirn		nach oben gezogen	Verwunderung, Einsicht, Aufmerksamkeit
Stirn		zur Mitte hin angespannt	Uneinsichtigkeit, Wut, Anspannung, Konzentration

Tab. 3.4-1: Beispiele für Elemente der Mimik.

Die einzelnen Elemente der Mimik können für sich genommen unterschiedliche Aussagen haben und werden erst im mimischen Zusammenspiel mit den anderen Gesichtsteilen zu einem **stimmigen Gesamtbild**, welches eine zweifelsfreie Aussage liefert.

Deutliche Mimik des Moderators

Gerade von einem Moderator wird eine **deutliche Mimik** gefordert, um dem Publikum eine klare Aussage zu vermitteln und um selbst kleine Empfindungen für ein großes Publikum sichtbar zu machen. So kann der Moderator eine durchgängig positive Grundstimmung erzeugen, wenn er sich dem Publikum **stets lächelnd** zuwendet. Da die genetische Anlage darauf festgelegt ist, auf mimische Botschaften entsprechend spontan zu antworten, wird der Moderator diese ausgesandte Freundlichkeit auf den Gesichtern der Zuhörerschaft spiegelbildlich wieder finden. Besonders deutlich wird dies, wenn Sie Moderatoren in den Medien beobachten, die auch in schwierigen Situationen eine freundliche Mimik behalten, und so der Problematik die gewisse Schärfe nehmen. Die in der Position des Moderators definierte Rolle, sich als Vermittler, als Medium zu verstehen, wird durch eine freundliche, offene und sympathische Mimik unterstützt und kann somit problemlos auf ein *moderates* Klima auch in schwierigen Situationen hinwirken.

Über die Elemente der Mimik ist es dem Moderator auch möglich, bewussten Einfluss auf das Gespräch zu nehmen. Sobald er zum Beispiel auf ein Argument mit Verwunderung (hochgezogene Augenbrauen, große Augen mit fragendem Blick), Ablehnung (heftiges Kopfschütteln) oder Zustimmung (Kopfnicken) reagiert, wird der Gesprächspartner den weiteren Gesprächsverlauf entsprechend modifizieren. Würden Sie dem Gespräch ohne mimischen Einsatz folgen und damit keine Reaktion zeigen, hätte Ihr Gegenüber keinen Anlass, dem weiteren Verlauf seiner Ausführungen eine andere Färbung zu verleihen. Je intensiver und vehementer Sie Ihre Mimik einsetzen, desto mehr werden Sie als aktiver Gesprächspartner und als Einflussfaktor wahrgenommen.

Legen Sie in einem Ihrer nächsten Gespräche besonderen Wert auf einen ausgeprägten Einsatz Ihrer Mimik und beobachten Sie die Reaktionen Ihres Gegenübers.

Neben der Deutlichkeit der Mimik, die ein Moderator beherrschen sollte, geht es aber auch darum, dass man ständig geneigt ist, aus der Mimik einer Person Rückschlüsse über seinen Charakter und seine seelische Befindlichkeit zu ziehen. Diese Zusammenhänge werden in der **Physiognomik** wissenschaftlich diskutiert. Während die mimischen Abläufe des Moderators von seinem Publikum aufmerksam verfolgt werden, bieten sich auch dem Moderator viele Möglichkeiten, in der Mimik seines Gegenübers ein Feedback abzulesen, indem er die mimische Grunddisposition zu interpretieren weiß.

Die Physiognomik stützt sich auf die Annahme, dass uns bestimmte genetische Erscheinungen in der Gesichtsform dabei unterstützen, einen Menschen besser einzuschätzen und seinen Charakter zu ergründen. In unserem alltäglichen Umgang mit anderen wird dies deutlich, wenn Sie sich einige Eckpunkte dazu ins Bewusstsein rufen:

- Buschige Augenbrauen stehen für Dominanz und Souveränität.
- Kurzer Augenabstand gilt als schutzbedürftig und kindlich.
- Schmale Lippen drücken Unentschlossenheit oder Zurückhaltung aus.
- Volle Lippen wirken kommunikativ und aufgeschlossen.
- Längere Gesichtsformen wirken exakt und geordnet, während rundere Gesichtsformen Gemütlichkeit und Ruhe vermitteln.
- Helle Augenfarben wirken zurückhaltender als dunkle.
- Starker Haarwuchs deutet auf Dominanz und Souveränität im Gegensatz zu spärlicher Behaarung.
- Lange Nasen werden als führungsstark und richtungweisend interpretiert.
- Kurze Nasen gelten als feminin und feingliedrig.
- Spitze Nasen gelten als wissbegierig und spitzfindig.
- Rundere Nasen werden als geduldig und ruhend empfunden.

Diese Liste ließe sich noch unendlich fortsetzen, jedoch wird deutlich, dass es unzählige Beispiele für die Erfahrung mit der mimischen Beschaffenheit einer Person gibt, die einem doch im täglichen Umgang begegnen und im Handeln beeinflussen.

Für einen Moderator ist es hilfreich, sich über solche Zusammenhänge Gedanken zu machen, da sich daraus Unterschiede ergeben können, wie ich auf mein Gegenüber in geeigneter Weise reagiere. Wenn ich eine Person allein dem äußeren Anschein nach als dominant empfinde, werde ich meine Reaktionen anders ausrichten, als gegenüber einer Person, die ich aufgrund ihres äußeren Erscheinungsbildes als schüchtern und zurückhalten wahrnehme. Es ist an dieser Stelle vielleicht sinnvoll anzumerken, dass Sie sich nicht auf das dünne Eis begeben, und Menschen nach ihrem äußeren Gesamtbild abschätzen, sondern lediglich einschätzen möchten. Eine tiefergehende Beurteilung steht Ihnen in diesen kurzen Momenten überhaupt nicht zu. Während einer Präsentation kennen Sie unser Publikum nur selten so gut, dass Sie allein aus der Physiognomik weitere Schlüsse ableiten könnten. Es geht hier aber darum, dem Vortragenden eine verstärkte Sicherheit zu vermitteln, die ihm den Zugang zu seinem Gegenüber erleichtern kann.

3.4.3 Intensivtraining für Gestik und Mimik **

Mit einem gezielten Trainingsplan werden bestimmte Ausdrucksweisen der Körpersprache gefordert und gefördert. Das Trainingsergebnis dient einer bewussten Wahrnehmung der eigenen Gestik und Mimik. Darüber hinaus unterstützt die praktische Übung eine bewusste Steuerung der Körperbewegung während einer Präsentation oder Moderation.

Eine theoretische Fundierung und Information über die Wirkungsweise der diversen gestischen und mimischen Elemente werden sich festigen, indem sie in einem intensiven Training nachempfunden werden. Auf diese Weise stellt sich ein Selbstwertgefühl ein, welches dem Moderator genügend Sicherheit vermittelt, um mit dem gelungenen Zusammenspiel von Mimik und Gestik eine effektive Wirkung zu erzielen.

Der nachfolgende Trainingsplan stellt Ihnen verschiedene Situationen vor, in denen bestimmte gestische und mimische Ausdrucksweisen notwendig werden. Lesen Sie zunächst die Zeile, in der die geforderte Übung beschrieben ist. Den unteren Teil, der die Lösung preisgibt, decken Sie mit Papier ab. Stellen Sie sich dazu am besten vor einen Spiegel, um die Entwicklung Ihrer Körpersprache zu beobachten. Die Übungen werden nach anfänglicher Eingewöhnung etwas differenzierter und bringen Sie über verschiedene Perspektiven zu einem vielfältigen Einblick in die Anwendungsmöglichkeiten Ihrer Körpersprache. Vieles davon wird Ihnen bekannt vorkommen, aber erst durch das bewusste Reflektieren können Sie Ihr eigenes Profil erkennen und es entsprechend verfeinern. Nachdem Sie den geforderten Ausdruck nachgestellt haben, können Sie Ihre Ergebnisse direkt mit den beschriebenen Verhaltensmustern vergleichen. Es sind nur einige Varianten als Vorschlag aufgeführt, da es meist mehrere Möglichkeiten gibt, um den jeweiligen Ausdruck zu erbringen. Auf die Diskussion der rhetorischen Elemente wurde hier bewusst verzichtet, um eine Konzentration auf Gestik und Mimik zu gewährleisten. Entsprechende Hinweise dazu finden Sie im entsprechenden Kapitel »Die Rhetorik des Moderators«, S. 18.

Die Übung ist in folgendem Format aufbereitet:

- **Stellen Sie diese Situation dar.**
- ☐ Ihre Gestik zur Situation.
- ☐ Ihre Mimik zur Situation.

Die jeweiligen Lösungen finden Sie als Fußnoten.

- **Mir geht es gut.**
- ☐ [1]
- ☐ [2]

- **Ich bin der Boss.**
- ☐ [3]

[1] Arme hängen bewusst entspannt am Körper entlang, Hände sind offen und locker.

[2] Augen blicken freundlich und offen, Augenbrauen sind hochgezogen.

[3] Hände sind vielsagend in die Hüften gestemmt, Stand ist stabil und Raum einnehmend.

☐ [4]

■ Ich bin stolz

☐ [5]

☐ [6]

■ Ich denke nach.

☐ [7]

☐ [8]

■ Ich höre zu.

☐ [9]

☐ [10]

■ Ich habe Angst.

☐ [11]

☐ [12]

■ Ich bin nervös.

☐ [13]

☐ [14]

■ Ich habe Stress.

☐ [15]

☐ [16]

■ Ich bin arrogant.

☐ [17]

---

[4] Mund ist geschlossen, Augen blicken fokussiert und aufmerksam, Stirn ist leicht angespannt.

[5] Arme sind nach vorne geöffnet, Stand ist stabil.

[6] Mund lächelt, Augen sind weit geöffnet, Stirn ist nach oben gezogen, Kopf kann leicht hin und her schwanken.

[7] Beine sind geschlossen, der Körper in sich gekehrt, Arme verschränkt vor den Körper oder einseitig verschränkt, während der andere Arm grübelnd mit der Hand das Kinn umspielt.

[8] Augenbrauen sind zur Mitte hin angespannt, Blick geht suchend ins Leere, Mund ist geschlossen, Lippen pressen oder reiben aufeinander.

[9] Stand ist locker und ruhend, Arme leicht verschränkt oder hängend mit geöffneten Handflächen, Körper neigt sich in Richtung des Gesprächspartners, Kopfnicken signalisiert Bestätigung.

[10] Augen blicken im Wechsel zu Augen und Mund des Gegenübers, Brauen sind leicht nach oben gezogen.

[11] Körper zieht sich zusammen bis zur geduckten Haltung, Stand ist eng und raumsparend, Arme sind angewinkelt, Hände zu Fäusten geschlossen.

[12] Mund ist geschlossen, Stirn angespannt, Lippen pressen aufeinander, Augen sind verengt.

[13] Stand ist unruhig, Schritte sind schnell und kurz, Arme sind in Bewegung, Finger reiben ungeduldig aneinander oder tippen schnell.

[14] Blick wandert hektisch durch den Raum, heftiger Augenaufschlag, Mund bildet unruhiges Spiel zwischen Ober- und Unterlippe.

[15] Atmung ist hörbar unruhig und heftig, Schritte sind kräftig und abgehackt, Hände raufen die Haare.

[16] Mund ist verkniffen, Augen verengt.

[17] Bewegung langsam und siegessicher, Kopf nach oben geneigt.

☐ [18]

■ **Ich verstehe etwas nicht.**

☐ [19]

☐ [20]

■ **Ich grenze mich ab.**

☐ [21]

☐ [22]

■ **Ich bin wütend.**

☐ [23]

☐ [24]

■ **Ich bin mir nicht sicher.**

☐ [25]

☐ [26]

■ **Ich mag die Umgebung.**

☐ [27]

☐ [28]

■ **Ich fühle mich in diesem Raum unwohl.**

☐ [29]

☐ [30]

■ **Ich habe eine zündende Idee.**

☐ [31]

☐ [32]

■ **Ich brüte an einer umfassenden komplizierten Idee.**

---

[18] Blick zeigt abwertend nach unten, Augenbrauen sind hochgezogen, Mund ist geschlossen, Mimik ist angespannt.

[19] Schultern zucken locker nach oben, Körper ist spannungslos und instabil.

[20] Mundwinkel ziehen sich fragend nach unten, Stirn spannt sich zur Mitte hin, Augenbrauen ziehen sich hoch, Augen öffnen sich weit.

[21] Schritt geht zurück, Arme deuten Abwehrhaltung mit nach vorne aufgestellten Handflächen, Kopfschütteln zur Bestätigung.

[22] Augen sind weit geöffnet, Augenbrauen nach oben gezogen, Mund ist geschlossen.

[23] Beine stampfen auf den Boden, Arme sind in die Hüften gestemmt.

[24] Blick ist starr, Stirn zur Mitte hin angespannt.

[25] Handflächen sind aufgestellt und wanken hin und her, Schultern zucken leicht, Stand ist instabil.

[26] Augen kreisen suchend im Raum umher, Kopf schwankt nach links und rechts, Augen und Brauen sind fragend aufgestellt, Mund ist geschlossen.

[27] Haltung ist locker, Schritte erkunden langsam den Raum, Hände können Blicke begleiten.

[28] Augen blicken sich anerkennend um, Kopf nickt zur Bestätigung.

[29] Körperhaltung ist nach innen geneigt, Schultern und Kopf sind eingezogen.

[30] Arme sind angewinkelt, Augen blicken ängstlich umher, Mund ist geschlossen.

[31] Ein Finger tippt kurz an die Schläfe, Arme schweifen aus.

[32] Augen blicken offen, Brauen sind hochgestellt, Mund öffnet sich mit Verwunderung.

- ☐ 33
- ☐ 34

Ich habe Lampenfieber.

- ☐ 35
- ☐ 36

Mein Gesprächspartner belustigt mich.

- ☐ 37
- ☐ 38

Mein Gesprächspartner langweilt mich.

- ☐ 39
- ☐ 40

Ich eröffne die Präsentation.

- ☐ 41
- ☐ 42

Ich stelle dem Publikum den Raum vor.

- ☐ 43
- ☐ 44

Ich habe einen Beitrag nicht verstanden.

- ☐ 45
- ☐ 46

Ich bin mit einem Beitrag nicht einverstanden.

- ☐ 47
- ☐ 48

---

[33] Ein Arm ist verschränkt, der andere ist aufgestützt und führt zum Gesicht, Hände umspielen das Kinn.

[34] Mundwinkel ziehen sich abwechselnd nach links und rechts, Stirn ist nach oben angespannt, Augen blicken aufmerksam umher.

[35] Atmung ist hektisch, der gesamte Körper verhält sich unruhig, Kopf zuckt hin und her, Schritte gehen hektisch auf und ab.

[36] Blick ist nervös und suchend, Augen sind leicht verengt, Stirn angespannt.

[37] Körper ist entspannt, Arme begleiten locker das Gespräch.

[38] Mund lächelt oder lacht, Augen sind offen, Blick ist zugewandt.

[39] Arme sind angrenzend verschränkt, Stand ist stabil und abwartend, Kopf gesenkt, nervöses Fingerspiel.

[40] Blick ist abgewandt, Stirn zur Mitte hin angespannt, Mund geschlossen, Mundwinkel sind gesenkt.

[41] Stand ist stabil, Arme sind angewinkelt, Unterarme öffnen sich, Handflächen zeigen zum Publikum.

[42] Mund lächelt, Augen sind weit geöffnet, Augenbrauen nach oben aufgestellt.

[43] Schritte erkunden den Raum, Arme deuten mit großer Geste die Umrisse des Raumes nach, Finger zeigen besondere Eckpunkte.

[44] Blick wandert zwischen Raumecken und Publikum, Mund lächelt.

[45] Eine Hand greift ans Ohr und formt verlängerte Ohrmuschel, Stand leicht schräg.

[46] Blick ist zugewandt und auffordernd freundlich, Mund lächelt.

[47] Kopfschütteln, Arme stellen sich abwehrend auf, oder Hände winken ab.

[48] Blick ist gefestigt, Mund lächelt bestimmt.

Eine Störung unterbricht die Präsentation.

- [49]
- [50]

Ich möchte in den Redefluss eines Teilnehmers eingreifen.

- [51]
- [52]

Mein Publikum antwortet nicht.

- [53]
- [54]

Mein Publikum ist unruhig.

- [55]
- [56]

Ich leite zu einem anderen Medium über.

- [57]
- [58]

Ich komme zum Ende der Präsentation.

- [59]
- [60]

Ich verabschiede mich.

- [61]
- [62]

---

[49] Schnelle Hinwendung zur Störung, große Gestik vermittelt Souveränität, beruhigende Armstellung signalisiert Sicherheit zum Publikum.

[50] Freundlicher Blick, Stirn ist aufmerksam nach oben gezogen.

[51] Armdeutung zum »Anker werfen«, Körperhaltung leicht nach vorn gebeugt, Stand ist stabil.

[52] Mund signalisiert unruhige Sprechbereitschaft, vermehrter Augenaufschlag.

[53] Rückschritte untermalen nochmalige Erklärung, konkrete Ansprache mit zugewandter Armhaltung.

[54] Offenes aufforderndes Lächeln, Blick ist auf das Publikum fokussiert, Augenbrauen sind fragend nach oben gestellt.

[55] Zeigefinger führt zum Mund mit Geste des Schweigens, Rede wird unterbrochen.

[56] Blick fängt einzelne Rückmeldungen ein, Mund ist geschlossen.

[57] Arme deuten auf neues Medium, Schritte gehen langsam in die neue Richtung.

[58] Blick wandert zwischen Publikum und neuem Medium.

[59] Arme formen kreisförmige Geste der Zusammenfassung.

[60] Stirn ist entspannt, Augen wandern in die Runde und blicken jeden einzelnen kurz an.

[61] Hände sind am Pult aufgestützt oder halten Papier, Stand ist stabil und ausgeglichen.

[62] Blick kreist freundlich durch die Runde.

3.5 Lampenfieber und seine Symptome **

Lampenfieber tritt in Form unterschiedlicher Symptome auf. Man unterscheidet zwischen solchen, die sichtbar in Erscheinung treten und Symptomen, die für das Publikum unsichtbar bleiben, für den Moderator aber durchaus eine Belastung darstellen können. Durch ein gezieltes Training kann der Umgang mit Lampenfieber wirkungsvoll bearbeitet werden.

Das Tragische an jeder Erfahrung ist, dass man sie erst macht, nachdem man sie gebraucht hätte.
(Friedrich Wilhelm Nietzsche, dt. Philosoph 1844–1900)

Sie mögen ein erfahrener Moderator sein oder ein Newcomer, und trotzdem ist das Lampenfieber Ihr ständiger Begleiter? Auch nach jahrzehntelanger Erfahrung berichten Moderatoren, Politiker und Prominente über diese gewissen Sekunden vor dem Einsatz, in denen sich nichts so anfühlt wie vorher. Eines vorab: Machen Sie sich keine Gedanken darüber, wie Sie Ihr Lampenfieber loswerden, sondern seien Sie dankbar, dass Sie es haben. Denn die daraus erwachsenden Vorteile geben Ihnen den gewissen Schliff, der Ihnen als Moderator zu einer brillanten Präsentation verhelfen kann.

Ursachen für Lampenfieber

Gehen Sie einen Moment in sich und denken Sie an eine Situation, in der Sie Lampenfieber gespürt haben. Was ist Ihrem Empfinden nach die Hauptursache für Lampenfieber? Wie hat es sich in Ihrem Fall bemerkbar gemacht?

Lampenfieber entsteht durch **Angst**, die vielfältige Ursachen haben kann. Worin können Ängste bestehen? Wovor könnten Sie Angst haben?

Die größte Angst wird darin bestehen, unvorbereitet zu sein, auf eventuelle Fragen nicht antworten zu können. Sie kennen dieses Gefühl aus einer Prüfungssituation: Sie unterhalten sich vorher mit Ihren Mitstreitern und immer wird Ihnen einer erzählen, genau das gelernt zu haben, was Sie nicht vorbereitet haben.

Vielleicht haben Sie auch eine schlechte Erfahrung in einer anderen Präsentation gemacht. Die kann z.B. darin bestehen, dass Sie den roten Faden verloren haben, Ihnen die Stimme versagt hat, oder Sie mit Ihrem Zeitmanagement durcheinander geraten waren. Sie mögen denken, Ihr Publikum könnte gelangweilt sein, oder Ihren Auftritt als nicht perfekt empfinden.

Diese oder andere Ängste können maßgeblich für die Ursache des Lampenfiebers herangezogen werden, welches sich in bestimmten Symptomen niederschlägt. Was sind nun die typischen Symptome von Lampenfieber?

Zu den häufigsten **Symptomen von Lampenfieber** gehören als **unsichtbare Faktoren**:

- Sie verspüren ein mulmiges Gefühl im Bauch.
- Sie glauben, ständig die Toilette aufsuchen zu müssen.
- Sie hören den Pulsschlag in Ihren Ohren.
- Sie haben die Zunge unter dem Gaumen kleben.
- Sie empfinden Sekunden als Minuten und schauen ständig auf die Uhr.

Während Sie die Symptome wie Unwohlsein, Harndrang, Pulsrasen, Mundtrockenheit und dem Verlust von Zeitgefühl als enorm störend wahrnehmen, empfindet Ihr Publikum diese als weniger auffällig bzw. kann sie gar nicht wahrnehmen. Solange Ihr Publikum die Symptome nicht bemerkt, laufen Sie auch nicht Gefahr, dass Ihnen die Moderation offensichtlich aus dem Ruder läuft. Es gibt aber auch Symptomen, die von Ihrem Publikum wahrgenommen werden und daher als erste zu bearbeiten sind. Hierzu gehören als **sichtbare Faktoren**:

- Sie bewegen sich hektisch.
- Sie sprechen mit zittriger Stimme.
- Sie reden hektisch und überholen sich selbst.
- Sie fühlen, wie Ihr Kopf errötet.
- Sie halten keinen Blickkontakt zum Publikum.

Das Training für einen sicheren Umgang mit Lampenfieber umfasst einerseits die **Prüfung der Rahmenbedingungen**, also der äußeren Faktoren. Zur Beherrschung der persönlichen Symptome von Lampenfieber kann durch **Atmung, Selbstmotivation** und **Affirmation** (Vorstellung einer positiven Situation) ein geregelter Umgang mit einer *fiebrigen* Situation erzielt und die Aufregung auf ein gesundes Maß reduziert werden.

3.6 Umgang mit Lampenfieber **

Die individuellen Symptome des Lampenfiebers, die sich in Form von sichtbaren und unsichtbaren Faktoren äußern, können über eine geregelte Atmung, positive Selbstmotivation und Affirmation bearbeitet werden. Die Reduzierung der Symptome auf ein angenehmes Maß setzt zusätzliche Energien frei, die sich der Moderator in der Präsentation zu Nutze machen kann.

Trainieren statt beseitigen

Lampenfieber tritt in Form von sichtbaren und unsichtbaren Symptomen auf und lässt Sie als Moderator in eine Situation geraten, die von Ihrem normalen Verhalten deutlich abweicht (siehe »Lampenfieber und seine Symptome«, S. 53). Dadurch, dass der Erhalt des Lampenfiebers auch einige Vorteile mit sich bringt (siehe »Vorteile des Lampenfiebers«, S. 60), haben sich diverse Methoden entwickelt, um den professionellen Umgang mit Lampenfieber zu trainieren, anstatt es beseitigen zu wollen. Neben vielen Ansätzen zur Bearbeitung primär persönlicher Symptome von Lampenfieber haben sich doch im Wesentlichen drei sinnvolle Basis-Bausteine durchgesetzt, die problemlos in der Praxis anwendbar sind. Dies sind die **Atmung, Selbstmotivation** und **Affirmation.** Mit diesen drei Elementen haben Sie eine gute Basis, um das Lampenfieber in der Form zu bearbeiten, dass es nicht mehr als störend empfunden wird.

Um die Ursachen anzugehen, gilt die folgende Regel: Training ist alles. Führen Sie die nachstehenden Übungen sozusagen als Trockenübung durch, also in einem Moment in dem Sie *kein* Lampenfieber haben. Erfahren Sie, welche Veränderungen sich dadurch bewirken lassen, um dann im entscheidenden Moment das richtige Werkzeug parat zu haben.

Atmung

Der Fahrplan des menschlichen Körpers gibt vor, in bestimmten Situationen die Atmung zu verstärken. Der Atmungsverlauf in der Phase *Lampenfieber* ist in etwa mit der eines 200 m Sprints zu vergleichen. Sie erfahren, wie dieses

Gefühl mit einer Dichte *von Null auf Hundert* auf Sie einwirkt und kennen die damit verbundenen Folgen wie Seitenstechen, Halsenge oder Hyperventilation.

Nehmen Sie sich in solchen Augenblicken an die Hand und zwingen Sie sich zu einer ruhigen Atmung. Nehmen Sie ganz bewusst tiefe Atemzüge durch die Nase auf, um sie dann über den Mund wieder auszustoßen. Wichtig ist hierbei, dass Sie mit erheblichem Druck aus dem Mund ausatmen. Fühlen Sie, wie Sie mit jedem Atemzug positive Energie aufnehmen, die sich angenehm in Ihrem Körper verteilt. Es mag jetzt etwas befremdlich klingen, aber versuchen Sie einmal, tiefe Atemzüge aufzunehmen und sich beim Ausatmen darauf zu konzentrieren, wie Sie einen Teil dieser Energie in Ihre Beine lenken. Mit einiger Übung werden Sie feststellen, dass Sie dadurch einen stabilen Stand erreichen und sicher vor Ihrem Publikum bestehen werden.

Bei Lampenfieber entsteht eine Art von innerlichem Überdruck. Sie tragen das Gefühl mit uns herum, *Dampf ablassen zu müssen*. Geben Sie diesem inneren Bedürfnis nach, indem Sie kurz und heftig die Luft nach außen pressen. Die dadurch entstehende Muskelentspannung in Ihrer Bauchgegend trägt übrigens zusätzlich zur Entspannung bei. Oftmals wird es als befreiend empfunden, diese Atemübung mit einigen schweren Schritten zu unterstützen, da auch auf diese Weise der empfundene Druck sofort reduziert werden kann.

Selbstmotivation

Ein positives Selbstwertgefühl ist die Grundvoraussetzung für eine gelingende Präsentation mit einem entspannten Moderator. Neben dem fachlichen Aspekt zählt hauptsächlich, wie Sie als Person überzeugen. So können Sie die Wirkung einer fachlich perfekten PowerPoint-Präsentation verfehlen, wenn Sie als Person nicht überzeugen können. Hingegen wird es Ihnen mit positiver Ausstrahlung und einer offenen sympathischen Art gelingen, auch schwierige Inhalte wohlwollend zu präsentieren.

Denken Sie über sich nach. Notieren Sie drei Ihrer persönlichen Stärken, die sie in Ihrer Rolle als Moderator unterstützen können.

Eine positive Ausstrahlung bedeutet in erster Linie, dass Sie sich mit sich selbst auseinandersetzen. Das was Sie zum Strahlen bringen wollen, liegt in Ihrem Inneren verborgen und möchte nach außen hin leuchten können. Also, nehmen Sie einen *gedanklichen Lappen* in die Hand und machen sich an die Arbeit, Ihr Innerstes auf Hochglanz zu bringen. Besinnen Sie sich auf Ihre Stärken. Es hat einen guten Grund, dass Sie zum Moderator bestimmt wurden oder sich selbst dazu entschlossen haben, diesen Weg einzuschlagen. Sie können das! Lächeln Sie in sich hinein und erinnern Sie sich an die letzten erfolgreichen Präsentationen, die Sie meisterlich abgeliefert haben, und aus deren Erfahrungsschatz Sie nun schöpfen können. Erfreuen Sie sich an Ihrer Rolle als Vermittler, der wichtige Inhalte mit seinen Zuhörern teilen möchte und im nächsten Moment interessante Neuigkeiten weitergeben darf. Erinnern Sie sich an Worte des Lobes und der Anerkennung, die Ihnen in der letzten Zeit zugetragen wurden. Glauben Sie an sich und Ihre Fähigkeiten. Sicherlich wird es jemanden geben, der die bevorstehende Präsentation ebenso abhalten könnte. Aber es ist das Besondere an Ihnen, was Ihnen das Werkzeug an die Hand gibt, aus der kommenden Situation einen bleibenden Eindruck in den Köpfen Ihrer Zuhörer zu erwirtschaften.

Zur Verstärkung dieser Motivationseffekte kann es Ihnen helfen, wichtige Punkte auf kleinen Karteikärtchen zu vermerken, die Sie auf Ihrem Schreibtisch, an einem Spiegel oder unsichtbar in der Jackentasche parat halten. Wann auch immer Sie das Bedürfnis verspüren, sich mit positivem Zuspruch zu stärken, nehmen Sie eine dieser Karten zur Hand. Darauf kann zu lesen sein: *Weiter so! Ich bin ein positiver Mensch! Lächle! Ich bin mir meiner Stärken bewusst!*. Was auch immer Sie Ihrem persönlichen Wohlbefinden Gutes tun möchten, gehört auf diese Karten als Motivationswerkzeug, um Sie daran zu erinnern, was für ein wertvoller Mensch Sie sind.

Notieren Sie auf drei Karteikarten Motivationsanreize, die Sie Ihrem Empfinden nach positiv beeinflussen würden. Platzieren Sie diese an unterschiedlichen Orten und erfahren Sie, mit welcher Karte Ihre Stimmung am wirkungsvollsten beeinflussbar ist. So können Sie herausfinden, an welchen Orten und mit welchen Motiven Ihre inneren Stärken zu locken sind.

Blickkontakt halten

Eine große Schwierigkeit ist es, trotz der Aufgeregtheit **Blickkontakt** zu Ihren Zuhörern zu halten. Motivieren Sie sich hierzu in kleinen Schritten. Sehen Sie davon ab, sofort zu Beginn Vorgesetzte oder Kritiker anzublicken, sofern Sie sicher sind, dass dies Ihre Aufregung noch verstärken würde. Erlauben Sie sich in aller Ruhe den Blick zwischen die Reihen. Keiner wird es merken, wenn Sie es vorziehen, zunächst auf Gegenstände (Bilder, Stühle etc.) im Raum zu blicken, statt auf Personen. Wenn Sie sich in Ihrer Lage stabilisiert haben, wagen Sie erste Blicke zum Publikum. Es hat sich als hilfreich erwiesen, dabei nicht gleich einzelne Personen anzuvisieren, sondern halbkreisförmig die Blicke der Zuhörer einzusammeln. Gelangen Sie thematisch weiter in Ihren Vortrag, trauen Sie sich schließlich, einzelne Personen kurz anzublicken. Dies sollten Sie insbesondere dann erwägen, wenn die entsprechende Person thematisch in Ihrem Vortrag erwähnt wird. Wenn sie z. B. über die Ablauforganisation Ihres Unternehmens referieren, ist es ratsam an entsprechender Stelle den Verkaufsleiter, den Marketingexperten oder den Softwareentwickler anzuschauen, um ihn so in die Thematik Ihres Vortrages zu integrieren.

Versuchen Sie in der nächsten größeren Gesprächsrunde, Ihren Blick zunächst auf Gegenstände zu richten, während Sie sprechen. Erst dann wechseln Sie den Blick hin zu den anwesenden Personen und fangen nacheinander den Blickkontakt ein. Sie werden feststellen, wie schnell sich diese Prozesse in Bruchteilen von Sekunden vollziehen und so unmerklich Ihre Aufregung, wie Sie in der Situation vor einer Präsentation durchaus eintreten kann, auf andere Platzhalter kanalisiert.

Affirmation

In der **Auto-Suggestion** gibt es immer wieder erstaunliche Effekte, in wie weit sich der menschliche Körper durch Befehle nach innen hinein in eine positive Gemütslage befördern kann. Eine der hierzu eingesetzten Techniken ist die Affirmation. Die Affirmation ist die **Beschreibung eines Ist-Zustands**, den man gerne erreichen möchte.

Stellen Sie sich vor, wie Sie sich fühlen, wenn Sie eine gelungene Präsentation hinter sich gebracht haben. Die dabei entstehenden positiven Effekte können Sie bereits im Vorhinein nutzen, indem Sie sich gedanklich in diese Situation bringen und die positiven Emotionen genießen. Der Mensch ist in der Lage, sich durch diese Art der Auto-Suggestion über positive Gedanken entsprechend zu motivieren. Wie sehr diese Vorstellungskraft beeinflusst, lässt sich gut nachvollziehen, wenn Sie sich vorstellen, wie Sie herzhaft in eine Zitrone beißen und Ihnen dabei das Wasser im Munde zusammenläuft. Bei der Ausbildung der positiven Gedanken stellen Sie sich den gewünschten Zustand so genau wie möglich vor und formulieren ihn schriftlich.

Überlegen Sie sich für Ihren Vortrag oder Ihre Moderation einen positiven Ist-Zustand, den Sie erreichen möchten. Wie könnte er für Sie lauten? Notieren Sie ihn auf eine Karte.
Auf den Karten könnte z. B. stehen:

- Meine Präsentation war gut gegliedert und interessant.
- Ich habe als Person überzeugt und Blickkontakt zu meinem Publikum gehalten.
- Meine Stimme war angenehm und ruhig.
- Die technische Ausstattung war sehr gut und hat meine Präsentation gut unterstützt.

Diese Methode ist eine klassische Art der **Selbstkonditionierung**. Sie gewinnen Selbstvertrauen und werden mutiger in Ihrem Auftreten als Moderator, schließlich haben Sie sich das positive Ergebnis bereits wohlwollend vor Augen geführt. Man spricht in diesem Zusammenhang auch von **selbsterfüllender Prophezeiung**. Trainieren Sie sich öfters in diesem Verfahren und stellen Sie fest, welche Möglichkeiten Ihnen diese Methode auch in anderen Bereichen bietet.

Essenz Sie selbst empfinden die Symptome immer stärker als Ihr Publikum. Bitten Sie Bekannte um ein ***Feedback*** nach einer Präsentation, sofern Sie das Gefühl hatten, an Ihrer Stimme oder an Ihrer Gestik wäre etwas auszusetzen. Sie werden meistens die Bestätigung finden, dass für das Publikum alles *nur halb so schlimm* war.

3.7 Vorteile des Lampenfiebers ***

Ein gewisses Maß an Lampenfieber kann für einen Moderator durchaus vorteilhaft und hilfreich sein. Der zusätzliche Ausstoß an Adrenalin als reaktives Stresshormon motiviert zu Höchstleistung und spontaner Handlungsfähigkeit. Daher ist eher der richtige Umgang mit Lampenfieber entscheidender, als das dringliche Bedürfnis, es beseitigen zu wollen.

Lampenfieber setzt in unserem Körper eine bestimmte Menge an **Adrenalin** frei, die uns zu Höchstleistungen anspornt und unser **spontanes Reaktionsvermögen** um ein Vielfaches steigert. Darin liegt der Vorteil, dass das Lampenfieber über Momente hinweg trägt, in die man unter normalen alltäglichen Umständen nicht gekommen wäre. Es entstehen Motivations-Impulse, die Sie sich in diesem Augenblick zu Nutze machen können. Es gibt Moderatoren, die sich nach einer Präsentation gar nicht mehr an die ein oder andere Aktion erinnern können, eben weil sie aus der besonderen Spontansituation heraus gesteuert wurde, die im Gehirn in einer Spur neben den normalen logischen Denkprozessen abgelegt ist.

Daher basieren die Methoden im Umgang mit Lampenfieber nicht primär darauf, es zu beseitigen, sondern vielmehr es zu bearbeiten und damit umzugehen. Wenn Sie zulassen, Lampenfieber zu haben, dieses aber durch die dargestellten Maßnahmen auf ein gesundes Maß reduzieren, werden Sie dieser Thematik viel entspannter begegnen können. Allein der Druck, kein Lampenfieber haben zu dürfen, bewirkt oft das Gegenteil und führt zu Situationen, die Sie sich als Moderator vor einem Publikum ersparen möchten. Das Vorhandensein von Lampenfieber ist **keinesfalls unprofessionell**. Immerhin haben Sie sich in eine solch faszinierende

Situation katapultiert, dass es sich lohnt, die inneren Schalter auf *Lampenfieber* zu stellen.

Denken Sie an eine Ihrer zurückliegenden Präsentationen in der Sie Lampenfieber verspürt haben. An welche positiven Prozesse können Sie sich erinnern, auf welche Ideen sind Sie gekommen, die Ihnen ohne Lampenfieber wahrscheinlich gar nicht in den Kopf gekommen wären?

Jede Präsentation ist eine **individuelle Erfahrung**. Nun könnte man ableiten, je zahlreicher diese Erfahrungen sind, desto geringer ist die Wahrscheinlichkeit, an Lampenfieber zu leiden. Da das Lampenfieber und das, was es mit uns anstellt, aber logischen Erklärungen selten standhalten, tut sich auch hier ein großer Irrglaube auf. Mit jeder Präsentation erfahren Sie, was schief laufen könnte. Also speichern Sie mehr und mehr Faktoren ab, die potenziell zu Lampenfieber führen können. Das ist der Grund, warum Sie trotz tief greifender Moderationserfahrung immer noch Lampenfieber bekommen. Aber genau hierin liegt ein Vorteil. Die vielen Erfahrungen geben Ihnen eine gewisse Sicherheit, ein **Grundrepertoire**, auf das Sie immer wieder zurückgreifen können. Mit zunehmender Moderations-Tätigkeit werden Sie mutiger und möchten neue Möglichkeiten zur Visualisierung ausprobieren. Lampenfieber versetzt Sie dazu in eine erfreulich kreative Ausgangsposition. Das Gehirn wird kurzzeitig in eine Lage gebracht, ganz spontane Maßnahmen zu ergreifen, die bei positiver Bestätigung als weiterer Baustein in unserem Methodenrepertoire abgespeichert werden und bei späteren Aktionen verlässlich zur Verfügung stehen.

Letztlich ist in solch einer Situation immer Ihr Bauchgefühl entscheidend. So wie man Lampenfieber empfindet, und es nicht wirklich als greifbaren Gegenstand erfassen kann, so ist auch der positive Umgang damit nur erlebbar, wenn Sie sich voll und ganz darauf einlassen.

Beispiel

Sie leiten die Moderation zu einem Team-Workshop mit 12 Teilnehmern. Zuvor haben Sie sich genau überlegt, wie Sie die Aufgaben verteilen, um in drei Kleingruppen zu je vier Personen bestmögliche Arbeitsergebnisse zu erzielen. Auch über die Zusammensetzung der Gruppen haben Sie sich Gedanken gemacht und jede Gruppe präzise mit bestimmten Personen belegt. Kurz vor Sitzungsbeginn teilen Ihnen zwei Teilnehmer mit, dass sie ihren Vorgesetzten kurzfristig zu einer Messe begleiten sollen. Ein weiterer Teilnehmer hat sich krank gemeldet und Ihre dezidierte Planung ist somit restlos über den Haufen geworfen. Es besteht akuter Handlungsbedarf, spontan eine neue Gruppenaufteilung zu finden. Da Ihnen keine Zeit verbleibt, eine neue personengebundene Gruppenstruktur zu entwickeln, handeln Sie aus dem Bauch heraus und formen umgehend drei Gruppen zu je drei Personen. Durch die geänderte Situation begleiten Sie die Gruppenarbeit intensiver als geplant. Da es sich um weniger Teilnehmer in nur drei Gruppen handelt, können Sie sich dies zeitmäßig erlauben. Ihre spontane Reaktion wirkt vermittelnd auf die Teilnehmer ein und überbrückt die fehlende Struktur, sowie das Fehlen der übrigen Gruppenmitglieder. Am Ende der Sitzung werden Sie feststellen, dass Sie richtig gehandelt haben, und dass *alles noch mal gut gegangen ist.*

Bewertung

Manche Veranstaltungen erfordern eine detaillierte Planung, da die Arbeitsergebnisse an Personen gebunden sind. Dies ist insbesondere der Fall, wenn Teilnehmer aus mehreren Hierarchie-Ebenen in einer Gruppe zusammengeführt werden oder Personen miteinander arbeiten, zwischen denen ein hohes Konfliktpotential herrscht. Verlieren Sie sich aber nicht zu sehr in diesen Planungen, denn letztlich kann es immer passieren, dass diese systematische Ausarbeitung Ihrer Moderation sich an den spontanen Gegebenheiten der Realität bricht. Machen Sie sich bewusst, dass sie sich in solch einem Fall auf Ihr Bauchgefühl verlassen können und Sie Ihre Veranstaltung nicht ausschließlich auf die Stützpfeiler Ihrer Vorausplanung stellen wollen. Einige Moderatoren neigen dazu, für solche Fälle einen *Plan B* zu entwerfen, um dann aufgeregt feststellen zu müssen, dass sich auch diese Struktur nicht mit den realen Begebenheiten kompatibel ist. Sie ersparen sich viel Vorbereitungszeit, wenn Sie grundlegende Parameter für die Durchführung der Veranstaltung zwar festlegen, aber genug Spielraum vorsehen, um sich auf spontane Begebenheiten einzulassen, die dann zu überraschenden und meist sehr kreativen Ergebnissen führen.

Beispiel

In einer Vortragsreihe sollen Sie sich nach drei fachlich perfekt inszenierten Vorträgen zu einer Fragestellung äußern, die thematisch aus einer ganz anderen Richtung kommt und auch in der Art der Darstellung nicht – wie zuvor – an multimediale PowerPoint-Welten anschließt, sondern einzig und allein mit dem Flipchart und Ihnen als Moderator überzeugen soll. Ihnen schießt durch den Kopf, dass Ihre Vorbereitungen zu dem Thema völlig unzureichend sind, sofern Sie sich mit dem technischen und inhaltlichen Aufwand Ihrer Vorredner vergleichen. Was hilft's – da müssen Sie durch! Sagen Sie wie es ist: Zeigen Sie sich beeindruckt von den dargebotenen Vorträgen und bitten Sie das Publikum, sich nun auf eine völlig neue Perspektive einzulassen. Damit kündigen Sie den Richtungswechsel an und machen bewusst, dass nun eine gewollte Änderung sowohl im technischen Format als auch inhaltlich vorgesehen ist. Die Zuhörer werden gedanklich ihre fachliche Schiene verlassen und Ihnen Aufmerksamkeit entgegenbringen. Wenn Sie Ihre Moderation mit einem Zitat oder einer kleinen Geschichte einleiten können, haben Sie gute Chancen, sich auch mit fach-unüblichen Themen und Techniken erfolgreich in die Reihe Ihrer Vorredner einzugliedern.

Bewertung

Die Erfahrung zeigt, dass hoch-fachliche Vorträge von Branchenkennern nicht als solche empfunden werden. Was für den Fachfremden wie eine Fremdsprache anmutet, ist für Vertraute dieser Branche der berufliche Alltag. Besinnen Sie sich also auf Ihre eigenen Fähigkeiten und machen Sie sich bewusst, dass auch Sie auf Ihrem Fachgebiet ein kompetenter Akteur sind. Auch Sie können auf Ihre Weise beeindrucken und eben genau mit den Mitteln, an die Ihre Zuhörer nicht gewöhnt sind.

3.8 Checkliste gegen Lampenfieber **

Lampenfieber an sich ist eine vorteilhafte Erscheinung, da sich doch auf diese Weise viele spontane Reaktionen ergeben, die unter normalen Umständen eher unmöglich gewesen wären. Trotzdem möchten die meisten Moderatoren auf eine Art Checkliste zurückgreifen können, um die negativen

Aspekte von Lampenfieber zu vermeiden und die positiven für ein effektvolleres Handeln nutzbar zu machen.

Auch wenn Sie es uns noch so plausibel erklären wollen, dass Lampenfieber an sich doch eine nützliche und durchaus vorteilhafte, wertvolle Einrichtung ist, es bleibt dieses mulmige Gefühl, vielleicht doch **gewisse Kniffe** parat haben zu wollen, um diese innerliche Armee von Flugzeugen und Achterbahnen unter Kontrolle zu bringen und allen Eventualitäten und Unliebsamkeiten vorzugreifen.

Letztlich verhält es sich bei Lampenfieber nicht anders als bei einer fiebrigen Erkältung: Fieber ist lediglich der äußere Ausdruck, wenn der Körper wie ein Schwerstarbeiter mit der Beseitigung krankhafter Viren beschäftigt ist. Doch man ist froh und dankbar, wenn man vorsichtshalber ein Medikament in der Tasche hat. Wenn Sie die nachstehende Checkliste als wirkungsvolle Medizin gegen vorhandenes Lampenfieber abarbeiten, wird Ihnen sicherlich wieder wohler in der Magengegend. Sie spüren eine deutliche Entspannung, welche nicht zuletzt aus einem sinkenden Adrenalinspiegel herrührt.

Zu Ihrer persönlichen Vorbereitung finden Sie neben den einzelnen Punkten ein Kästchen zum Abhaken, welches Ihnen die Bearbeitung der Checkliste erleichtert.

Aber denken Sie dran, dass Lampenfieber in einem gesunden Maße auch zu dem entscheidenden I-Tüpfelchen beitragen kann, mit welchem Sie als Moderator einen bleibenden Eindruck in den Köpfen Ihres Publikums hinterlassen werden.

Checkliste gegen Lampenfieber

☐
- Setzen Sie sich nicht unnötig unter Druck, indem Sie Ihr Manuskript nochmals und abermals durchgehen. Was Sie bis hierher in Ihrem Kopf abgespeichert haben, werden Sie durch stressartiges Wiederholen nicht wesentlich unterfüttern können. Hilfreich ist es vielmehr, Abstand zum Thema zu gewinnen, um Ihrem Gehirn und somit ihren Gedanken eine kleine Verschnaufpause zu gönnen. Suchen Sie ein leichtes Gespräch oder befassen Sie sich

mit Dingen, die gedanklich fernab des eigentlichen Themas einer Klärung bedürfen.

- Wenn möglich, verlassen Sie den Ort der Präsentation. Wandern Sie über den Gang, schauen Sie sich Bilder an, oder erkunden Sie die Umgebung durch einen intensiven Blick aus dem Fenster. Bedenken Sie, dass jeder Schritt der Beine sich als Rechts-Links-Koordination in Ihrem Gehirn widerspiegelt und dort als dankbare Gedankenmassage der beiden Gehirnhälften von Ihrem Körper angenommen wird. ☐
- Sofern Sie die Möglichkeit haben, im Vorfeld Ihrer Präsentation an Pausengesprächen teilzunehmen, bauen Sie zu einer oder mehreren anwesenden Personen Kontakt auf. So haben Sie zu Beginn Ihrer Präsentation wichtige Ankerungspunkte für Ihren Blickkontakt. Nutzen Sie die Sympathie, die Ihnen entgegengebracht wird und erinnern Sie sich an die vorausgegangenen positiven Gesprächsmomente. Bei Vorträgen vor einem großen Auditorium und in Situationen, in denen der Redner räumlich distanziert vom Publikum spricht, trifft dies nicht zu. Hier müssen Sie sich einzig und allein auf Ihr positives Selbstwertgefühl verlassen (siehe hierzu auch »Positives Selbstmanagement«, S. 8). ☐
- Überlegen Sie sich zuvor, wo Sie während Ihrer Präsentation stehen möchten. Prüfen Sie den Weg dorthin, ob Sie auf mögliche Stolperfallen (Kabel, herumliegende Taschen) stoßen, die es schnell noch zu beseitigen gilt. Bevor Sie sich auf dem Weg zu Ihrem Standort unsicher im Publikum umsehen, fixieren Sie lieber Ihre Endposition und steuern diese mit langsamen und sicheren Schritten an. ☐
- Atmen Sie noch einmal tief durch und machen Sie sich ganz bewusst, dass Sie auf keinen Fall Angst haben müssen, stecken zu bleiben. Stellen Sie sich immer wieder vor, dass mögliche Fehler doch so menschlich sind und auch in gewisser Weise sympathisch machen. Übertreiben Sie es aber nicht unnötig in der Weise, bewusste Fehler einzubauen, in der Absicht, besonders sympathisch wirken zu wollen. ☐

- ☐ Mut zur Pause: Üben Sie zuvor, mit entstehenden Sprechpausen souverän umzugehen. So unangenehm, wie die sekundenlangen Pausen während einer Präsentation oft dargestellt werden, sind sie gar nicht. Bedenken Sie: Keiner empfindet eine Sprechpause so lang wie Sie. Gönnen sie sich regelmäßig Zeit zum Durchatmen. Auch Ihr Publikum weiß wohldosierte Sprechpausen zu nutzen, um die übermittelte Information in tiefere Bewusstseinsschichten sacken zu lassen. Es wird dies mit erhöhter Aufmerksamkeit und aufrichtiger Folgeleistung honorieren.
- ☐ Wechseln Sie während Ihres Auftritts häufiger den Standort und setzen Sie Körpersprache ein. So bieten Sie Ihrem Körper Ventile an, um Dampf abzulassen. Sie unterstützen zusätzlich die Stabilität Ihrer Stimme und bieten Ihrem Publikum eine abwechslungsreiche Visualisierung Ihrer Worte.
- ☐ Stellen Sie sich eine Belohnung in Aussicht, die nach der Präsentation auf sie wartet. Hierbei kann es sich um eine Süßigkeit, ein leckeres Essen oder auch um ein Gespräch, ein Treffen mit einem netten Menschen handeln.
- ☐ Lampenfieber mit Drogen oder Alkohol bekämpfen zu wollen, sollten Sie aus ihren Gedanken streichen. In einer angespannten Situation sind solche Maßnahmen in Ihrer Wirkung nachweislich unberechenbar und verhelfen Ihnen nun ganz und gar nicht zu Ihrem persönlichen Erfolg.

3.9 Aktives Zuhören **

Einem Gesprächspartner wirklich gut zuzuhören, kann mitunter sehr schwierig sein. Dazu zählt nicht nur, inhaltlich die Linie des Gesprächs zu verfolgen, sondern auch durch unsere eigene Gestik und Mimik Verständnis auszudrücken und unser Gegenüber zur anregenden Fortführung zu bewegen. Andererseits wünscht sich jeder eine wohlwollende Aufnahme seiner Mitteilungen und stellt den Dialog ein, sobald er auf Desinteresse stößt. Auf diesen Zusammenhang können Sie aktiv einwirken, indem Sie Ihr Zuhören sichtbar machen und auch Ihre Aussage unterstreichen, indem Sie Ihre Zuhörer involvieren.

Abb. 3.9-1: Aktives Zuhören ist manchmal gar nicht so einfach.

Man kann nicht *nicht* hören

Man macht sich selten Gedanken darüber, in welcher Form Zuhören am besten funktionieren könnte. Denn letztlich kann der Mensch nicht *nicht* hören, da er biologisch nicht auf das Ausschalten des Hörsinns programmiert ist (Abb. 3.9-1). Und dennoch gibt es im Alltag Situationen, die mit Aussagen wie »Hörst Du mir überhaupt zu?« belegen, dass es mit dem Zuhören doch nicht so einfach bestellt ist.

Gelegenheiten schaffen um zuzuhören

Schwieriger wird dieses Thema auf professioneller Ebene. Hier wirkt es schnell unhöflich, einem Gesprächspartner offen zu sagen, dass er nicht zuhört. Man umgeht es, seinen Unmut zu äußern und sucht stets nach Möglichkeiten, solch eine Situation zu vermeiden, indem man Gelegenheiten schafft, in denen das Gegenüber gerne zuhört. Andererseits kann man mit vielen kleinen rhetorischen Einsätzen, gestischen Bewegungen und mimischen Elementen darstellen, dass man selbst ein aufmerksamer Zuhörer ist und dem Gesagten interessiert Folge leistet. Aktives Zuhören ist wichtig, weil Sie hierdurch

- einen persönlichen Kontakt herstellen können,
- die Gesprächsatmosphäre entspannen und
- bei differierenden Meinungen leichter einen emotionalen Konsens finden können.

Viel Empathie

Wenn Sie aktiv zuhören, können Sie sich in den anderen Menschen einfühlen. Es geht dabei um ein größtmögliches Maß an **Empathie**, ein sich Einfühlen in die Situation des anderen. Diese Art des Zugangs lässt Sie hinter der Rolle den Menschen erkennen, der seine Gefühle und Bedürfnisse mit in das Gespräch einfließen lässt. Aktives Zuhören bedeutet, eine mitgehende Unterhaltung zu führen, die auf beiden Seiten sicherstellt, dass das Gesagte verstanden wird und keine Fragen offen bleiben. Je interessierter Sie sich einem Gespräch zuwenden, je mehr wird sich der Gesprächspartner geneigt fühlen, seine Ausführungen so interessant wie möglich zu gestalten. Es motiviert zu weiterführenden Informationen und kann auch bei einem nicht so ergiebigen Thema ein gutes Mittel sein, doch noch in eine interessante Diskussion zu gelangen. Diese Art der Gesprächsführung bringt viel positive Energie in die Situation und gibt dem Gesprächspartner ein Gefühl der Entspannung, da er sich einem wohlwollenden Zuhörer gegenübersieht, der dem Faden des Gesprächs mühelos und interessiert folgen möchte. Im professionellen Umgang mit einem Gesprächspartner verläuft der Zugang zu den verschiedenen Elementen des aktiven Zuhörens über den Blickkontakt. Ob Sie sich in einem Dialog oder in einer Präsentation vor einem großen Publikum befinden, der Augenkontakt gibt in Bruchteilen einer Sekunde Auskunft über Stimmung und Bereitschaft des Gegenübers, an dem Sie dann Ihre Reaktionen ausrichten können.

Erzählen Sie einem beliebigen Gesprächspartner von Ihrem letzten Urlaub. Beobachten Sie, mit welchen Mitteln Ihr Gegenüber signalisiert, dass er Ihnen zuhört. Besprechen Sie anschließend das Thema aktives Zuhören und versuchen Sie dann die gleiche Übung zu einem anderen Thema nach Bearbeitung der folgenden Elemente des aktiven Zuhörens. Die Elemente des aktiven Zuhörens lassen sich in Form von rhetorischen und gestisch-mimischen Kategorien unterscheiden. Um Ihnen ein Gefühl dafür zu geben, wie minimal und gleichsam vielfältig sich diese Elemente in der Praxis zeigen, sind hier einige beispielhaft aufgeführt.

Beispiele für rhetorische Elemente

- Äußerung von Zustimmung und Interesse z. B. durch »Ja«, »Hm«, »Nein wirklich«, »Was noch?«.
- Äußerung von Nachdruck und impulsgebenden Elementen durch Wechsel zu einer tieferen Stimmlage.
- Anknüpfung durch Wiederholung des letzten Satzes des Partners z. B.: »Ja, Sie haben recht, dass es dazu ein großes Angebot auf dem Markt gibt.«.
- Äußerung der Bestätigung z. B. durch: »Toll«, »Ja, gerne«.
- Äußerung der Nichtübereinstimmung z. B. durch »Nein, das finde ich nicht«, »Entschuldigung, da bin ich nicht Ihrer Meinung!«.
- Stellungnahme in gespannten Situationen mit extrem weicher Stimme und entgegenkommendem Lächeln.

Beispiele für gestisch-mimische Elemente

- Äußerung der Zustimmung durch Kopfnicken, anerkennendes Heben der Augenbrauen.
- Lächeln als Ausdruck der positiven Zuwendung während des gesamten Gesprächs, intensiveres Lächeln bei besonderer Zustimmung.
- Äußerung von Unklarheit durch fragendes Heben der Augenbrauen in Verbindung mit einem fragenden Blick.
- Äußerung von Abneigung durch Stirnrunzeln und abwehrende Armhaltung, Verschränken der Arme.

Diese Liste ließe sich noch unendlich fortführen. Je mehr Sie sich in eine Gesprächssituation hineindenken, je mehr Elemente würden Ihnen einfallen. Meist solche, die Sie bisher noch nicht besonders bedacht, aber trotzdem bereits instinktiv als Werkzeuge der Gesprächsführung eingesetzt haben.

Beispiel

Stellen Sie sich folgende Situation vor: Sie haben für Ihre Präsentation ganz besondere Inhalte vorbereitet. Ihre Recherchen haben viel Zeit beansprucht und Sie können es kaum erwarten, die Früchte Ihrer Arbeit vor einem Publikum zu präsentieren. Nun hat man Sie aufgrund des vollen Programms auf den letzten Platz der Reihe der Redner versetzt und Sie wissen, dass nach solch einer langen Präsentationszeit kaum die Chance besteht, das Publikum aufmerksam Ihren Ausführungen folgen zu lassen. Um Ihrem Vortrag den gewünschten Effekt zu ermöglichen, müssen Sie also in Vorleistung treten und dafür Sorge tragen, dass sich Ihr Publikum nicht Arme verschränkend auf einen weiteren Vortrag einlässt mit dem Ziel, gedanklich abzudriften und sich von Ihren Darbietungen einfach nur berieseln zu lassen. Vielmehr wünschen Sie sich eine interaktive Präsentation, denn schließlich soll sich das investierte Herzblut Ihrer Vorbereitung nicht am passiven Zuhörertum verlieren.

Hierzu haben Sie einige Werkzeuge zur Hand, mit denen Sie Ihr Publikum aktivieren, es aktiv zuhören lassen und so sicher sein können, dass Ihre Inhalte wohlwollend aufgenommen werden. Daraus schöpfen Sie für sich zusätzliche Motivation aus der Gewissheit, dass sich Ihr Einsatz wieder einmal gelohnt hat:

- Finden Sie das Interessanteste Ihrer Präsentation für Ihre Zielgruppe heraus und stellen Sie dies an den Anfang.
- Bleiben Sie zurückhaltend und fangen Sie die spontane Stimmung ein.
- Drücken Sie durch Körperhaltung aus, dass Sie sich auf Ihr Publikum konzentrieren.
- Fokussieren Sie sich auf das Thema, ohne sich von Ablenkungen verleiten zu lassen.
- Nehmen Sie bei Angriffen und Gegenargumenten eine neutrale Position ein und lächeln Sie dem Angriff die Schärfe heraus.
- Vertrauen Sie auf die Aussagekraft einer intensiven Körpersprache, um dem Publikum ein bewegtes Bild zu präsentieren, so dass es schwierig wird, sich von Ihnen abzuwenden.
- Fragen Sie häufiger nach, wenn Beiträge aus dem Publikum kommen, denn es ist davon auszugehen, dass auch andere Anwesende dem Argument nicht gleich folgen können und somit Ihr Nachfragen als dankbare Unterstützung aufnehmen, die alsbald mit aufmerksamem Zuhören gedankt wird.
- Halten Sie Pausen aus, um Unklarheiten oder Ratlosigkeit zu erkennen. Daraus können Sie wichtige Hinweise auf den weiteren Verlauf Ihrer Stimmlage und Körperhaltung

gewinnen. Haben Sie das Gefühl, Ihr Publikum blickt etwas ratlos, gehen Sie thematisch einen kleinen Schritt retour oder belegen Sie Ihre Ausführungen mit einem Beispiel. Nehmen Sie Gefühle von Angst oder Spannung wahr, geben Ihrer Stimme mit entsprechender Gestik und Mimik eine weichere Tonlage.

- Sofern es Klärungsbedarf in den Reihen gibt, können Sie die betreffenden Personen durch direkte namentliche Ansprache in Ihren Präsentationsprozess involvieren. Oftmals ergibt sich daraus eine lebhafte Diskussion, die nicht nur informativ für alle ist, sondern auch einen positiven Sozialcharakter hat.
- Auch bei längeren Ausführungen können Sie geduldig darauf vertrauen, dass diese Ihre Präsentation thematisch unterstützen. Äußern Sie dazu ihre wohlwollende Begleitung durch kurze rhetorische Toneinlagen (»ja«, »hm«) und minimaler gestischer Darstellung (Kopfnicken, Hände zustimmend nach vorne wellen). Diese minimale rhetorische Zeichensetzung macht auch unmissverständlich klar, dass Sie mit Ihrer ständigen Präsenz dem Geschehen folgen, der Veranstaltung den Rahmen geben und nach wie vor den roten Faden behalten.
- Sofern Sie merken, dass die Diskussion Ihres Publikums thematisch zu sehr abdriftet, gebieten Sie Einhalt, indem Sie auch hier Elemente aus Gestik (abwehrende Stellung der Arme, Signal zur Unterbrechung) und Mimik (Kräuseln der Stirn, fragender Blick, Kopfschütteln) einsetzen.

Die Thematik rund um das aktive Zuhören hat auch spürbare Grenzen. Diese beginnen dort, wo die genannten Elemente derart einflussreich sind, dass der Partner dem Gesprächsverlauf eine andere Richtung gibt, als er ursprünglich geplant hatte. An sich birgt diese Tatsache nichts Außergewöhnliches, schließlich wollen Sie ja erreichen, dass das Gespräch eine wohlwollende und zufriedene Stimmung auf beiden Seiten erzeugt. Aber es gibt Situationen, in denen Sie feststellen, dass Ihnen der Gesprächspartner nach dem Mund redet, weil er anhand Ihrer ausgedrückten Zustimmung oder Ablehnung eine bestimmte Richtung erkennt, der er folgt, ohne dass dies seiner persönlichen Überzeugung entspricht. Solche Momente finden Sie in der Praxis oft in politischen Debatten oder in Diskussionen, in denen eine

Seite versucht, die andere durch bestimmte Vorteilsnahme zu beeinflussen. Die Elemente des aktiven Zuhörens wollen also in einem geregelten Maß der Zurückhaltung eingesetzt werden, um den Gesprächsverlauf flüssig zu halten, ohne den Gesprächspartner zu sehr in eine Richtung zu lenken.

Das geeignete Maß werden Sie als guter Zuhörer und einfühlsamer Moderator schnell selbst finden und sich zwischen den Polen von Argumenten einen sicheren Weg bahnen.

4 Vorbereitung und Gliederung der Präsentation *

Eine gute Vorbereitung und detaillierte Gliederung der Präsentation kann den Moderator vor vielen Unwegsamkeiten bewahren. Häufig fehlt in der Praxis die Zeit, um eine Veranstaltung mit solchem Einsatz vorzubereiten, wie es der Sache dienlich wäre. Routineveranstaltungen werden sogar nicht selten gänzlich ohne Vorbereitungen durchgeführt. Lediglich bei größeren Vorträgen oder Seminaren erscheint vielen eine wirkliche Detailplanung in der Vorlaufphase lohnenswert. Jedoch zeigen auftretende Pannen und Störungen, sich diesem Thema doch mit mehr Energie zu widmen, als es in der Praxis der Fall ist. Ein Überblick über mögliche Zugangsweisen zum Thema Vorbereitung mag den Blick für das Notwendige in verschiedenen Situationen schärfen. Sich in der Planung einer Veranstaltung in einer Weise zu verlieren, die alle Kapitel dieses Themas berücksichtigt, ist sicherlich unnötig und in der Praxis nicht umsetzbar. Aber vielleicht entdecken Sie hier und dort einige Anhaltspunkte, die Ihnen die Vorbereitung Ihrer nächsten Veranstaltung erleichtern mögen.

Gestalten Sie den äußeren Rahmen so, dass Ihre Präsentation auf einer gesunden Basis steht:

- »Vorbereitung der äußeren Rahmenbedingungen«, S. 74

Mit einer inhaltlichen Gliederung können Sie leicht den roten Faden behalten:

- »Inhaltliche Gliederung einer Präsentation«, S. 76

Erfahren Sie die Notwendigkeit, den richtigen Spannungsbogen für Ihre Präsentation zu bemessen:

- »Der Spannungsbogen einer Moderation in fünf Phasen«, S. 79
- »Den richtigen Spannungsbogen finden«, S. 85

Planen Sie genug Zeit für die einzelnen Abschnitte Ihrer Präsentation oder Moderation ein. Auf diese Weise können Sie flexibel auf spontane Änderungen reagieren:

- »Zeitmanagement rund um die Präsentation«, S. 95

Stellen Sie sicher, dass die Medien auf ihre Einsatzbereitschaft hin geprüft werden und Sie mit der Technik entsprechend vertraut sind:

- »Vorbereitung der Medien«, S. 101

Ein souveräner Umgang mit Störungen während der Präsentation vermeidet Spannungen im Publikum:

- »Störfaktoren während der Präsentation«, S. 105

In einer intensiven Nachbearbeitung Ihrer Präsentation lassen sich wichtige Rückschlüsse für den kommenden Einsatz ziehen:

- »Evaluation und Nachbereitung einer Moderation«, S. 109

4.1 Vorbereitung der äußeren Rahmenbedingungen **

Wenn Sie das Gefühl haben, als Moderator gut vorbereitet zu sein, sollten Sie nicht von eventuellen Unzulänglichkeiten in den äußeren Rahmenbedingungen enttäuscht werden.

Ein sicheres Gefühl für Ihre Präsentation werden Sie bekommen, wenn Sie sich auf eine gründliche Vorbereitung einlassen. Bevor Sie sich mit den einzelnen Schritten auseinandersetzen, lassen Sie sich gedanklich auf folgende Übung ein.

Stellen Sie sich folgende Situation vor: Sie stehen vor Ihrem Publikum und werden in den kommenden Minuten Ihre Präsentation beginnen. Sie kehren noch einmal in sich und genießen das gute Gefühl, Ihre Darbietung souverän handhaben zu können, da Sie sich gut vorbereitet fühlen. Gehen Sie gedanklich zurück in die Vorbereitungsphase. Schreiben Sie alle Punkte auf, die Sie in einer solchen Situation zur Vorbereitung unternommen hätten.

Der Ablauf der Vorbereitungsphase lässt sich in etwa mit dem Bild einer Zielscheibe vergleichen (Abb. 4.1-1). Im äußeren Zirkel befinden sich die Rahmenbedingungen wie Veranstaltungsort, Anfahrtswege etc. Der Weg zum inneren Kern vollzieht sich immer mehr über Detailfragen wie z. B. ein fein gegliederter Ablaufplan Ihrer Präsentation bis hin zu Maßnahmen, die in Ihren persönlichen Bereich hineinragen.

Beginnen Sie damit, dieses Ziel von außen nach innen hin anzuvisieren. Auf diese Weise gehen Sie in einer gewissen Systematik vor und laufen nicht Gefahr, einen wichtigen Schritt außer Acht zu lassen.

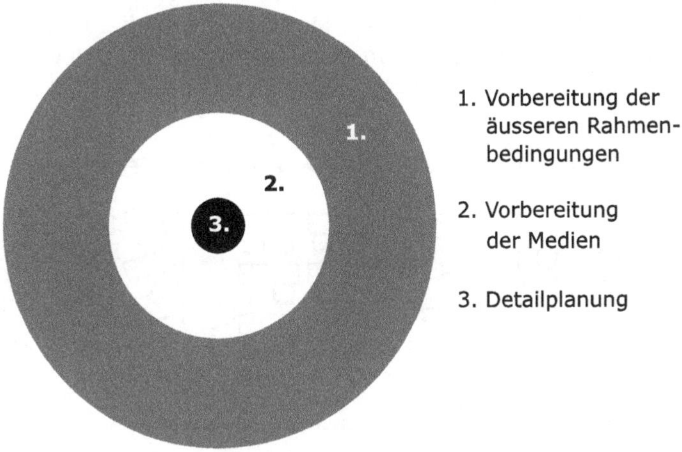

Abb. 4.1-1: Die Vorbereitung der Präsentation vollzieht sich über die Prüfung der äußeren Rahmenbedingungen und der Medien bis hin zu einer ausgereiften Detailplanung.

Ort der Veranstaltung

Sofern Sie rechtzeitig wissen, an welchem Ort Ihre Präsentation oder Moderation stattfindet, planen Sie genug Zeit ein, um Ihren Bestimmungsort zu erreichen. Machen Sie sich mit den Veranstaltungsräumen vertraut. Informieren Sie sich über Ein- und Ausgänge, Rauchergelegenheiten, WCs, Pausenräume etc. Nehmen Sie zusätzlich Ihren persönlichen Moderationsplatz ins Visier. Gewinnen Sie ein Gefühl für die Breite des Raumes, um zwischen verschiedenen Medien sicher hin- und her zu führen.

Sitzordnung

Der Erfolg einer Präsentation hängt heute auch zu einem wesentlichen Teil von der richtigen Sitzordnung ab. Konnte man sich früher darauf verlassen, seine Präsentation über dichte Tischreihen hinweg als **Frontalvortrag** zu halten, ist dies der Erwartung nach neueren Sitzordnungen gewichen. Das Publikum ist offener geworden, möchte aktiv am Geschehen teilhaben und auch möglichst durch die Nähe zum Moderator einen effektiven Einstieg in das Thema erleben. Die Entwicklung hin zur **Teambildung und offenen Ge-**

sprächsführung setzt auch neue Akzente im Hinblick auf die sinnvolle Ausnutzung des Raumes. Hier stellt sich zunächst die Frage, wie groß der Raum und die Anzahl der Zuhörer sind. Eine häufig gewählte Form der Sitzordnung ist eine Aufstellung der Tische in U-Form oder in Form eines Halbkreises, so dass Sie als Moderator innerhalb des Bogens nahe an das Publikum herankommen. Einen Überblick über die mögliche Gestaltung der Sitzordnung sehen Sie in Abb. 4.1-2.

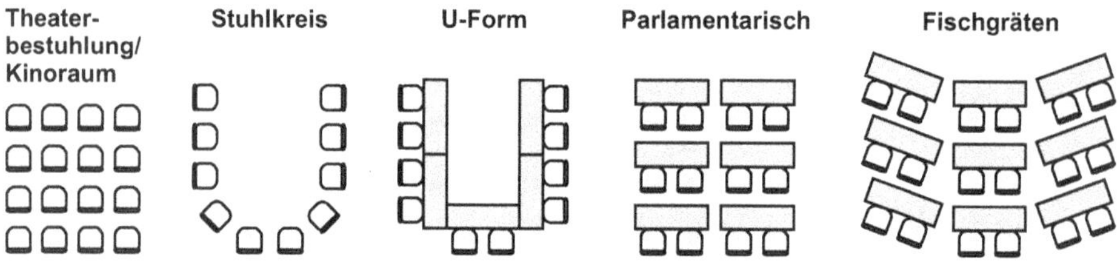

Abb. 4.1-2: Bestuhlungsarten.

Möchten Sie als Moderator das Publikum aktiv in Ihren Vortrag einbinden, versuchen Sie es doch einmal mit einer halbkreisförmig aufgestellten Stuhlreihe *ohne Tische.* Für eventuelle Schreibarbeiten können Sie zuvor die Stühle mit Klemmbrettern ausstatten, die dann jedem Zuhörer ermöglichen, auch ohne Tisch eine solide Schreib-Unterlage zu haben. In der Erwachsenenpädagogik haben sich auch solche Sitzformen als gewinnbringend herausgestellt, die den Teilnehmern untereinander näheren Kontakt und damit **Möglichkeiten zur Kommunikation** einräumen. Hierzu zählen kleinere Tischgruppen für jeweils vier bis sechs Personen, die insbesondere für interaktive Gruppenarbeiten vorteilhaft sind. Für welche Sitzordnung Sie sich auch entscheiden, beachten Sie, dass an den Seiten noch Durchgänge frei bleiben und dass Sie zu allen Anwesenden im Raum gleichermaßen Blickkontakt halten können.

4.2 Inhaltliche Gliederung einer Präsentation **

Eine gute Präsentation hängt wesentlich von der Intensität der Vorbereitung ab. Neben der Prüfung diverser äußerer Rahmenbedingungen und persönlicher Faktoren dient

eine schriftliche Fixierung des Inhaltes als zusätzliche Unterstützung. Eine Aufschlüsselung der Elemente in den einzelnen Redeanteilen versorgt den Redner mit wichtigen Informationen über den formalen Verlauf seiner Präsentation.

Gliederung als Handwerkszeug

Um während der Präsentation einen logisch strukturierten Aufbau der Rede zu gewährleisten, dient eine Gliederung dem Redner als Handwerkszeug. Sie ermöglicht es, den Verlauf der Präsentation thematisch zu planen und sich während des Verlaufs an ihr wie an einem roten Faden zu orientieren.

Sie kennen die gemeinhin eingesetzte Dreigliedrigkeit eines Textes oder einer Veranstaltung in **Einleitung**, **Hauptteil** und **Schluss**. Für den Vortragenden ist es nicht nur wichtig, sich darüber bewusst zu werden, welche Inhalte er im jeweiligen Teil seiner Präsentation vermitteln möchte, sondern auch, wie er seine Gestik (siehe »Elemente der Gestik«, S. 30), Mimik (siehe »Elemente der Mimik«, S. 42) und Rhetorik (siehe »Die Rhetorik des Moderators«, S. 18) den Erfordernissen in den einzelnen Abschnitten anpasst. Die wichtigsten Elemente aus diesen drei Bereichen werden hier jeweils im Zusammenhang mit den einzelnen Abschnitten einer Präsentation beschrieben.

Einleitung der Präsentation

Im einleitenden Teil einer Präsentation geht es strukturell um folgende Inhalte:

- Begrüßung und Anrede des Publikums
- Vorstellung der eigenen Person
- Vorstellung des Themas
- Begründung zur Thematik: Welches Ziel wird verfolgt, was ist der Anlass der Präsentation?
- Stimmungsauflockerung durch Erzählung einer kleinen thematisch passenden Anekdote oder lustigen Begebenheit

Gestik, Mimik & Rhetorik

Am Anfang der Präsentation bestimmen große gestische Bewegungen das Bild, um dem Geschehen einen Rahmen zu geben. Die Mimik des Redners ist offen und überaus freundlich, um das Interesse und die Neugierde des Publikums zu wecken. Die Stimme des Vortragenden ist etwas lauter, als erwartet, um diese neue Situation einzuläuten und das Publikum auf sich zu fokussieren. Das Sprachtempo wird bewusst verlangsamt, um ein vorsichtiges thematisches Herantasten zu ermöglichen. Auch der Zuhörer muss sich erst auf die Situation, auf den Redner und das Thema einstellen. Er muss sich sozusagen erst warmdenken. Also, keine schwere Kost zu Beginn, sondern eher leicht verständliche Informationen, Anekdoten oder thematisch passende Bildeinspielungen, die dem Redner und insbesondere dem Publikum den Einstieg erleichtern.

Haupt- bzw. Mittelteil der Präsentation

Der Mittelteil der Präsentation umfasst hauptsächlich eine sachliche Abarbeitung des Themas:

- Überblick über die bisherige Entwicklung
- Einordnung der aktuellen Thematik in den Gesamtzusammenhang
- Notwendigkeit, das Thema erneut aufzugreifen
- Einbringen von Beispielen, visuellen Effekten
- Ausblick nach vorne: Welche Vision kann entwickelt werden?

Gestik, Mimik & Rhetorik

Die Gestik des Redners ist darauf beschränkt, sich mit den Händen am Rednerpult zu stützen oder an geeigneter Stelle z. B. auf eine aufblendende Bildschirmfolie zu deuten. Es ist wichtig, den Blickkontakt zum Publikum zu halten, um das Interesse zu wecken und Aufmerksamkeit zu gewinnen. Die Stimme des Vortragenden ist nicht mehr fordernd wie im einleitenden Teil, sondern ruhiger und weicher.

Schlussteil der Präsentation

Im abschließenden Teil der Präsentation geht es um

- eine thematische Zusammenfassung,
- eine abschließende Rahmenbetrachtung,
- eine Botschaft an das Publikum und
- Ausdruck von Dank und Wohlwollen.

Gestik, Mimik & Rhetorik

Hier flammt der Redner erneut zu Aktion und Stimmeinsatz auf. Der Abschluss einer Präsentation soll nicht nur inhaltlich so visualisiert sein, dass er eine bleibende Erinnerung schafft, sondern auch die Person des Vortragenden nimmt hier noch einmal einen besonderen Stellenwert ein.

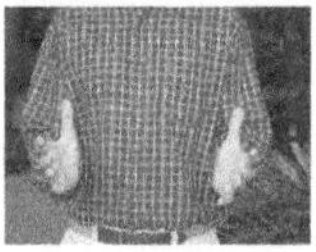

Eine mit den Händen angedeutete Kreisbewegung sendet den Impuls an das Publikum, dass die Präsentation nun zu ihrem Ende gelangt. Die Zuhörer bekommen – unterstützt durch Gestik und Mimik des Redners – den Eindruck, sich auf eine *runde Sache* eingelassen zu haben und erfahren ein Gefühl des Versorgt-Seins: Sie vermissen nichts, man hat sich wohl gefühlt, der Vortragende hat gute Arbeit geleistet. Große Armbewegungen zum Dank unterstützen den Redner in seiner Aussage und bestärken ihn in seiner Position. Ein stabiler Stand deutet auf die innere Stärke, die mit eingesetzter Mimik positiv nach außen wirkt. Begleitet wird dieses Bild von einer starken Stimme, die die Inhalte pointiert zusammenfasst und als abschließende Botschaft auf einen Nenner bringt.

Letztlich ist es aber auch die persönliche Entscheidung des Redners, inwieweit er sich gestisch, mimisch und rhetorisch einsetzen möchte. Er verschafft sich eine gewisse Position im Rahmen seiner Möglichkeiten, die je nach individueller Befindlichkeit und Verfassung des Publikums in jeder Präsentation eine andere Ausrichtung annehmen kann.

4.3 Der Spannungsbogen einer Moderation in fünf Phasen **

Die Planung einer Veranstaltung anhand eines Spannungsbogens gibt dem Moderator eine gewisse Sicherheit. Sie ist eine verlässliche Basis, um den roten Faden für die Handlungsabfolge zu erarbeiten. Der typische Verlauf des Spannungsbogens kann in einem Modell dargestellt werden, welches fünf Phasen umfasst, in denen jeweils bestimmte Aspekte bearbeitet werden.

Spannungsbogen als Abbild des Handlungsverlaufs...

Der Begriff **Spannungsbogen** beschreibt in vielen Bereichen den Handlungsverlauf eines Geschehens und den dabei erreichten Spannungsgrad. Diese Thematik stammt ursprünglich aus der Literatur in Zusammenhang mit einer Geschichte oder einer Erzählung. Die dabei erzeugte Spannung kann als Wert festgehalten werden. Im weiteren Verlauf der Ereignisse ergeben sich verschiedene Intensitäten der Spannung, so dass am Ende der Zeitschiene ein **kurvenartiger Verlauf** den Spannungsgehalt des Erzählten abbildet. Auch für eine Moderation lässt sich solch ein Spannungsbogen entwickeln, der dem Moderator ermöglicht, seine Veranstaltung auch im Hinblick auf die gewollte Spannung planbar zu machen (Abb. 4.3-1). So kann er die einzusetzende Dynamik dosieren und somit ganz bewusst einzelne Moderationsphasen akzentuieren. Damit erreicht er das Ziel, die Erwartungen des Publikums nicht nur zu erfüllen, sondern auch einen nachhaltigen Eindruck durch die geplante Nutzung dynamischer Momente zu hinterlassen.

...besteht aus fünf Phasen

Um den genauen Verlauf eines Spannungsbogens zu definieren, lässt sich die Handlungsschiene in fünf Phasen unterteilen, denen jeweils bestimmte Aktionen und Absichten zugeordnet werden können. Die Berücksichtigung der Phasen gibt dem Moderator eine gewisse Sicherheit an die Hand, mit der er sich auf das Live-Parkett seiner Moderation begeben kann, ohne zunächst Gefahr zu laufen, einen Misserfolg zu landen. In dem der Moderator vor der Veranstaltung den Spannungsbogen mit entsprechendem Inhalt füllt, kann er sich daran orientieren und seine Aktionen steuern. Wie in einer Art Stundenplan stellen sich somit die konkreten Aufgaben dar, die im Verlauf der Moderation abgearbeitet werden. Die fünf Phasen zeigt die (Abb. 4.3-1).

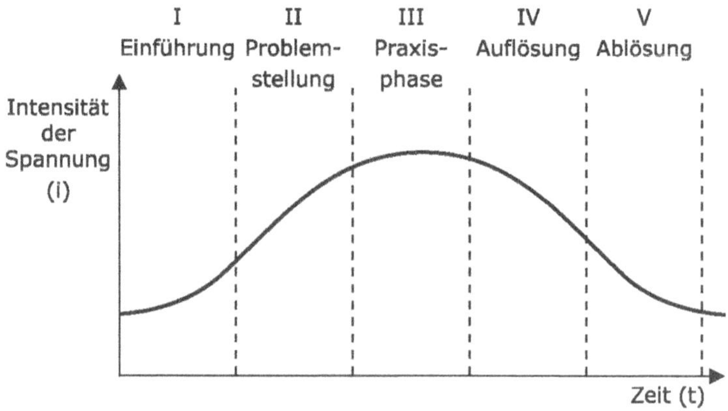

Abb. 4.3-1: Die fünf Phasen des Spannungsbogens.

1. Einführung

In dieser Phase kümmert sich der Moderator darum, sich mit dem Publikum vertraut zu machen und ermöglicht es auch den Teilnehmenden untereinander, sich in ersten Kontakten zu nähern. Dies dient der **Öffnung kreativer Potenziale** und auch der **Bereitschaft zur Kommunikation**, die in späteren Phasen von immenser Bedeutung für den Erfolg der Veranstaltung sein wird. Man kann diesen Abschnitt auch als **Aufwärmphase (*Warm-Up*)** bezeichnen, da damit vor allem eine spätere Überforderung der Teilnehmenden vermieden werden soll, ebenso eine gehemmte Kommunikation, die dann entsteht, wenn nicht genug Raum für das Einfühlen in die Situation gewährt wurde.

In einem für diese Phase typischen Verlauf begrüßt der Moderator die Anwesenden und sieht einige Kennenlernübungen vor, um ein optimales Aufwärmen zu erreichen. Diese Phase ebnet den Weg, um für den späteren Aktionsrahmen gerüstet zu sein, in dem dann die aktivierten Kompetenzfelder der Mitwirkenden zum bestmöglichen Einsatz kommen.

2. Problemstellung

Hat sich das Publikum an die Situation gewöhnt, erläutert der Moderator die konkrete *Problemstellung*. Er gibt das erklärte **Ziel** der Veranstaltung vor und beschreibt die zur Erreichung angedachten Maßnahmen, Aufgaben und Strategien. Je konkreter die Vorstellung von dem ist, was der Moderator mit dem Publikum bearbeiten will, desto nachhaltiger kann sich die vorgestellte Strategie in den Köpfen der Teilnehmenden entwickeln. Hier ist es wichtig, die Gruppe zum **Nachfragen** zu motivieren, um spätere Missverständnisse auszuschließen und das Vorgehen für alle wirklich transparent zu machen. Dabei beginnt sich innerhalb der Gruppe ein soziales Gefüge zu entwickeln, welches der Moderator für spätere Aufgaben nutzen kann. Bei der Erläuterung der Problemstellung ist es insbesondere für ein fachfremdes Publikum mitunter nicht so einfach, den Kern der Aufgabe zu erkennen. Auf eine Verschachtelung durch das Einsetzen von Fremdwörtern oder einer definierten Fachsprache ist in diesem Fall zugunsten eines effektiven Grundverständnisses abzusehen. Die Erläuterung des Themas bereitet das Publikum auf die bevorstehenden Aufgaben vor, so dass jeder seine individuelle Einstellung dazu überprüfen kann.

3. Praxisphase

Nun ist der Moderator in der Situation, sein Repertoire richtig zu entfalten. Je nach Intensität der Vorbereitungen der nun folgenden Übungen kann man an der Gestik und Mimik des Moderators mitunter eine diebische Vorfreude erkennen, dass er nun endlich den erarbeiteten Aufgabenschub mit seinem Publikum teilen kann. In der Atmosphäre der Präsentation ist nach einer gelungenen *Einführungs-* und *Problemstellungsphase* häufig eine gewisse Entspannung zu erkennen: Jeder weiß, worum es geht, man hat sich einander bereits ein wenig kennen gelernt und der Moderator sonnt sich in dem Gefühl, den oft als schwierig empfundenen Einstiegsteil hinter sich gebracht zu haben. Dies lässt sich mit den Ausdrücken zitieren wie »So, nun kann es ja losgehen«, oder »Nun starten wir gleich in medias res«. Das dazu gehörige Mimenspiel des Moderators kann man sich nur zu gut vorstellen.

Die vorgestellten Übungen, Aufgaben und Inhalte werden nun in Form einer angeregten Diskussion, eines interessanten Vortrags oder intensiven praktischen Übungen für die Teilnehmer umgesetzt. Eine zusätzliche theoretische Fundierung der praktischen Erfahrungen vermittelt die notwendigen Kenntnisse und führt die Teilnehmer auf eine höhere Wissensebene. In einem weiteren Schritt werden diese anfangs eher oberflächlichen Informationen weiter vertieft. Es kommt neben der reinen Wissensvermittlung zu individuellen Erkenntnissen, die sich anhand von praktischen Beispielen, Rollenspielen, Videoeinspielungen oder Kartenmoderationen verfestigen lassen.

4. Auflösung

Der intensiven Bearbeitungsphase folgt eine Phase der *Auflösung*, in der die Ergebnisse in Relation zu dem zuvor definierten Ziel gestellt werden. Es wird resümiert, **Pro gegen Kontra konsolidiert**, das Machbare herausgefiltert. Anhand der Definition von konkreten Maßnahmen können *Aktionspläne* verfasst werden, so dass sich die Resultate zu nachhaltigen Lösungen verfestigen. Teilnehmende berichten über ihre individuellen Erfahrungen während der einzelnen Übungssequenzen und tauschen sich darüber aus. In Vorträgen entspricht diese Phase der Darstellung von anwendbaren Situationen, auf die in der Praxisphase zunächst modellartig in differenzierter Betrachtung aller Wirkungsebenen eingegangen wurde, bevor sie in der *Auflösungsphase* eine Überprüfung auf konkrete Realisierbarkeit erfährt. Der Moderator löst in diesem Fall die Fragestellungen aus seiner Perspektive heraus auf, indem er die verfolgten Ziele anhand der durchgeführten Aufgaben nochmals erklärt und über seinen persönlichen Eindruck informiert.

Die Auflösung dient weiterhin einer gewissen Entspannung innerhalb der Gruppe, welche nach intensiver Praxisphase häufig das Bedürfnis hat, sich in informellen Gesprächen und kurzen Witzeleien von der gedanklichen Arbeit zu erholen. Hier hat der Moderator hervorragende Möglichkeiten, indem er diesen Status des leichten Unkonzentriertseins auffängt und bewusst der Aufkommenden Neigung zur Ablenkung mit pädagogischen und spielerischen Mentalübungen entgegentritt. Berücksichtigen Sie, dass sich Teilnehmende in einer angespannten Praxisphase eventuell Aufgaben oder intensiven Kommunikationen aussetzen, zu denen Sie in realen Situationen keinen Zugang haben. Holen Sie also das Publikum an der Ziellinie der *Auflösungsphase* ab, wie ein Trainer, der für seinen Schützling am Ende eines Marathons ein Handtuch und eine Erfrischung bereithält. Dazu gehört auch das Bemühen, einige einfühlsame Worte zu finden, um nun aufzuatmen und auf das Erarbeitete zu blicken.

5. Ablösung

Nach getaner Arbeit löst sich die Gruppe von der kurzfristigen Struktur ab. Diese Phase der *Ablösung* begleitet der Moderator, indem er eine rhetorische Einleitung voranstellt. Diese Phase wird der ein oder andere euphorisch engagierte Moderator mitunter sogar als etwas feierlich empfinden. Schließlich geht es nicht nur um das zeitliche Ende einer Veranstaltung, sondern auch um die Aufgabe einer kurzfristigen sozialen Beziehung.

Um aus dieser Veranstaltung mit dem Gefühl gehen zu können, keine Frage offen gelassen zu haben, ist eine Feedback-Runde der beste Weg, um das Einläuten dieser Phase zu kennzeichnen. Besonders gut aufgehoben fühlt sich das Publikum in diesem Moment, wenn der Moderator es schafft, einen Rahmen um die Phasen zu spannen, der hier ein gefühltes Ende erhält. Wie in einem Kreis führt der Moderator Anfang und Ende zusammen und kann auf ein stimmiges Gesamtbild der Veranstaltung hinarbeiten. Mit diesem *Gefühl der runden Sache* kann das Publikum die einzelnen Elemente gut behalten und sich die Struktur der Veranstaltung auch zu einem späteren Zeitpunkt in Erinnerung rufen.

Das Für und Wider

Über die Einhaltung des Spannungsbogens wird viel diskutiert. Einige Moderatoren empfinden die planmäßige Abarbeitung des Spannungsbogens wenig hilfreich, da sie mehr Wert auf **Improvisation** legen. Nun ist es aber nicht jedem Moderator gegeben, aus einer Situation heraus eine improvisierte Lösung zu finden, so dass er es vorzieht, sich auf die Struktur des Spannungsbogens zu berufen. Somit kann er alle planbaren Elemente vorbereiten und das Risiko der Improvisation minimieren. Der Spannungsbogen kann dennoch für Veranstaltungen eingesetzt werden, die ein hohes Improvisationspotential vorsehen. In diesem Fall kann der Moderator lediglich einige wenige **Eckpunkte** innerhalb der Phasen des Spannungsbogens festlegen, um dazwischen genügend Freiraum für die spontane Gestaltung zu lassen. Mit dem Element Spannungsbogen hat der Moderator also ein **Werkzeug** zur Hand, welches er nach seinem Ermessen benutzen kann. Gerade die individuelle Interpretation trägt maßgeblich dazu bei, dass zwar der Verlauf der Veranstaltung einer gewissen Systematik folgt, im äußeren Erscheinungsbild jedoch deutlich die Handschrift des Moderators zu erkennen ist.

Es gibt auch Veranstaltungen, in denen bewusst der erwartete Verlauf des Spannungsbogens umschifft wird. Dies ist typisch für Werbeveranstaltungen, die in der Regel einer eigenen Dynamik folgen, oder auch für Präsentationen, die eigens einen bestimmten Zweck verfolgen, ohne dabei zielgerichtet auf das Publikum sein zu müssen.

Letztlich bietet der Spannungsbogen auch eine gute Möglichkeit der **Selbstevaluation** (siehe »Evaluation und Nachbereitung einer Moderation«, S. 109). Am Ende der Veranstaltung kann der Moderator bewerten, wie sehr er sich an die vorher entwickelte Ablaufplanung gehalten hat oder nicht. Eventuell wird er auch feststellen, dass er gerade deshalb eine effektive Moderation abgeliefert hat, weil er von der eigentlich geplanten Linie seines Spannungsbogens abgewichen ist. Dies ist häufiger der Fall, wenn sich aufgrund von interessanten informellen Gesprächen geänderte Pausenzeiten ergeben, oder sich aufgrund der Vorlieben des Publikums die eine oder andere Phase länger oder kürzer gestaltet hat. Hierin liegt die Chance, Verbesserungen für das nächste Mal abzuleiten und diese auf dem Spannungsbogen zu vermerken. Auf diese Weise entsteht eine Art **Ergebnisprotokoll**, welches zur Vorbereitung weiterer Moderationen zu Rate gezogen werden kann. Anhand dieser Dokumentation wächst die Fähigkeit des Moderators, im Zuge weiterer Praxiserfahrung zu einem optimalen und sehr individuellen Moderationsverlauf zu gelangen.

4.4 Den richtigen Spannungsbogen finden **

Es kommt in der Praxis vor, dass an manchen Punkten der Moderation die Teilnehmer abgelenkt wirken, als seien sie nicht bei der Sache. In diesen Momenten wünscht sich der Moderator Ideen und Werkzeuge, die ihn aus dieser Situation befreien. Dazu ist es hilfreich, sich generell mit den Eigenschaften von Spannung und Aufmerksamkeit und deren Erhaltung auseinanderzusetzen.

Moderator hält Publikum bei der Stange

Das Bemühen des Moderators dreht sich neben der inhaltlichen Vermittlung und entsprechenden Visualisierung auch darum, die Aufmerksamkeit der teilnehmenden Personen aufrecht zu erhalten. Lange Vortragspassagen können das Publikum langweilen, so dass es sich in einen **passiven Status** zurückzieht, der sich in fehlendem Blickkontakt, Aufnahme von Nachbarschaftskontakten und themenfremden Aktivitäten oder gar in Einschlafverhalten niederschlägt. Diese Erfahrung möchte sich jeder Moderator am liebsten ersparen, indem er den optimalen Verlauf seiner Moderation anstrebt und somit das Publikum sozusagen bei der Stange hält. Mit steigender Praxiserfahrung hat jeder seine persönliche Möglichkeit gefunden, einen dem Publikum zuträglichen **Spannungsbogen** zu entwickeln. Letztlich hängt dieser maßgeblich von den individuellen Vorlieben des Moderators ab und mag für jeden in unterschiedlicher Weise zum Einsatz kommen. Es ist in dieser Diskussion nicht ausschlaggebend, ob Sie sich nun für eine PowerPoint-Präsentation oder eine Flipchart-Moderation entscheiden, sondern vielmehr darauf, wie es Ihnen gelingt, das Publikum methodenübergreifend für sich zu gewinnen und es für das Vortragsthema zu begeistern.

Hierzu lässt sich die Stimmung an dem **Verlauf eines Spannungsbogens** verfolgen, der nicht den Einsatz der jeweiligen Methode abbildet, sondern einzig und allein den *Grad der Spannung* während des zeitlichen Verlaufs der Veranstaltung. Warum es so wichtig ist, sich über einen optimalen Spannungsbogen Gedanken zu machen, zeigen vier Beispiele, in denen es mit den Spannungsmomenten während der Moderation nicht so optimal bestellt ist. Es gibt allerdings auch bewusst auf Umwege geführte Spannungsbögen, die einen ganz bestimmten Zweck erfüllen. Die gewählten Situationen sollen verdeutlichen, welchen Wert ein wohlüberlegter Spannungsbogen für den Moderator haben kann. Hierzu sind **vier verschiedene Hauptrichtungen** diskutabel, an denen sich einige praxisnahe Momente nachempfinden lassen.

1. Der Spannungsbogen setzt zu hoch an

Mögliche Spannungsbögen

Es gibt Moderatoren, die in wohlwollender Absicht mit enormer Energie in ihre Veranstaltung preschen und den Spannungsbogen gleich zu Beginn sehr hoch ansetzen (Abb. 4.4-1). Diese Art der Eröffnung **überfordert das Publikum**, gerade wenn es nicht an derartige Szenarien gewöhnt ist. Zudem fehlt die **Aufwärmphase (*Warm-Up*)**, in der sich Moderator und Publikum aneinander gewöhnen und langsam an das Thema herantasten. Ein zu hoher Spannungsbogen am Anfang wirft die Frage auf: »Und was kommt jetzt?« Jemand, der die Pointe sozusagen vorweg genommen hat, wird es schwer haben, die Stimmung des Publikums während der gesamten verbleibenden Veranstaltungszeit auf diesem Niveau zu halten. Das wird der Moderator aber instinktiv versuchen, da er befürchtet, alles andere könne zu einer Demotivation des Publikums führen. Aber dies ist unaufhaltsam der Fall: Denn weder das Konzentrationsvermögen, noch die gefühlte Ablehnung solch motivationaler Überfrachtung lassen es zu, dass das Publikum dem Geschehen mit ungeteilter Aufmerksamkeit folgt. Es ist zwar theoretisch in der Lage, das Gebotene nachzuvollziehen, aber die gefühlte Ablehnung der überzogenen Maßnahme lässt für manche lediglich den Schluss zu, sich ein Lächeln abzuringen und dem Ende der Veranstaltung entgegen zu hoffen, wobei aber thematische Inhalte und Informationen an der Schwelle der verscherzten Akzeptanz abprallen. Dies führt zwangsläufig dazu, dass die Spannungskurve zum Ende hin extrem *rapide abfällt*. Es gibt Veranstaltungen, die aus diesem Grund bereits ein vorzeitiges Ende gefunden haben. Derartige gegliederte Veranstaltungen sind in fachlicher Hinsicht nicht sehr nachhaltig in ihrer Wirksamkeit. Es bleibt lediglich der Eindruck eines alles überschattenden Anfangsszenarios, was die Wirkung aller restlichen Inhalte völlig verdrängt.

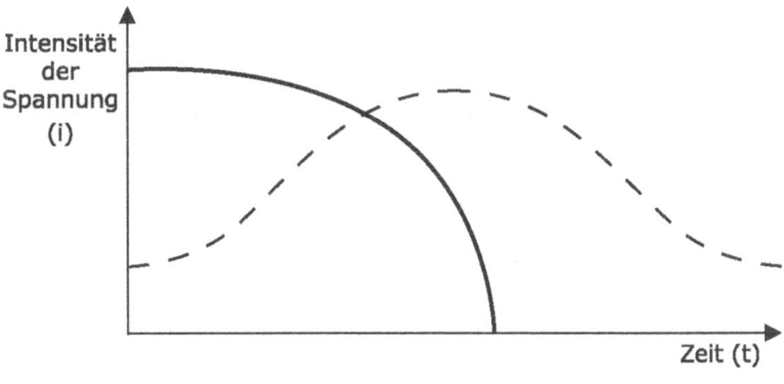

Abb. 4.4-1: Ein zu hoher Spannungsbogen läuft Gefahr, die Veranstaltung zu einem vorzeitigen Ende zu führen.

Mehr WIE als WAS

Eine Möglichkeit für den Moderator, um unbeschadet aus dieser Situation herauszukommen ist die rigide **Begrenzung des zeitlichen Rahmens**.

Beispiel

Es gibt Starmoderatoren, die innerhalb einer Sequenz von lediglich 15 Minuten das Publikum auf 180 bringen, um dann den spannungsgefüllten Raum zu verlassen. In diesen Momenten geht es einzig und allein um das WIE und nicht um das WAS. Über den Ablauf einer solchen Veranstaltung wird eine nicht enden wollende Flut an Diskussionen nachhallen, während der ein oder andere über den inhaltlichen Wert eher vergeblich resümieren mag. Einsätze dieser Art dienen als beliebte Inszenierung innerhalb von werbeträchtigen und medienwirksamen Vortragsformaten oder als persiflierter Einstieg in eine längerfristige Tagung, so dass für Gesprächsstoff während der Pausen auf jeden Fall gesorgt ist.

2. Der Spannungsbogen setzt zu niedrig an

Beispiel

Stellen Sie sich vor, Sie seien als Moderator eingeladen, eine universitäre Vortragsreihe zum Thema Didaktik an Hochschulen zu moderieren. Als Einstieg in das dieses wissenschaftliche Thema wählen Sie Beispiele aus Kindergärten und Grundschulen. Plötzlich entdecken Sie Unmut in den Gesichtern der Anwesenden und bemerken, wie sie sich einander fragende Blicke zuwerfen. Wenn Sie nun nicht ganz schnell den Bogen mit einem guten Argument auf die universitäre Schiene bringen, wird man ihnen diesen Ausflug in eine der Expertise des Publikums eher unwürdig anmutenden Thematik nicht verzeihen.

Das Niveau des Spannungsbogens wurde in diesem Fall zu niedrig gewählt (Abb. 4.4-2).

Die Vorbereitung der Präsentation muss sich auf die **Zielgruppe** ausrichten. In diesem Sinne ist es auch ein Ausdruck von *Respekt*, der dem Publikum hier entgegengebracht wird. Setzt der Einstieg auf einer niedrigen Ebene an, kann dies durchaus nützlich sein, um das thematische Umfeld zu erfassen oder die Historie des Vortragsgegenstandes darzustellen. Wenn der Moderator seine Ausführungen entsprechend erklärt, ist dagegen nichts einzuwenden. Im Gegenteil, es gibt dem Publikum die Gelegenheit, sich leicht dem Thema zuzuwenden und einen Einstieg zu finden. Schwierig wird es, wenn das Publikum den Eindruck gewinnt, dass diese, für das Publikum nicht fachspezifisch genug formulierte Verständnisebene beibehalten wird. Es bekommt so

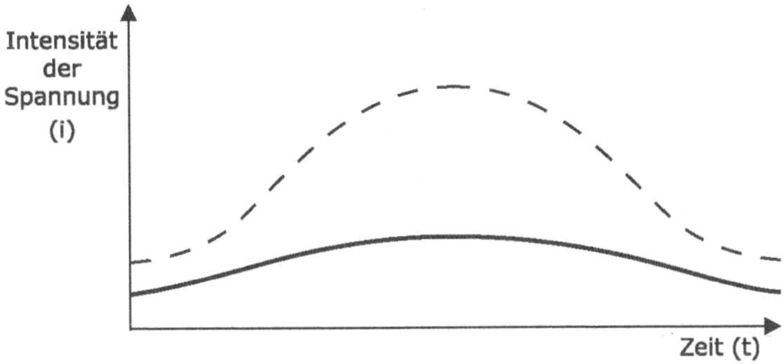

Abb. 4.4-2: Fällt der Spannungsbogen zu niedrig aus, fehlt es der Präsentation an Biss und Individualität.

gleich zu Anfang das Gefühl, nicht ernst genommen zu werden. Eine **gute Argumentation** ist hier dringend erforderlich, um dieses Empfinden zu heilen. Dies kann durch das Einbringen einer passenden pointierten Geschichte sein, oder die schlagfertige Argumentation seitens des Moderators in eine Richtung, mit der das Publikum nicht gerechnet hatte und sich im Gegenzug plötzlich löblich beeindruckt zeigt.

Ein anfänglicher Spannungsbogen auf niedriger Ebene setzt den Moderator sehr unter Druck, da er nur mit einem enormen Aufwand die Spannung hinaufkatapultieren kann. Dies erfordert Zeit und vor allem ein mitgehendes Einverständnis des Publikums. Um dieses nicht zu überzustrapazieren, verbleiben derartig begonnene Moderationen häufig vorsichtshalber im unteren Spannungsfeld und berauben sich so ihrer Möglichkeiten einer faszinierenden Vorstellung.

Nun denkt sich ein Moderator, nach einem missglückten Einstieg könne er aber doch durch eine beeindruckende Visualisierung das Defizit ausgleichen und alles wieder ins rechte Licht rücken. Das Heimtückische an dieser Annahme ist aber, das hier die Grundsätze menschlichen Handelns zum Tragen kommen: Innerhalb der ersten Minuten einer Moderation nordet das Publikum den Moderator über die Wahrnehmung seiner Gestik und Mimik ein und baut um ihn herum ein zugetrautes Spektrum seiner Möglichkeiten. Intuitiv entwickelt sich eine **Struktur für das Erwartbare** und die Teilnehmer bereiten sich unbewusst darauf vor (typischer Ausspruch in dieser Situation: »Na, das kann ja noch heiter werden.«). Das Bauchgefühl verrät, wie der Moderator in seiner Rolle zu bewerten ist, um daraufhin gemäß erlernter Muster und gelebter Erfahrungen zu handeln. Der erste Eindruck ist also entscheidend und gibt dem weiteren Verlauf der Veranstaltung trotz aller Bemühungen eine entsprechende Färbung.

Beispiel

Vergleichen Sie es mit der folgenden Situation: Sie haben sich ein neues Kleidungsstück gekauft und tragen es voller Stolz zu einer wichtigen Veranstaltung. Ein enger Vertrauter sagt Ihnen ehrlich, was sie für eine unmögliche Figur darin machen. Es kommen noch viele andere, die Ihnen versichern, wie toll sie aussehen, doch der erste Eindruck Ihres Vertrauten lässt Sie stark daran zweifeln. Vermutlich werden Sie dieses Kleidungsstück trotz aller Komplimente nie wieder aus Ihrem Schrank holen.

Veranstaltungen, die mit einem Spannungsbogen unterhalb der erwarteten Schwelle des Publikums starten, haben es schwer, zu einer wirklich gelungenen Veranstaltung zu avancieren. Oft verhallt das Gesagte nach kurzer Zeit und lässt sich durch die fehlende Faszination des Publikums auch nicht dauerhaft in den Köpfen der Anwesenden fixieren.

3. Der Spannungsbogen bleibt im mittleren Bereich

Die ursprüngliche Annahme, dass man in einem gesunden Mittelfeld eigentlich nichts falsch machen kann, ist vielleicht das Relikt aus einer irgendwie überstandenen Schulzeit. Es mag auch manche Moderatoren dazu verleiten, auf diese Weise potenziellen Fehlern und somit Aufmerksamkeitsdefiziten des Publikums zuvorzukommen. Sie wählen also einen Spannungsbogen im mittleren Bereich (Abb. 4.4-3). Das Gegenteil ist der Fall: Das Publikum kommt mit dem Anspruch in eine Veranstaltung, eben nicht mit Mittelmäßigkeit, sondern mit etwas Besonderem bedient zu werden. Das bedeutet nicht, dass dem Moderator zuzutrauen wäre, das Rad neu zu erfinden. Vielmehr gilt es zu erkennen, dass in jedem Detail der Veranstaltung doch ein individuelles Bemühen steckt. Dies wirkt einem negativen Feedback entgegen, welches sich leicht ergibt, wenn der Eindruck eines hundertfach abgespulten Vortrages entsteht. Mit wie wenig Aufwand dies zu erreichen ist, weiß jeder, der in einem großen Konzert wohlwollend zur Kenntnis genommen hat, als der Künstler den Veranstaltungsort beim Namen nannte und so eben diese individuelle Nuance wahrnehmbar wurde.

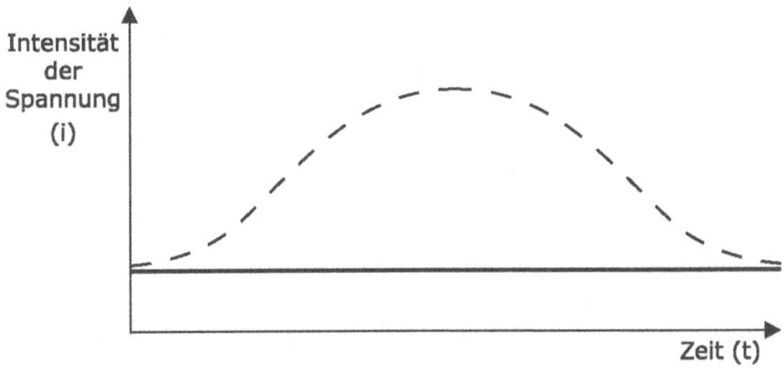

Abb. 4.4-3: Bei einem mittelmäßig intensiven Spannungsbogen bleibt der Moderator hinter seinen Möglichkeiten zur Visualisierung und Faszination zurück.

Zudem gesellt sich die Gesetzmäßigkeit, dass das Publikum nur solange aufmerksam sein kann, wie es **Bewegung und Dynamik** in der Thematik oder in der Präsenz des Moderators wahrnimmt. Wird hierfür ein gleich bleibendes, moderates mittleres Niveaus gewählt, tritt nach kurzer Zeit ein Gewöhnungsfaktor ein. Auch eine monotone Sprachfärbung in der Rhetorik des Moderators kann hier ihren Beitrag leisten. Verzeihlich ist hier, dass die gesamte Veranstaltung wenigstens auf dem mittleren und nicht auf dem unteren Spannungsniveau stattfindet. Dennoch schalten die Teilnehmenden automatisch ab und empfinden eine aufkommende Langeweile und Monotonie, da der fehlende Wechsel zwischen anspannenden und entspannenden Phasen zu einem **Ausbleiben von Motivationsreizen** führt, die für die Konzentration und Wissensaufnahme grundlegende Voraussetzungen sind. Hierin liegt aber eben die größte Herausforderung: Manche Themen geben eben nur wenig her, um sich interessant und faszinierend visualisieren zu lassen. Es ist aber nicht immer der Anspruch, den Inhalt in all seinen differenzierten Varianten darzustellen, sondern auch ein nicht so erhebendes Thema eben so zu gestalten, dass sich daraus trotzdem spannende Visualisierungsmomente entlocken lassen.

Beispiel

Auch hier bietet sich ein Vergleich aus dem täglichen Leben an. Stellen Sie sich den typischen Verlauf beim Besuch eines Fitnessstudios vor. Nach einer entsprechenden Aufwärmphase wechseln sich die Phasen der Anspannung und Entspannung ab. Wird nicht regelmäßig das Programm auf ein höheres Niveau geändert, wird sich der Körper an eine standardmäßige Auslastung gewöhnen und keinen weiteren Muskelaufbau oder Konditionszuwachs erkennen lassen.

Der angestrebte Phasenwechsel kann beispielsweise durch den aufeinander folgenden Ablauf von Praxis- und Theoriephase herbeigeführt werden. Ebenso eignet sich dazu der Einsatz verschiedener Medien, die den Moderator in die Lage versetzen, für die gewünschte Abwechselung zu sorgen, um das Publikum wieder in einen neuen Aufmerksamkeitsstatus zu versetzen. Ebenso heben die Erzählung von kurzen auf das Thema bezogenen Geschichten, Präsentationen von Bildern oder Videoeinspielungen die empfundene Monotonie einer Moderation auf und ermöglichen die gewünschte Dynamik innerhalb des Spannungsbogens. Anhand der anschließend wahrnehmbaren Aufmerksamkeit in Form von Diskussionsbeiträgen oder der Entwicklung kreativer Ideen wird der Moderator das Gelingen seines Spannungsbogens erkennen können.

4. Der Spannungsbogen ist zu abwechslungsreich

Das Bemühen des Moderators, einerseits seine Moderation keinesfalls in einer Mittelmäßigkeit darzustellen und andererseits möglichst viele Instrumente dazu einsetzen zu wollen, mündet häufig in einer Veranstaltung, in der zu viele verschiedene Abläufe kurz hintereinander stattfinden (Abb. 4.4-4). Das Publikum kann zunächst dem Wechsel der einzelnen Aktionen folgen – aber nur bis zu einem gewissen Grad. Es benötigt ebenso ausreichend Zeit, um die präsentierten Inhalte zu verstehen und zu verinnerlichen.

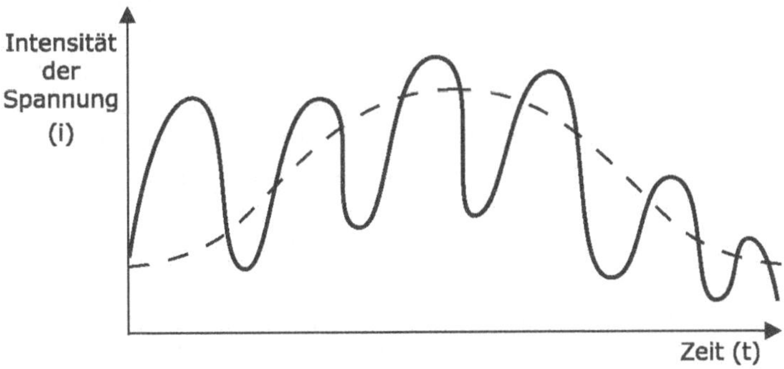

Abb. 4.4-4: Ein zu abwechslungsreicher Spannungsbogen überfordert das Publikum.

Beispiel

Um die Situation nachzuempfinden, versetzen Sie sich in folgende Situation: Sie haben sich fest vorgenommen, ein neues Fahrrad zu kaufen. Sie gehen in einen Laden und schauen sich zunächst drei Modelle an. Der Verkäufer klärt Sie über die technischen Spezifikationen auf und Sie machen sich ein Bild von den einzelnen Fahrrädern. In einem zweiten Laden vergleichen Sie weitere fünf Räder und lassen sich auch hier beraten. In einem weiteren Laden können Sie kaum der Beratung des Verkäufers folgen, weil die Profile der einzelnen Räder sich in Ihrem Kopf zu vermischen beginnen. Anstatt sich aufgrund der zahlreichen Informationen nun endlich für ein Rad zu entscheiden, wissen Sie eigentlich gar nicht mehr richtig, für welches Sie sich entscheiden sollten. Sie erbitten sich erneute Bedenkzeit, da Sie die Fülle an Spezifikationen erst einmal für sich sortieren müssen.

Dieser typische Verlauf findet sich auch in Moderationen, in denen Themen aus verschiedenen Bereichen anzusprechen sind. Hier muss der Moderator dafür Sorge tragen, dass er trotz der Vielfalt der Thematik in einem für das Publikum angemessenen Tempo vorgeht. Dabei ist zweierlei zu berücksichtigen: Einerseits ist ein **gemeinsamer Nenner** zu bestimmen, unter dem die verschiedenen Themen für das mitunter sehr differenzierte Publikum wirksam vermittelt werden können. Andererseits spielt der **Zeitfaktor** eine wichtige Rolle: Vorträge mit **ausgeprägter Themendifferenzierung** erfordern einen intensiven Planungsaufwand, um jedem Thema genug Raum zu geben, entsprechend seiner Prägnanz bearbeitet zu werden. Der gut gemeinte Vorsatz, hier mit zusätzlicher Visualisierung von Folien durch Cliparts oder Grafiken vorzugehen, kann zum gegenteiligen Ziel führen: Das Publikum empfindet auf diese Weise schnell eine Art **Über-Visualisierung**. Es stellt sich eine **Reizüberflutung** ein, die zu Missverständnissen und fehlgeleiteter Kommunikation führen kann. Statt dieser **Vielbezogenheit** gilt in dieser Situation die Prämisse: *Weniger ist mehr*. Der Moderator tut gut daran, die optischen Visualisierungsinstrumente einzuschränken und stattdessen ein **praktisches Einüben** der vermittelten Inhalte vorzusehen. Das kann anhand von konkreten Beispielen aus der Praxis geschehen, aber auch durch gezielte Übungen, an denen die Teilnehmenden aktiv in den Verstehensprozess der Thematik involviert werden können. Sie werden zu **Mitgestaltern** der Inhalte und gelangen durch den intensiven Weg der Selbsterfahrung zu einem tieferen Verständnis, welches sich dauerhaft in das Gedächtnis einprägen wird.

Die Darstellung der verschiedenen Spannungsbögen hat gezeigt, dass mehrere Elemente zusammenwirken, die zu einem optimalen Moderationsergebnis führen. Es mutet wie ein Spagat an, um zwischen Anspannung, Entspannung und Ruhephasen einen Weg zu finden, den Kern des Aufnahmepotentials des Publikums zu treffen. Als Moderator lässt es sich nicht immer in die Praxis umsetzen, einem bestimmten Spannungsverlauf zu folgen. Die Auseinandersetzung mit den vielen Spielmöglichkeiten dieses Ansatzes gibt jedoch zu bedenken, in welche Richtung sich die Präsentation bewegen kann, wenn auf den Verlauf der Spannung zu wenig Wert gelegt wird.

Welche Varianten bietet der Spannungsbogen, um für eine Veranstaltung einen bestimmten Verlauf vorzusehen?

4.5 Zeitmanagement rund um die Präsentation **

In der Detailplanung für den zeitlichen Ablauf einer Veranstaltung gibt es viele versteckte Hindernisse, die vorher zu berücksichtigen sind. Planen Sie auf jeden Fall immer einige Zeitpuffer ein, um für solche eventuellen Zwischenfälle gerüstet zu sein. Bevor Sie sich selbst unter Druck setzen, versuchen Sie nicht Ihr Verhalten, sondern die Rahmenbedingungen zu ändern. Bleiben Sie ruhig und besonnen, um Ihre souveräne und positive Wirkung bei Ihrem Publikum nicht zu verfehlen.

Bevor es um die Frage geht, welche Detailfragen in der Planung einer Präsentation auflauern, ist es erst einmal enorm wichtig, dass Sie pünktlich und termingerecht, also **rechtzeitig** am Veranstaltungsort ankommen. Geraten Sie in einen Stau und merken, dass Sie sich wirklich erheblich verspäten werden, setzten Sie sich umgehend mit den Veranstaltern in Verbindung. Verabschieden Sie sich von der Illusion, durch halsbrecherisches Fahrverhalten oder hektische Spontanaktionen die verlorene Zeit aufholen zu können.

Ungeplante Suchaktionen

Um noch ausreichend Zeit für die Überprüfung der letzten Details zu haben, sollten Sie etwa 30 Minuten vor Beginn Ihrer Präsentation anwesend sein. Dabei ist nicht zu unterschätzen, dass die Sicherheitsbestimmungen und die Spielregeln für die Zugangsberechtigung zu einigen Unternehmen oder Organisationen recht zeitintensiv sein können. Ebenso unvorhergesehene **Zeitfresser** sind nicht enden wollende Suchwanderungen innerhalb größerer Institutionen, die uns gerade in Momenten vor einer wichtigen Präsentation wie Stunden anmuten und den Schweiß auf die

Stirn treiben. Da dies in der Praxis nicht selten vorkommt, sei der Formulierung »30 Minuten vor Beginn im Raum der Veranstaltung« noch einmal Nachdruck verliehen, denn es ist manchmal nicht leicht, diesen Raum ausfindig zu machen.

Selbst ist der Moderator

Möchten Sie noch Teilnehmerunterlagen auslegen, Pinnwände umstellen oder die Sitzordnung verändern, haben Sie zwei Möglichkeiten: Diese Arbeiten zu delegieren, um sich dann den ganzen Morgen mit der Frage herumzuschlagen, ob wohl alles in Ihrem Sinne geklappt hat, oder sich auf den Weg zu machen, um doch selbst Hand anzulegen. Dieser Vorgang sollte Ihnen nicht mehr als 90 Minuten abverlangen. Für welche Variante Sie sich entscheiden, liegt in Ihrem Ermessen. Sehen Sie es wie der Zirkusdirektor, der es sich nicht nehmen lässt, vor jeder Vorstellung das Hochseil, das Trapez und die Stäbe des Tigerkäfigs selbst zu überprüfen.

Detaillierter Zeitplan

Gerade in einer multimedialen Präsentation ist es eine große Hilfe mittels eines **Zeitplans** oder eines **Spannungsbogens** (siehe hierzu »Der Spannungsbogen einer Moderation in fünf Phasen«, S. 79, und »Den richtigen Spannungsbogen finden«, S. 85) den Ablauf der Veranstaltung zu strukturieren und sich somit einen roten Faden zu verschaffen. Neben der Frage wie lange welcher Abschnitt dauern soll, tauchen immer wieder Detailfragen zu dem zeitlichen Einsatz der einzelnen Medien auf.

Faustregel für PowerPoint

Die richtige Anzahl der PowerPoint-Folien für einen Vortrag zu bemessen, ist eine der größten Schwierigkeiten für viele Moderatoren und Vortragende. Berechnen Sie dazu ein Drittel der geplanten Vortragszeit in Minuten. Sie erhalten eine Zahl, die in etwa der Anzahl Ihrer Folien entsprechen sollte. Für einen 60-minütigen Vortrag würden Sie also 20 Folien vorbereiten. Dies setzt allerdings voraus, dass die Folien genügend Inhalt bieten, um das Interesse des Publikums zu bündeln. Bei Folien mit wenig Inhalt oder einfacher Struktur reicht bereits eine Zeit von 90 Sekunden aus, bis die Aufmerksamkeit nachlässt. Hingegen wird für Folien z. B. mit Diagrammen oder schwierigen Texten ein längerer Zeitraum benötigt, der sich aus den zusätzlichen Erklärungen des Vortragenden ergibt.

Zeitplan für Folien

An einer Folie sollten Sie sich in der Regel nicht länger als 3 Minuten aufhalten, da dann das visuelle Interesse der Zuhörer nachlässt. Sie können mit Ihrer Gruppe noch im Anschluss an die Präsentation über das Thema diskutieren, während die letzte Folie stillschweigend angeschaltet bleibt. Dies gilt vor allem dann, wenn eine Diskussion in Nebenthemen oder ergänzende Beiträge abzuschweifen droht. In diesem Fall sorgt ein Folienwechsel für ein wohltuendes Aufatmen im Sinne eines Ablenkungsmanövers. Dies kommt insbesondere dann zum Tragen, wenn sich einige Teilnehmer in ihren Argumenten festgefahren haben, oder Sie gar eine aufkeimende negative Stimmung entzerren möchten. Sollte sich allerdings eine wertvolle intensive Diskussion zum Thema ergeben, die wiederum zu weiteren wichtigen Erkenntnissen führen könnte, ist es sogar förderlich, von den geplanten 3 Minuten abzuweichen. Ein Folienwechsel in mitten einer solch fruchtbaren Diskussion würde alle weiteren Überlegungen erstarren lassen und die Aufmerksamkeit blitzartig auf das neue Erscheinungsbild richten. Berücksichtigen Sie auch, dass das Publikum bei etwas komplizierteren Darstellungen mehr Zeit benötigt, um sich einzulesen. Stellen Sie daher bei Diagrammen sicher, dass alle Zahlen und Indizes hinreichend erklärt wurden, bevor Sie zur nächsten Folie übergehen.

Da in Folien-Präsentationen mit dem Overhead-Projektor keine Dynamik innerhalb der einzelnen Bildabschnitte möglich ist, überfrachten Sie die Folien nicht zu sehr, um dem Betrachter ein zügiges visuelles Erfassen zu ermöglichen. Haben Sie zu den einzelnen Transparenten nichts Wesentliches zu erläutern, reichen 90 Sekunden pro Folie völlig aus. Bei erklärungsbedürftigen Folien gilt auch hier die 3 Minuten – Regel, allerdings verlangen die Augenblicke des manuellen Folienwechsels auch eine entsprechende Berücksichtigung im zeitlichen Ablaufplan.

Zeitplanung für Flipchart-Moderation

Während der Flipchart-Moderation (siehe »Flipchart«, S. 172) ist es häufig so, dass Sie zusätzliche Inhalte in ein vorbereitetes Flipchart-Papier eintragen oder während einer Gruppendiskussion auf einem Blanko-Bogen wesentliche Punkte festhalten. Sofern Sie die Zuhörer durch interessantes Nachfragen an den Gesprächsfaden gebunden halten können (und wirklich nur dann!), ist das Flipchart ein geduldiges

Medium und lässt mitunter 8 Minuten Verweildauer pro Seite nicht als unüblich erscheinen. Zeigen Sie aber nur einen wesentlichen Punkt, oder gar eine Überschrift auf dem Flipchart, reduziert sich dieses Medium auf die Funktion eines Hilfsmittels und es reicht ein kurzer Augenblick, um die dargestellte Information in das Bewusstsein der Zuhörer zu rufen.

Als Moderator sind Sie verantwortlich dafür, dass sich Ihre Gäste wohlfühlen. Man wird es Ihnen nachsehen, dass die eine oder andere Thematik sich als weniger interessant entpuppt. Aber dass es sich dennoch um ein Thema handelt, das zuhörenswert und doch auf andere Weise interessant wirken kann, das ist der klare Auftrag an Sie. Reichern Sie beispielsweise ein trockenes Thema durch erzählenswerte Anekdoten aus der Praxis oder durch witzige Einschübe wie Karikaturen und Grafiken an. Dementsprechend verlängern Sie die Redezeit um einige Minuten.

Pausenplanung

In einem normalen Präsentationsverlauf in Form eines Seminars, in dem die Zuhörer die Rolle der Teilnehmer einnehmen, sollten Sie nach 90 Minuten eine längere Pause einplanen. Sofern Sie nicht an feste Pausenzeiten durch interne Regelungen des Veranstalters gebunden sind, können Sie die Pausenzeiten entlang des geplanten Seminarverlaufs einrichten. Sollten sich zwischendurch Anfragen nach Raucherpausen oder kurzen Verschnaufpausen ergeben, lenken Sie ein, um Ihr Publikum bei Laune zu halten. Gerade bei schwierigen Themen kann der Bedarf nach mehreren kurzen Pausen entstehen. Diese **Kurzpause** von etwa drei bis fünf Minuten dient dazu, die angestrengte visuelle Aufnahmefähigkeit des Publikums zu entlasten und die entsprechenden Gehirnareale zu entspannen. Während dieser Pause sollten Sie Ihrem Publikum nicht einräumen, den Raum zu verlassen, sonst verläuft sich die Pausenzeit erfahrungsgemäß ins Uferlose. Nutzen Sie die kleinen Verschnaufpausen für gemeinsame Lockerungsübungen, Frage- und Antwort-Runden oder andere willkommene Auflockerungsmodule. Behalten Sie dabei unbedingt die Zeit im Blick. Gerade in schwierigen Themenabschnitten oder intensiven Diskussionen scheinen die Minuten zu verfliegen. Gönnen Sie sich also häufiger einen unbemerkten Blick zur Armbanduhr oder stellen Sie sich eine Uhr auf Ihr Rednerpult. Auch nach Beendigung einer längeren Arbeitsphase der Teilnehmer bietet sich eine Pause an, da danach entweder eine Diskussionsrunde oder ein neuer Themenabschnitt eingeleitet wird. Nach einigem Experimentieren werden Sie einen optimalen Verlauf gefunden haben, der Ihren Teilnehmern und auch Ihrem persönlichen Rhythmus gerecht wird.

Der Zeitplan für Ihre Moderation ergibt sich auch aus der Art der Übungen, die sie einsetzen möchten. Arbeiten Sie mit mehreren untereinander **un**-bekannten Personen zusammen, steht eine Kennlernrunde am Anfang ihres Einsatzes. Es folgen Übungen, die mehr und mehr Raum für soziale Offenheit lassen. Fallen Sie also nicht gleich mit der Tür ins Haus. Eine Gruppe von 12 untereinander sich fremden Teilnehmern braucht etwa zwei Stunden für ein effektives ***Warm-Up***. Erst dann können Sie sich an Übungen herantrauen, die wirklich Fundamentales bewirken und intensiven Gesprächskontakt erfordern. Das bedeutet nicht, dass Sie diese lange Zeitspanne mit Aufwärmübungen überbrücken müssen. Es geht lediglich um den Grad der Problemtiefe, der in diesen Übungen abgehandelt wird und erst in späteren Arbeitsphasen sinnvoll erfasst werden kann. Auch Gruppenübungen erfahren in ihrem Verlauf eine marginale Wirksamkeit. Werden einige Übungsmomente anfangs euphorisch aufgenommen, erhalten Sie im weiteren Verlauf lediglich Wiederholungscharakter, so dass der Motivationseffekt schnell verblasst.

Ersatzübungen

Planen Sie solche Übungen nur solange ein, wie Sie ein optimales **Motivationsgefüge** erreichen können. Das bedingt eine enorme Flexibilität ihres Zeitplans, da Sie im Voraus nicht abschätzen können, wie interaktiv Ihre Teilnehmer sein werden. Halten Sie immer einige Ersatzübungen parat, die jeweils eine Lücke von etwa 10 Minuten überbrücken können. So sind Sie sicher, dass Sie auch bei unkommunikativen Gruppen eine gute Möglichkeit haben, sicher zur nächsten Pause zu gelangen.

Vortrag mit passiven Zuhörern

Halten Sie einen Vortrag, ohne dass die Zuhörer eine aktive Rolle übernehmen, sind mehrere kurze Pausen vorteilhaft. Ein Vortragsabschnitt von mehr als 90 Minuten stellt hohe Ansprüche an die Konzentration der Teilnehmer. Sofern Sie nicht an schulische oder universitäre Zeitzyklen gebunden sind, gönnen Sie sich und der Gruppe spätestens nach ca. 90 Minuten intensiver Vortragsarbeit eine Erholungspause.

Fehlgeschlagene Zeitplanung

Sollten Sie einmal in die Situation gelangen, dass Sie feststellen, sich in der Zeit total verschätzt zu haben, oder Sie sind durch die Diskussion mit dem Publikum völlig aus der Bahn geworfen worden, nehmen Sie sich an die Hand und versuchen Sie einfach, diese Situation gelassen hinzunehmen. Lassen Sie einige Folien weg, fassen Sie Themenkomplexe zusammen oder verzichten Sie auf Exkurse zu Themen aus Nebengebieten. So wie Sie die Präsentation letztendlich ablaufen lassen, so ist sie eben. Wenn Sie dies mit entsprechender Überzeugung vermitteln können, wird Ihnen das Publikum diese **willkürliche Choreografie** nicht nachtragen. Häufig hat sich aus solch einer Situation sogar eine besonders gute Präsentation ergeben, weil der Vortragende durch die spontane Verlaufsänderung andere gute Ideen einbringen konnte. Sie werden sehen, wie galant es Ihnen möglich sein wird, den Fortgang Ihrer Präsentation dem ungeplanten Verlauf der Dinge anzugleichen, ohne ein Stück der Wirkung einbüßen zu müssen.

Während einer Präsentation, ob mit interaktiven Seminar-Teilnehmern oder während einer Podiumsdiskussion entsteht ein **Spannungsbogen**, der sich auch grafisch gut darstellen lässt. Er gibt Ihnen eine Orientierungshilfe, so dass Sie sanft in das Thema eintauchen, im späteren Verlauf schwierige Passagen abarbeiten, um dann zum Ende hin wieder einen Rahmen gebenden Abschluss anzustreben (siehe hierzu auch »Der Spannungsbogen einer Moderation in fünf Phasen«, S. 79, und »Den richtigen Spannungsbogen finden«, S. 85).

Wenn Sie im Thema Moderation *ein alter Hase* sind, wird es Sie in Standardsituationen nicht mehr reizen, einen **differenzierten Zeitplan** zu entwerfen. Wenn Sie sich jetzt angesprochen fühlen, versuchen Sie einmal Folgendes: Erstellen Sie von Zeit zu Zeit auch für Standardsituationen einen Ablaufplan für Ihre Moderation um festzustellen, ob Sie sich an die selbstgesteckten Vorgaben halten. So überprüfen Sie, ob Sie alle geplanten Unterlagen einsetzen, ob genug Freiraum für Diskussionen bleibt, oder ob Sie pünktlich zum Ende kommen. Auf diese Weise hat schon so mancher festgestellt, dass viele Unterlagen für die Teilnehmer umsonst vorbereitet wurden, wichtige Punkte mangels Zeit nicht angesprochen werden konnten und man schon in vorherigen Präsentationen besser einen Ablaufplan zu Rate gezogen hätte.

4.6 Vorbereitung der Medien **

Sie befinden sich in einer Situation kurz vor Ihrer Präsentation. Alle Rahmenbedingungen sind abgeklärt, so dass es nun lediglich noch auf die einwandfreie Funktion der Medien ankommt, um eine Präsentation zu halten, die dem Publikum als positive Darbietung in Erinnerung bleibt. Um möglichst viele Risiken im Vorhinein zu minimieren, sind einige prüfende Schritte zu beachten.

Generell gilt: Prüfen Sie die zum Einsatz kommenden Medien auf **Vollständigkeit** und **Einsatzbereitschaft**. Je nach Medium kann dieser Vorgang mehr oder weniger intensiv ausfallen. Gerade wenn Sie eine multimediale Veranstaltung planen, reservieren Sie genügend Zeit, um jedes Medium für sich genauer unter die Lupe zu nehmen, insbesondere dann, wenn es sich nicht um Ihre eigenen Geräte handelt und Sie sich auf die Bereitstellung durch den Veranstalters verlassen haben.

Overhead-Projektor

Schalten Sie ihn probehalber an und aus. Überprüfen Sie, ob eine *funktionierende* Ersatzlampe vorhanden ist. Sicher ist sicher.

Richten Sie die Linse auf die Leinwand aus und stellen Sie die Schärfe entsprechend ein. Verwenden Sie hierzu eine Folie aus Ihren Unterlagen. So erlangen Sie ein Gespür für das Gerät und den richtigen Abstand zur Wand. Gehen Sie in die hinterste Reihe und prüfen Sie die Lesbarkeit Ihrer Folie. Bedenken Sie, dass der Overhead-Projektor für große Gruppen *nicht* geeignet ist, da sich die Präsentationsfläche nur bis zu einer bestimmten Größe anpassen lässt und ansonsten unscharf wirkt. Vergewissern Sie sich rechtzeitig, dass die **Folienstifte** in ausreichender Zahl und Farbenvielfalt vorhanden sind. Möchten Sie Ihre Folien mehrfach verwenden, achten Sie auf wasserlösliche Folienstifte, die Sie an dem Hinweis *non-permanent* erkennen.

Flipchart

Stellen Sie sicher, dass alle Standbeine des Flipcharts stabil und sicher verankert sind. Prüfen Sie die Verfügbarkeit von Papier und Stiften. Oftmals sind die vorhandenen Stifte Relikte aus anderen Präsentationen und überzeugen durch totale Austrocknung oder durch unbrauchbare Farben oder Strichbreiten. Wenn Sie auf Nummer sicher gehen möchten, bringen Sie lieber Ihre eigenen Stifte mit. Dies gilt vor allem für die begehrten dicken Trainermarker in verschiedenen Farben, mit denen Sie schließlich während der Präsentation zur Hochform auflaufen werden. Planen Sie genug Leerseiten zum Abdecken und für eventuelle Exkurse oder Zwischenmanöver ein.

Pinnwand und *Whiteboard*

Magnethalter oder Pinnwandnadeln sollten in ausreichender Menge zur Verfügung stehen. Sichern Sie sich eine ausreichende Menge Moderationskarten in verschiedenen Formen und Farben, sowie Markierungspunkte und Überschriften-Banner, je nach dem wie intensiv Sie den Einsatz dieses Mediums planen. Auch hier werden Sie feststellen, dass Sie sich in den seltensten Fällen auf Zusagen des Veranstalters verlassen können: Bringen Sie vorsichtshalber Ihre eigenen Moderationskarten mit. So haben Sie Einfluss auf Form und Farben der Moderation, die ja letztlich die Basis für ein eindrucksvolles Schlussbild darstellen (siehe »Bedeutung der Formen in Moderation und Präsentation«, S. 228 und »Farbeinsatz in Präsentation und Moderation«, S. 224). Für das *Whiteboard* gilt – wie für das Flipchart – die ernsthafte Auseinandersetzung mit der Güte und Qualität der Moderationsstifte.

Beispiel

So wie ein guter Reiter während seiner Laufbahn kräftig vom Pferd fallen wird, so kann auch Ihnen als Moderator Folgendes widerfahren: Sie können sich abermals versichern, die richtigen Stifte zur Moderation am *Whiteboard* bereitgelegt zu haben. Kommt es zum Einsatz, werden Sie plötzlich feststellen, dass sich die angeblichen *Whiteboard*-Stifte nicht mehr von selbigem entfernen lassen und Sie das Gefühl überkommt, als Schmierfink in die Erinnerung Ihrer Auftraggeber einzugehen.

Tipp

Häufig werden Moderationsmarker lediglich als Präsentationsmarker ohne Angabe des Anwendungsbereichs gekennzeichnet – die fehlerhafte Benutzung erkennt man dann oft erst zu spät. Probieren Sie daher vor der Präsentation die Stifte an einer kleinen Tafelecke aus. Sollten sich die Striche wider Erwarten nicht entfernen lassen, hilft erfahrungsgemäß ein Tuch mit lauwarmem Wasser, sofern nicht ohnehin eine Reinigungslösung für dieses hinlänglich bekannte Problem parat steht.

Beamer-Systeme

Wenn der Veranstalter Ihnen anbietet, ein Notebook zur Verfügung zu stellen, können Sie dieses Angebot zunächst dankend annehmen. Denn meist ist damit auch der Service verbunden, die benötigten Peripherie-Geräte schon vor Ihrer Ankunft zu installieren, so dass Sie wirklich nur Ihren Datenstick einstecken müssen. Aber auch hier hat mancher schon Lehrgeld an die Realität und die Praxis der Moderationstechnik gezahlt. Stellen Sie sich vor, aus welchen Gründen auch immer steht am Tag Ihrer Präsentation das versprochene Gerät nicht zur Verfügung, oder das vorhandene funktioniert nicht. Bevor Sie deswegen auf die Darbietung Ihrer erstellten Folien verzichten, halten Sie lieber Ihr eigenes Notebook parat. Sollte es nicht zum Einsatz kommen, können Sie es ja dezent in Ihrem Gepäck belassen. Aber für den entscheidenden Moment einer Panne im System des Veranstalters leidet immerhin nicht die Qualität Ihrer Präsentation.

Dies gilt auch für das optimale **Zusammenspiel von Notebook und Beamer.** Es gibt Geräte, die sind sehr anwenderfreundlich und verzeihen nahezu jeden experimentellen Bedienungsschritt. Andererseits gibt es aber eben auch solche, die eine Einhaltung der Installationsabfolge voraussetzen, um optimal zu funktionieren. Als Faustregel gilt: Erst die Peripherie, dann der Kern. In diesem Fall ist es wichtig, zuerst den Beamer anzuschließen und einzuschalten. Erst wenn dieser seinen Startvorgang beendet hat, sollte das Notebook eingeschaltet werden. Berücksichtigen Sie auch die nötige Kompatibilität zwischen beiden Geräten. Eine entsprechende Anpassung erfolgt über die Systemsteuerung des Laptops bzw. über die Fernbedienung oder die direkte Eingabe am Beamergerät selbst (siehe hierzu auch »Vorbereitung der Bildschirm-Präsentation«, S. 130)

Die Ausrichtung der sichtbaren Bildfläche an der Wand erfolgt am besten mit einer Folie aus Ihrer Präsentation. Beachten Sie die Größe des Raums, um eventuell über die dynamische Beamer-Einstellung ein anderes Bildformat zu wählen. Über neuere Präsentationssysteme haben Sie die Möglichkeit, durch die Autofocus-Funktion eine optimale Anpassung der Schrift und der Bildschärfe an die Raumgröße zu erreichen

Starten Sie nun die Dateien, die Sie bis zur ersten Pause benötigen, so dass diese als Startbalken in der Fußleiste Ihres Bildschirms hinterlegt sind. Für einen sicheren Start können Sie sich auch die erste Seite Ihres Vortrags aufrufen, so dass Sie zu Beginn mit einem Mausklick an die richtige Stelle gelangen. Es gibt aber auch Vortragende, die Ihr Publikum gern am Eröffnungsprozess der Präsentation teilhaben lassen und dies mit wenigen begleitenden Worten kommentieren. Wiederum bevorzugen es einige, den Titel und den Namen des Redners zu Beginn der Präsentation zu zeigen. Für welche Variante Sie sich auch entscheiden, der wichtigste Abschnitt folgt ohnehin nach den einführenden Worten. Dann wird sich zeigen, ob Sie auch in der Vorbereitung ihrer Foliengestaltung solche Gründlichkeit haben walten lassen, dass Sie Ihr Publikum souverän und mitreißend überzeugen können.

Tipps

Für welches Medium Sie sich auch entscheiden, folgende Tipps können in der Praxis dienlich sein und Präsentationsfehler verhindern:

- Beleben Sie Ihre Folien, Charts und Plakate in ausreichender Weise mit farblichen und kreativen Elementen, um eine hirngerechte Informationsaufnahme zu gewährleisten. Richten Sie den Grad des Farbeinsatzes und der Form und Auswahl von Bildern und Karikaturen an der erwartbaren Zielgruppe aus.

- Bei der Erstellung der Folien und Charts stellt sich häufig eine gewisse *Betriebsblindheit* ein, so dass Rechtschreibfehler oder kleinere Unzulänglichkeiten im Detail schnell übersehen werden. Hilfreich ist es an dieser Stelle, eine außenstehende fachfremde Person um Durchsicht zu bitten.
- Halten Sie immer einen *Plan B* bereit. Auch bei gründlichster Vorbereitung kann es dazu kommen, dass die geplanten Medien im Präsentationsraum nicht vorhanden sind oder nicht funktionieren. Seien Sie also vorbereitet, eine Beamer-Präsentation notfalls auch auf dem Overhead-Projektor durchführen zu können oder im Zweifelsfalle sogar komplett *zu Fuß* über die Bühne zu bringen.

Ordnen Sie den Medien Overhead-Projektor, Flipchart, Pinnwand/ Whiteboard und Beamer jeweils zwei Kriterien zu, die es vor der Präsentation zu prüfen gilt.

4.7 Störfaktoren während der Präsentation **

Während einer Präsentation oder Moderation können Störungen oder Pannen unterschiedlichster Art auftauchen. Wichtig ist in einer solchen Situation souverän zu reagieren. Ob es ein Problem mit dem gebuchten Raum gibt, Pausengetränke fehlen, die Technik versagt oder Sie gesundheitlich angeschlagen sind - oft kann eine Panne sogar als Chance genutzt werden, um spontan eine interessante Moderation oder einen besonders interessanten Vortrag zu kreieren. Mit einer effektiven Vorbereitung und einer positiven Grunddisposition lassen sich die meisten Störfälle bereits im Vorfeld vermeiden.

In einer Präsentation oder Moderation wird es immer kleine Schönheitsfehler oder unerwartete Störungen geben, die entweder in der Person des Moderators oder in der Unzulänglichkeit der Sache begründet sind. Entweder versagt die Technik, der rote Faden reißt oder andere Fehler stellen einen geplanten Ablauf der Veranstaltung in Frage. Ein souveräner Umgang mit einer derartigen Situation ist oft schwierig. Andererseits kommen die meisten Fehler dem Publikum gar nicht so schwerwiegend vor. Mit einiger Übung lassen sich derartige Situationen zwar nicht vermeiden, jedoch deutlich angenehmer gestalten. Ein guter Moderator oder Redner kann kleinere Fehler überspielen, so dass sie vom Publikum unbemerkt bleiben und sich lediglich als weiteres Mosaiksteinchen im Erfahrungsschatz des Moderators oder Redners niederschlagen.

Tritt wirklich ein erheblicher Fehler auf, der auch für das Publikum wahrnehmbar ist, gibt es keinen größeren Fehler als den, die Situation durch kunstvolles Überspielen oder sogar Ignorieren retten zu wollen und sie nicht als fehlerhaft zu akzeptieren. Dieser Spagat zwischen den Fronten führt selten zu einem guten Ende. Hingegen wirkt ein **souveräner Umgang** mit Fehlern und Störungen eher positiv auf das Publikum. Wenn Sie einen **Fehler als Chance** begreifen, können Sie die negativen Aspekte einer solchen Situation gekonnt umschiffen und als Moderator oder Redner faszinieren, indem Sie sich erfahren und geschickt im Umgang mit Störungen erweisen. Dies ist besonders wichtig, weil Sie für das Publikum als Moderator oder Redner die Hauptbezugsperson sind. Also auch wenn die Heizung nicht funktioniert oder die Qualität der Pausengetränke zu wünschen übrig lässt, werden Sie sozusagen als gefühlter Urheber der Veranstaltung auf den Plan gerufen, obwohl Sie für dererlei Dilemma gar nicht verantwortlich sind.

Überlegen Sie sich, welche Art von Fehlern oder Störungen Ihnen bisher begegnet sind und wie Sie damit umgegangen sind. Gliedern Sie die Störungen nach Fehlern in den Rahmenbedingungen, in den Medien und in Ihrem eigenen Verhalten.

Die Basis zur Vermeidung von Fehlern und Störungen liegt erstens in einer **gründlichen Vorbereitung** (siehe u. a. »Vorbereitung der Bildschirm-Präsentation«, S. 130, »Vorbereitung der äußeren Rahmenbedingungen«, S. 74, »Vorbereitung der Medien«, S. 101) und zweitens in einer **positiven Grunddisposition** gegenüber unvorhersehbaren Fehlschlägen (siehe hierzu u. a. »Persönliche Vorbereitung des Moderators«, S. 14, »Positives Selbstmanagement«, S. 8). Trotz intensiver Vorbereitung kann es während der Präsentation Momente geben, die das Können und die Geduld des Moderators auf besondere Weise beanspruchen. Um Sie nicht mit einer Vielzahl möglicher Fehler in Form einer endlosen Liste zu erschrecken, bietet sich die Betrachtung der einzelnen Gebiete an, von denen die häufigsten Fehlerquellen ausgehen. Sofern sich die beste Art der Beseitigung nicht ohnehin durch Geduld und spontaner Abhilfe von selbst erklärt, sind die Lösungsansätze vermerkt.

- Der gebuchte Raum ist nicht verfügbar.

Sehen Sie von Schuldzuweisungen ab und versuchen Sie, auf einen anderen Raum auszuweichen. Auch wenn es sicherlich nicht an Ihnen liegt: Entschuldigen Sie sich bei Ihrem Publikum und versichern Sie trotzdem einen reibungslosen Ablauf.

- Pausengetränke fehlen oder reichen nicht aus.

Für Ihren eigenen Bedarf sollten Sie zumindest ausreichend Wasser an Bord haben. Schließlich hängt davon wesentlich das Durchhaltevermögen Ihrer Stimme ab. Versuchen Sie, während der ersten Pause Ersatz zu beschaffen. Auch wenn Ihnen dies nicht gelingen sollte, wird man doch Ihren Einsatz wohlwollend zur Kenntnis nehmen.

- Der Raum ist überhitzt und lässt sich nicht lüften.

Moderieren Sie mit offen stehender Tür oder bauen Sie ein turnusmäßiges Öffnen der Tür als festen Bestandteil in Ihre Präsentation ein. Legen Sie spontane Kurzpausen ein, um Ermüdungserscheinungen im Publikum zuvorzukommen. Wenn es sich in Ihr Programm einbauen lässt, sind bewegungsreiche Übungen von Vorteil, bei denen die Teilnehmer einige Schritte gehen und so zur Raumzirkulation beitragen.

- Die benötigten Medien sind nicht bereitgestellt oder funktionieren nicht.

Weichen Sie auf andere Medien aus. Stellen Sie dazu in der Vorbereitung sicher, dass Ihre Präsentation einem spontanen Medienwechsel standhalten kann. So können Sie PowerPoint-Folien auch auf Overhead-Format vorbereiten, oder als Kopie dem Publikum zur Verfügung stellen. Ebenso lassen sich die wichtigsten Inhalte eines Folienvortrags auch am Flipchart nacharbeiten. Je mehr Sie sich als Moderator einbringen, desto mehr heben Sie den Verlust des nicht funktionierenden Mediums auf. Nicht selten hat manch einer dabei feststellen können, dass die Faszination in der Person des Moderators jegliche Medienwirkung in den Schatten stellt.

- Sie sind gesundheitlich angeschlagen.

Es kann immer wieder vorkommen, dass Ihnen die Gesundheit einen Strich durch die Rechnung macht, und Sie ausgerechnet am Tage einer wichtigen Präsentation nicht in Bestform sind. Sofern Ihr Zustand nicht ohnehin so schlecht ist, dass es besser ist, die Veranstaltung kurzfristig abzusagen, setzen Sie natürlich alles daran, irgendwie durch die Präsentation zu kommen oder doch noch eine passable Moderation abzuliefern. Setzen Sie Ihren Auftraggeber und Ihr Publikum von Ihrem Zustand in Kenntnis und bitten Sie dankend um Verständnis für die Situation. Sollten Sie erhebliche Teile der Präsentation auslassen müssen, reichen Sie diese auf jeden Fall nach. Wenn Sie nur hier und dort einige Passagen verkürzen, wird niemand merken, dass Sie den Fahrplan derartig geändert haben, vorausgesetzt inhaltlich ist nichts spürbar zu vermissen. Versuchen Sie bei Moderationen impulsgebend auf Ihr Publikum einzuwirken, so dass sich eventuell eine Diskussion untereinander ergeben kann. Auf diese Weise können Sie Ihren Einsatz zurücknehmen. Bei einer Folienpräsentation haben Sie den Vorteil, Ihre Kommentare zu reduzieren, und das Medium wirken zu lassen. Hierbei gilt es aber, mit Fingerspitzengefühl vorzugehen. Ein Medium kann den Moderator nicht ersetzen und dieser möchte sich auch nicht von einem leblosen Etwas vertreten wissen.

- Pannen während einer Internet-Präsentation.

Auch während einer Internet-Präsentation können sich diverse Störungen ergeben, die den geplanten Ablauf verzögern, oder gar ein Umschwenken auf ein anderes Medium nach sich ziehen. Da es in diesem Bereich häufiger zu solch unvorhersehbaren Ereignissen kommt, finden Sie die Ausführungen dazu im Kapitel »Pannen während der Beamer-Präsentation«, S. 151.

Die Liste mit möglichen Störfaktoren ließe sich noch unendlich fortführen. Doch bei allen Erklärungen wird eine gewisse Essenz sichtbar: Haben Sie sich als Moderator oder Redner ausreichend um eine gute Vorbereitung bemüht, kann eine Störung, ganz gleich welcher Art auch immer, Sie nicht wirklich aus der Bahn werfen. Hieran werden Sie wachsen und **souveräne Verhaltensmuster** entwickeln, die Ihnen bei der Durchführung Ihrer Präsentation und Moderation als wichtiges Handwerkszeug dienlich sind.

4.8 Evaluation und Nachbereitung einer Moderation **

Dass eine Moderation nicht immer optimal verlaufen ist, erkennt ein Moderator häufig erst anhand der ausgefüllten Feedback-Bögen und ist dann verwundert über die Beurteilung durch die Zuhörer. Die Antworten auf seine Fragen wird er am ehesten finden, wenn er die Veranstaltung in einer Phase der Nachbereitung evaluiert und hinterfragt. Oft lassen sich erst im Rückblick einige Elemente in Ruhe betrachten, die in der sekundenschnellen Reaktion des Moderators während der Präsentation spontan und unkontrolliert ablaufen. Die Essenz aus einer intensiven Evaluation und Nachbereitung bietet eine wertvolle Basis zur Vorbereitung auf die nächste Moderation.

Nach der Moderation ist vor der Moderation.

Diesen Satz gibt es in ähnlicher Konstellation aus allen möglichen Lebensbereichen. Im Sport kommt dieser Thematik eine besondere Bedeutung zu, wenn Sporttrainer in geflissentlicher Detailarbeit die erbrachten Leistungen der Spieler nachträglich betrachten, um in analysierenden Gesprächen und Übungen wiederum wertvolle Hinweise für das kommende Spiel zu gewinnen. Und in der Moderation?

Berufsethos des Moderators

Leider nehmen sich bis heute nur wenige Moderatoren ausreichend Zeit, um die Präsentation im Anschluss zu evaluieren. Zu häufig lenkt der Terminkalender bereits gedanklich in eine andere Richtung oder die Verantwortung wird der Einfachheit halber auf andere Umstände zurückgeführt. Eine Evaluation bleibt jedoch aus. Dass in der Asche eines Misserfolgs doch der zündende Funke für den kommenden Erfolg verschüttet liegt, wird unter Moderatoren gern als pathetisches Lebensmotto anderer Personen, nur nicht der eigenen, abgetan. Das hängt damit zusammen, dass sich das *Moderatorenethos* lange über Entertainerqualitäten definiert hatte. Die Position des Moderators galt bis vor einigen Jahren noch als unantastbar. Offensichtliche Verhaltenspannen wurden als individueller Moderationsstil uminterpretiert. Es war nicht üblich, Kritik zu üben, zumal eine gewollte *konstruktive Kritikkultur*, wie Sie sich heute nach und nach etabliert, noch in weiter Ferne war. Die offene Besinnung auf die eigenen Schwächen des Moderators ist erst möglich geworden, seit sich seine Rolle zu der Position des Beraters, Begleiters oder Teammitgliedes entwickelt hat. Parallel dazu hat eine intensive Auseinandersetzung mit dem Verhaltenskodex des Moderators an sich zur Ausprägung eines neuen Qualitätsstandards geführt. Diesen zu definieren wäre wünschenswert, ist aber vor dem Hintergrund einer uneinheitlichen Standardisierung nicht möglich. Es haben sich zahlreiche Ausbildungsgänge zum Thema Moderation und Präsentation entwickelt, deren Abschlüsse um Anerkennung konkurrieren. Die Tätigkeit des Moderators ist keine geschützte Berufsbezeichnung. Noch immer leidet das Image dieses Berufes unter gewissen Vorbehalten, die in Äußerungen wie »erlaubt ist, was gefällt« zum Ausdruck kommt.

Um den Berufsstand des Moderators weiter zu stärken kann nur jeder einzelne aktiv daran arbeiten. So sollte eine gründliche Reflexion ebenso wie eine sorgfältige Vorbereitung zur gewissenhaften Standardarbeit des Moderators gehören. Stellen Sie sich vor, dass Sie auch erst die richtige Medizin verschrieben bekommen, wenn der Arzt genau diagnostiziert, was die Ursache Ihres Problems ist. Der Vorteil in der Moderation ist, dass einem die Faktoren für eine optimale Nachbereitung sozusagen frei Haus geliefert werden. Sie haben Ihre letzte Moderationsleistung noch frisch vor Augen und können Sie einsammeln wie reife Früchte. Wichtig ist, dass Sie zeitnah mit der Aufbereitung beginnen, damit alle Eindrücke, insbesondere die emotionalen und intensiven Erlebnisse noch so aktiv wie möglich in Ihrem Unterbewusstsein arbeiten. Um eine Präsentation detailliert zu evaluieren, gibt es mehrere Ansatzpunkte. Für welche Sie sich entscheiden, ob Sie gleich mehrere Sequenzen der Nachbereitung für sich vorsehen, oder sogar eigenen individuelle Methoden entwickeln, bleibt Ihnen überlassen. Berauben Sie sich nur nicht der Chance, aus diesen Dingen, die nicht so optimal verlaufen sind, Empfehlungen für die nächste Präsentation abzulesen.

1. Analyse des Spannungsbogens

Der Spannungsbogen ist ein wichtiges Instrument sowohl in der Vor- als auch in der Nachbereitung einer Moderation. Anhand der geplanten Spannungsphasen haben Sie wichtige Anhaltspunkte für den Ablauf der Veranstaltung. Nehmen Sie den von Ihnen entwickelten Spannungsbogen als ausgedruckte Datei oder auch als manuelle Skizze mit in die Präsentation. Nun können Sie während des Verlaufs der Veranstaltung in kurzen Pausen Plus- und Minuszeichen (oder auch Haken oder andere individuelle Zeichen oder Kommentare) in die Spannungskurve einsetzen. Eine derartige Evaluation ist eine **monolaterale** Form der Nachbereitung. Es werden lediglich Ihre individuellen Eindrücke geltend gemacht, nicht die des Publikums. Es entsteht ein **Verlaufsprotokoll** (Abb. 4.8-1), welches Ihnen nach der Veranstaltung eine fundierte Grundlage für eine Pro- und Contra-Analyse Ihres Einsatzes liefert.

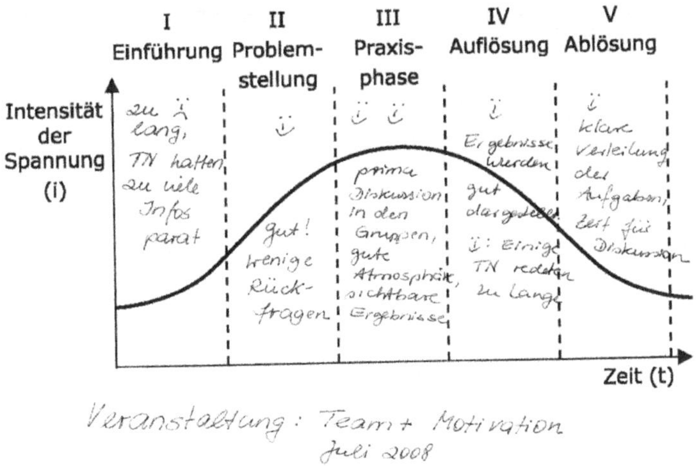

Abb. 4.8-1: Wie in einem Protokoll macht sich der Moderator Notizen während der Veranstaltung.

Bewertung

Bedenken Sie, dass manche Moderationen zu schnelllebig und spontan verlaufen. Nicht immer ergibt sich ein Zeitfenster wie z. B. während einer Gruppenarbeit, in der Sie einen Zwischenstand Ihrer eigenen Leistung angeben könnten. Manche Moderatoren lehnen die Arbeit mit dem Spannungsbogen generell ab, da sie sich durch die Vorgabe der Grafik in ihrer Improvisation beeinträchtigt fühlen. Die Praxis zeigt, dass sich ein Spannungsbogen aus gegebenem Anlass nicht immer einhalten lässt. Für manchen Moderator mangelt es bei dieser Methode an Interaktivität, da eben nur sein Eindruck und nicht der des Publikums abgebildet wird. Es obliegt also Ihren Gepflogenheiten und erfordert eine bestimmte Vorliebe zu Gewissenhaftigkeit statt zu spontaner Improvisation, um sich für diese Variante der Nachbereitung zu entscheiden. Andererseits ist die Analyse des Spannungsbogens ein wertvolles Live-Protokoll, dessen Inhalt sich im Anschluss an die Veranstaltung selten derartig exakt wiedergeben lässt.

2. Mentales Brainstorming

Eine andere Möglichkeit der Nachbereitung ist das mentale Brainstorming. Es geht darum, möglichst im Anschluss an die Veranstaltung die Aspekte Ihres Verhaltens zu bewerten, die Sie am ehesten in Ihrer Erinnerung parat haben – sowohl im positiven als auch im negativen Sinne. Da es sich dabei um die Eindrücke aus Ihren individuellen Empfindungen handelt, ist auch hier eine **monolaterale** Betrachtung gegeben.

Halten Sie die für Sie wichtigen Gesichtspunkte in einer Tabelle fest, wobei in der linken Spalte die positiven und in der rechten Spalte die negativen Punkte eingetragen werden. Diese Einhaltung der Spalteneigenschaften ist wichtig, weil sie dem logischen Aufbau Ihres Gedächtnisses entspricht und somit zu einem optimalen Bewertungsprozess beiträgt. Markieren Sie aus der Liste Ihrer Argumente in jeder Spalte drei Punkte, die Sie als besonders wichtig erachten und schreiben sich diese auf ein separates Blatt. Auf der Grundlage dieser Evaluation bereiten Sie Ihre nächste Präsentation vor.

Der optimale Zeitpunkt für das mentale Brainstorming ist direkt im Anschluss an die Veranstaltung. Gehen Sie dazu wie folgt vor: Warten Sie ab, bis nach der Veranstaltung alle Teilnehmer oder Zuhörer den Raum verlassen haben. Versuchen Sie, sich zu konzentrieren und lassen Sie die aktuelle Veranstaltung noch einmal Revue passieren. Wichtig ist, dass Sie in dem Raum bleiben, in dem auch die Veranstaltung stattgefunden hat. Auf diese Weise sichern Sie sich die Aktualität der Ereignisse in Ihrer Erinnerung. Schreiben Sie das, was Ihnen einfällt stichwortartig auf. Gültig ist alles, was Ihnen in den Sinn kommt und in irgendeinem Zusammenhang zu der Veranstaltung steht. Nehmen Sie sich für diesen Vorgang etwa zehn Minuten Zeit. Lesen Sie nun alle gesammelten Argumente noch einmal von oben nach unten durch. Aus dieser Liste markieren Sie nun in jeder Spalte drei Argumente als Basis für die nächste Vorbereitung.

Bewertung

Den interaktiven Charakter des mentalen Brainstormings als monolaterales Instrument werden auch hier einige Moderatoren vermissen. Dennoch wird diese Methode gern eingesetzt, was sich aus einer anderen Perspektive heraus begründet:

Sofern Sie Ihr Zeitbudget nicht hemmungslos überzogen haben und bereits mit einem Bein am Flughafen stehen, sollten Sie sich diesen Moment der inneren Einkehr gönnen, um neben der reinen Bewertung ihrer Leistung auch noch andere Vorteile dieser mentalen Übung zu erfahren. Machen Sie sich diesen Moment bewusst, in dem alle Spannung, die mit der eben beendeten Veranstaltung einherging plötzlich der Vergangenheit angehört. Indem Sie sich zehn Minuten lang noch einmal ganz bewusst in Ruhe in dem Raum des Geschehens aufhalten, kehren bestimmte Erinnerungen erneut zu Ihnen zurück. Schlechte Erinnerungen können reflektiert und verarbeitet werden, während Ihnen angenehme Situationen noch einmal ins Unterbewusstsein gelangen und dort nachhaltige Motivationsreize auslösen.

3. Schriftlicher Feedback-Bogen

Eine zeitsparende und Ruhe stiftende Methode, um einige Kommentare zu Ihrer Moderatorenleistung zu bekommen, ist der Feedback-Bogen (Abb. 4.8-2). Er wird als Fragebogen am Ende der Veranstaltung verteilt und innerhalb weniger Minuten von den Teilnehmern ausgefüllt. In der Regel enthält dieser Bogen einen Abschnitt, in dem bestimmte Faktoren anhand einer Skalierung zu bewerten sind. In einigen Bögen wird auch nach individuellen Eindrücken gefragt, die als Text in einen dafür vorgesehenen Abschnitt eingefügt werden. Zur möglichst objektiven Meinungsbildung werden die Bögen anonym abgegeben. Dadurch werden die Teilnehmenden ermutigt, auch zu unangenehmen Aspekten der Veranstaltung Stellung zu nehmen. Um eine nachhaltige Anonymität zu gewährleisten, werden die ausgefüllten Seiten mit dem beschriebenen Teil nach unten zeigend eingesammelt. Zwar bieten anonyme Feedback-Bögen im Gegensatz zu personalisierten Formaten in der Regel eine ehrlichere Meinung der Teilnehmergruppe ab. Dadurch fehlt dem Moderator aber die Möglichkeit, auf persönliche Belange Bezug zu nehmen. Der schriftlich ausgefüllte Feedback-Bogen an sich ist zunächst ein einseitiges Bewertungsinstrument, da Sie als Moderator die Kommentare unhinterfragt entgegennehmen. Erst in der anschließenden Berechnung der Mittelwerte aus der Skalierung und Reflektion der individuell beantworteten offenen Fragen kommt eine **bilaterale** Komponente hinzu.

Bewertung

Manche Institutionen bestehen auf einer Evaluation der Veranstaltung anhand ihrer eigenen Feedback-Bögen. Möchten Sie ebenfalls Ihre eigenen Unterlagen zur Bewertung einsetzen, sollten Sie dies zuvor mit dem Veranstalter besprechen. In der Regel lässt sich ein Kompromiss finden, so dass ein Feedback-Format zugunsten des anderen aufgegeben wird. Viele Moderatoren messen der Evaluation über Feedback-Bögen lediglich den Stellenwert einer Pflichtübung zu. Rein aus Imagepflege werden Blätter verteilt, mit denen mancher sein Bedürfnis der Reflexion scheinbar befriedigt. Diese Art der zweifelhaften Nachbearbeitung ist auf lange Sicht wenig Erfolg versprechend. Andererseits ist einzuräumen, dass auch von Teilnehmerseite her vielfach nur irgendetwas angekreuzt wird, um von Termindruck getrieben schnell aus der Veranstaltung zu kommen. Die gängige Meinung über diese Methode verweist auf einen Mittelwert: Man gewinnt nicht die optimale Bewertung der Veranstaltung, aber immerhin einige Anhaltspunkte.

Bitte stellen Sie Ihre Meinung in folgender Skala dar.
Die Werte reichen von

1 = stimme **gar nicht** zu bis
5 = stimme **voll und ganz** zu.

Bitte Markieren Sie Ihren Wert anhand einer Dezimalzahl.

Vielen Dank!

	Stimme nicht zu — stimme voll zu 1 ←——→ 5
Das Seminar war sehr interessant.	
Ich kann den Inhalt für meine Arbeit gebrauchen.	
Die Seminar-Unterlagen sind hilfreich.	
Die Räumlichkeit und Ausstattung war gut.	
Das Seminar war gut vorbereitet.	
Das Seminar war effektiv.	
Mir gefiel die Zusammenarbeit mit den anderen Teilnehmern.	
Die Seminarleitung war kompetent und sachverständig.	

- Welche Teile des Seminars waren für Sie sehr interessant?

____

- Welche Teile des Seminars waren für Sie weniger interessant?

____

- Wie kann das Seminar verbessert werden?

____

Abb. 4.8-2: Beispiel für einen Feedback-Bogen.

4. Aktive Feedbackrunde

Die aktive Feedbackrunde ist eine Form der Nachbereitung, in der Sie als Moderator den Dialog mit Ihren Zuhörern suchen. Im Gegensatz zu den bisher vorgestellten Methoden haben Sie hier die Möglichkeit zur Interaktion mit den Teilnehmenden. Eine Bewertung erfolgt also direkt aus zweiseitiger **bilateraler** Perspektive In einer abschließenden Diskussion, die Sie durch einige kurze Leitsätze anmoderieren, erfahren Sie bewertende Ansatzpunkte über den Verlauf der Veranstaltung. Dieser Vorgang kann als Reihum-Übung im Uhrzeigersinn erfolgen, was auf jeden Fall die Äußerungen jedes einzelnen Teilnehmenden berücksichtigt. Alternativ kann diese Übung auch auf freiwilliger Basis durchgeführt werden, in dem derjenige das Wort ergreift, dem ein spontaner Diskussionsbeitrag einfällt. Meist wird diese Rolle von solchen Personen ausgefüllt, die ohnehin schon einen erheblichen Beitrag zur aktiven Teilnahme geleistet haben. Hier müssen Sie sich auf Ihr Bauchgefühl verlassen, ob Sie Ihrem Publikum die freiwillige Variante dieser Feedbackrunde zumuten können. Es passiert häufig, dass sich das Publikum an die Vorreiterfunktion des Moderators während der Veranstaltung gewöhnt hat, da es in einigen Übungen durch vorangestellte Beispiele aktiviert wurde. In der aktiven Feedbackrunde entfällt dieser externe Anschub, so dass einige Sekunden der Stille entstehen können, bevor die erste Person aus sich heraus das Wort ergreift. Ein beliebter Leitsatz unter Moderatoren zur Auflockerung der Situation ist hierzu: »Okay, wenn der Erste nichts sagt, vielleicht möchte der Zweite mit der Diskussion beginnen...« Häufig erfüllt ein derartiger leicht provokanter Einwand seine Funktion als Eisbrecher, die Atmosphäre entspannt sich, so dass letztlich doch noch einige Aspekte genannt werden können.

Bewertung

Die aktive Feedbackrunde ist eine beliebte Methode in der Moderation, um zu einem spontanen Meinungsbild des Publikums zu gelangen. Viele Moderatoren genießen auf diese Weise den intensiven Kontakt mit den Zuhörern. Sie symbolisiert eine offene Feedback-Kultur und offenen Umgang mit Kritik. Andererseits werden wirklich belastende Argumente selten zur öffentlichen Diskussion gestellt, so dass die Möglichkeiten zur Feedbackerhebung nicht in aller Tiefe durchdrungen werden. Sollte es doch zu einer Diskussion unangenehmer Aspekte kommen, seien Sie auf jeden Fall vorbereitet. Machen Sie sich dazu noch einmal die psychologische Trennung der sachlichen und der persönlichen Ebene bewusst.

5. Individuelles Gespräch

Eine sehr intensive Erkenntnis über Ihre Leistung als Moderator können Sie über ein individuelles Gespräch gewinnen. Dazu ist es zunächst notwendig, dass sich unter den Zuhörern ein Vertrauter befindet, mit dem Sie ein derartiges Gespräch führen können. Alternativ können Sie erwägen, eine von Ihnen zuvor gewählte Person in die Veranstaltung zu schleusen, um im Anschluss an die Veranstaltung Ihre Moderationsleistung zu evaluieren. Wenn Sie um ein derart intensives Gespräch bitten, müssen Sie auch auf eventuelle Kritikpunkte vorbereitet sein, derer Sie sich im eigenen Interesse annehmen möchten. Da das Feld der beobachtbaren Blickwinkel so reichhaltig ist, bedarf es einer genaueren Definition, worum es Ihnen bei der Analyse der Veranstaltung geht Es ist dann sehr hilfreich, wenn Sie sich gemeinsam mit Ihrem Gesprächspartner anhand einer schriftlichen Unterlage orientieren. Diese kann in Form eines Fragebogens vorbereitet sein, oder Sie überlassen dem Beurteilenden die Dokumentation auf seine Weise. Dabei muss der Focus der Überlegung nicht zwangsläufig in Ihrer Person begründet sein. Sie können beispielsweise auch jemanden bitten, auf spezielle Eigenschaften des Publikums, der Einrichtung, oder Räumlichkeiten zu achten.

Bewertung

Bevor Sie sich auf eine solche Methode zur Nachbereitung einlassen, fassen Sie vor der Veranstaltung klare Gedanken darüber, was Sie eigentlich herausfinden möchten. Sofern es um die Bewertung neutraler Objekte wie z. B. der Räumlichkeiten, der medialen Ausstattung geht, läuft es in der Regel auf eine unproblematische Evaluation hinaus. Geht es aber um Ihre eigene Leistung, kann die Essenz der Bewertung schon etwas delikater ausfallen. Es gibt kaum etwas Schwierigeres, als konkret über die eigenen Stärken und Schwächen zu reflektieren. Wenn Sie sich schon um eine derartige Evaluierung Ihrer persönlichen Leistung bemühen, versuchen Sie jemanden zu finden, der über eine entsprechende psychologische oder pädagogische Expertise verfügt. Eine derartige Diskussion gehört mit Sicherheit nicht zu den üblichen, aber zu den intensivsten und interessantesten Möglichkeiten, um seine Präsentation zu evaluieren.

Praxistipp

Häufig entscheiden sich Moderatoren für eine Kombination der aktiven Feedbackrunde mit einem anschließenden mentalen Brainstorming. Wichtig ist ihnen hierbei zunächst die lebendige Interaktion mit den Zuhörern, sozusagen als Reflektion der eigenen Präsentation in einem anderen Gedächtnis. Dadurch entsteht in der folgenden mentalen Phase ein größeres Repertoire an Ansatzpunkten, welches zu einem weit reichenden Spektrum der retrospektiven Betrachtung beiträgt.

Letztlich ist die Voraussetzung für die Nachbereitung in erster Linie von Ihrer Bereitschaft dazu abhängig. Es gibt Moderatoren, die ohne eine einzige Nachbereitung löblich durch Ihre Veranstaltungen reisen. Andererseits gibt es solche, die trotz intensiver Nachbereitung nicht den Aufwand Ihrer Bemühungen in den Augen des Publikums gespiegelt sehen. Dies mag wohl eher an der genetischen Verteilung der natürlichen Talente liegen. Daher haben Sie also alle Chancen, Ihren individuellen Moderationsstil über die Essenz der Nachbereitung zu modellieren.

5 Präsentationsmedien und Technik *

Vor der Planung einer Präsentation oder Moderation ist es wichtig, sich für ein geeignetes Medium zu entscheiden. Eine ausführliche Darstellung der Präsentationsmedien Beamer, Overhead-Projektor, Flipchart, *Whiteboard* und Pinnwand gibt einen Einblick in die Eigenschaften dieser Medien, sowie in die einschlägigen Vor- und Nachteile. Auch über die Art und Weise der Einsetzbarkeit, welche in diesem Zusammenhang als *Technik* beschrieben wird, werden die Informationen genannt, die die Entscheidung bei der Auswahl der Medien erleichtern.

Der Einsatz des Beamers bietet in Verbindung mit PC und anderen wählbaren Medien nahezu unendliche Möglichkeiten:

- »Beamer«, S. 119

Immer wieder neu entdeckt wird die Arbeit mit dem Overhead-Projektor:

- »Overhead-Projektor«, S. 154

Das Flipchart eignet sich für die Moderation in kleineren Gruppen:

- »Flipchart«, S. 172

Angelehnt an die Arbeit mit der Tafel: Das *Whiteboard*:

- »Whiteboard«, S. 197

Die Pinnwand dient als Medium für die Arbeit mit größeren Gruppen:

- »Pinnwand«, S. 202

5.1 Beamer *

Kaum ein anderes Präsentationsmedium sorgt für solch intensive Diskussionen wie das Beamer-System. Dazu kommen viele Komponenten zusammen. Einerseits liegt es an der schier unendlichen Vielfalt der Animationsmöglichkeiten, die dieses Medium zu bieten hat. Dies hat zur Folge, dass hier auch der richtige Umgang mit diesem umfassenden Angebot von entscheidender Bedeutung ist. Hatten Präsentationen mit dem Beamer zunächst eine regelrechte technische Aufrüstung mit teilweise eskalierenden Animationsmomenten erfahren, ist der Einsatz dieser Möglichkeiten deutlich bescheidener geworden. Vielmehr gilt es heute, sich zwar der technischen Variationen dieses Mediums bewusst zu sein, aber eher durch einen sparsamen, dafür aber wohlüberlegten und treffsicheren Umgang zu überzeugen. In der Diskussion über das Beamer-System gibt es unzählige Ansatzpunkte, die unter Fachleuten, Moderatoren und Teilnehmern immer wieder für Gesprächsstoff sorgen. In diesem Zusammenhang erscheint eine systematische Betrachtung dieses Themas unter folgenden Gesichtspunkten sinnvoll:

5.1.1 Eigenschaften und Anwendungsbereich *

Nachdem computergestütztes Lehren und Lernen heute zum pädagogischen Standard gehören, ist es nicht verwunderlich, dass der Umgang mit Beamer-System und PowerPoint-Programm in vielen Situationen Voraussetzung für die Durchführung einer Präsentation ist. In vielen Bereichen werden Folien-Präsentationen über den Beamer eingesetzt und bieten schier unendliche technische Möglichkeiten der grafischen Gestaltung und dynamischen Animation. Während in Unternehmen vorwiegend über PowerPoint präsentiert wird, ist dies in anderen Organisationen eher noch die Ausnahme.

Die klassische Vorstellung, dass die Bilder mit der Entwicklung der Filmindustrie laufen gelernt haben, kann auch für den Bereich der PowerPoint-Präsentation herangezogen werden. Nachdem der Overhead-Projektor lange Zeit mit der Präsentation statischer Folien überzeugen konnte, werden heute vielfach Bildschirmpräsentationen über den Beamer eingesetzt. Die dynamische Aufbereitung der Folien und unendliche Möglichkeiten zur optischen Gestaltung und Animation wollen das Publikum auf besondere Weise faszinieren. Nicht selten münden solche Präsentationen in ein gewaltiges **Multi-Media-Szenario**.

Beamer

Die Projektion der Bildschirm-Präsentation erfolgt über einen Beamer. Der Beamer ist ein Großbildprojektor, der für jeden Bedarf angeboten wird. Die fortschreitende Technisierung macht es möglich, dass die Geräte mittlerweile klein, handlich und zuverlässig sind. So ist es nicht verwunderlich, dass immer mehr Seminarräume standardmäßig mit einem Beamer ausgestattet sind und auch viele Moderatoren die Anschaffung eines solchen Mediums für sich in Erwägung ziehen, um von fremder Medienumgebung unabhängig zu sein.

Tipp für die Anschaffung

Achten Sie bei der Anschaffung eines Beamers auf das *Gewicht* des Gerätes, was gerade für transportable Geräte als Teil der Moderatorenausstattung wichtig ist. Ferner sollten Sie Wert auf scharfe *Kontraste* und größtmögliche *Lichtstärke* legen und sich für ein geräuscharmes Modell entscheiden – glücklicherweise hat die Entwicklung neuerer Belüftungssysteme generell zu einem geringeren Geräuschpegel geführt. Machen Sie sich bereits vor dem Kauf mit den Anschlüssen vertraut und wägen Sie ab, ob die Produkteigenschaften Ihrem technischen Verständnis entsprechen.

Beamer-System

Der Beamer an sich hat lediglich eine Transportfunktion, er ist also allein als Medium anzusehen. Daher spricht man in diesem Zusammenhang auch von **Beamer-System**, denn erst durch den Zusammenschluss von Beamer und Computer wird ein funktionstüchtiges Präsentationswerkzeug geschaffen. Die Installation des Beamers ist durch die erweiterte Schnittstellenoptimierung unproblematisch. Heutige Notebooks sind in der Regel standardmäßig beamerkompatibel ausgestattet, so dass sie sich gut als Präsentationscomputer eignen. Eine Kabelverbindung über den Monitorausgang des Computers genügt, so dass die über ein Computerprogramm erstellten Bildschirminhalte auf eine entsprechende Wand projiziert werden können. Inzwischen ist diese Verbindung in vielen Räumen auch kabellos über WLAN möglich.

Dazu ist es nicht zwingend notwendig, eine Leinwand zu installieren. Notfalls ist die Projektion auch auf jeder hellen Fläche wie etwa an der Wand oder auf der Tür sichtbar. Beachtet man aber die Qualität des Bildes und nicht zuletzt auch den Anspruch an die Präsentation, so erübrigt sich die Frage nach der Bereitschaft zu einem solchen Kompromiss. Am besten ist die Position des Beamers als Deckeninstallation (Abb. 5.1-1). Auf diese Weise behindert er nicht die Sicht und kann schnell und problemlos in Betrieb genommen werden, da die Standardeinstellungen nach jeder Anwendung erhalten bleiben.

Abb. 5.1-1: Beamer als Deckeninstallation.

Eigenschaften

Auf der Projektionsfläche wird der Bildschirminhalt über den Beamer in Originalfassung abgebildet, wobei jede Mausbewegung des Vortragenden aktiv verfolgt werden kann. Sofern die Voraussetzungen bezüglich Schriftgröße und Lesbarkeit des Dargestellten erfüllt sind, lassen sich nahezu alle Dateien als Beamerprojektion darstellen. Auf diese Weise können u.a. Textbeispiele aus Word-Dokumenten oder tabellarische Muster aus Excel-Dateien exemplarisch diskutiert werden. Eine typische Bildschirmpräsentation wird in der Regel über das PowerPoint-Programm entwickelt und per Mausklick folienweise dem Publikum präsentiert, so dass sich in diesem Zusammenhang die Überlegungen in erster Linie auf PowerPoint beziehen.

Der Moderator setzt seine Bildschirmpräsentation als unterstützendes Medium ein, indem einzelne Teile seines Vortrages auf den einzelnen Folien wieder zu finden sind. Grafiken oder Diagramme dienen der zusätzlichen Unterstützung, um die einzelnen Inhalte zu verdeutlichen. Kleine Bilder in Form von **Cliparts** oder heute eher eingesetzten Fotos lockern die Folien auf und sorgen für wohlwollende optische Akzente, die je nach Thematik auch humorvoll oder als Karikatur gestaltet werden können. So kann das Publikum dem Gesagten folgen und eine thematische Struktur erkennen. Das Angebot zur Erstellung einer PowerPoint-Präsentation ist mittlerweile so umfangreich ist, dass es selbst für Experten auf diesem Gebiet eine unüberschaubare Fülle von Grafiken und Cliparts gibt. Daher ist eine wohlüberlegte *Gestaltung der Folien* die Basis für eine gelingende Präsentation (siehe »Tipps zur Gestaltung der Folien«, S. 135). Setzt der Moderator die verfügbaren Elemente mit Bedacht und Zurückhaltung ein, wird es ihm gelingen letztlich durch seine eigene Präsenz zu überzeugen, anstatt sich von einer effektüberfluteten Bildschirmpräsentation zweifelhaft vertreten zu lassen.

Geeignete Anwendungsbereiche

In Unternehmen, aber auch zunehmend an Hochschulen und universitären Einrichtungen werden Sitzungen und Meetings mit der Unterstützung von PowerPoint abgehalten. Häufig gibt es dazu spezielle Formate, die über eine vordefinierte **Masterfolie** das Firmenlogo oder bestimmte Formen und Farben gleich mit transportieren. In Firmen wird hierauf besonders Wert gelegt, um nach außen hin ein geschlossenes Bild von einheitlicher **Unternehmenskultur** und einer sichtbaren ***Corporate Identity*** zu symbolisieren. Auf diese Weise wird eine imagebildende Wirkung erzeugt, die Unternehmen sogar mit Unterstützung von Medienberatern als bewusstes Stilmittel ihrer medialen Präsenz einsetzen.

Ungeeignete Anwendungsbereiche

Während sich in Unternehmen und Hochschulen die Arbeit mit dem Beamer als alltäglicher medialer Umgang der Gegenwart etabliert hat, gibt es aber auch Präsentationsbereiche, in denen der Beamer nur sehr eingeschränkt eingesetzt wird.

Die Bildschirmpräsentation vermittelt Informationen zu einem bestimmten Thema über den Einsatz von beschrifteten Folien oder auch Animationen und Videos. Auf den Folien sind Daten und Fakten abgebildet, die durch die Moderation des Vortragenden in das Blickfeld des Publikums gelangen.

Geht es aber um die **interaktive Entwicklung** einer Darstellung, um Einsicht und Erkenntnis eigener Fähigkeiten, um die Lösung von Konflikten oder um die emotionale Bewertung einer bestimmten Sachlage, ist die Bildschirmpräsentation *nicht* das geeignete Medium. Ebenso gibt es medienentfernte Personengruppen, die durch den Einsatz eines Beamersystems befremdet regieren können. Das somit verfälschte Arbeitergebnis gibt nur wenig Aufschluss über den tatsächlichen Befund in der aktuellen Situation. Es ist nachzuempfinden, dass ein Publikum, welches nicht an derartige Medien gewöhnt ist, die damit verbundenen Fragen zurückhält, aus der Erwartung heraus, das Gefragte könne lächerlich oder nicht zeitgemäß erscheinen. Somit bleiben wichtige Informationen unausgesprochen und führen zu keinem zufrieden stellenden Ergebnis. Auch für den Moderator gibt es eine wahrnehmbare unbehagliche Atmosphäre im Raum, wenn er das Gefühl bekommt, dass das Publikum mit der Präsentation überfordert ist. Die mit viel Einsatz erstellte Bildschirmfolie verhallt auf diese Weise im Raum und verfehlt ihre Wirkung gänzlich.

Andererseits gibt es auch eine andere Erfahrung mit besonders medienverwöhnten Zuhörern. Nach dem Motto, sowieso schon alles gesehen und gehört zu haben, lehnen sich manche Anwesende allwissend zurück, um sich von der nun startenden Präsentation regelrecht berieseln zu lassen. Damit ist jeglicher Interaktion während der Moderation die Basis entzogen, weil sich solche Zuhörer durch ihre Mimik und Gestik für einen passiven Teilnehmerstatus entschieden haben und dies auch sehr deutlich symbolisieren. Dies wird es dem Moderator zusätzlich erschweren, dennoch eine interessante Präsentation zu gestalten. In diesen Fällen ist ein **Medienwechsel** sehr wirksam, in dem beispielsweise ein anderes Medium wie Pinnwand oder Flipchart zum Einsatz kommt, um die Erwartung des Publikums mit einer überraschenden Wende aufzulockern.

Liegt es in manchen Präsentationen an der thematischen Ausprägung, ob der Einsatz eines Beamers effektiv wäre, so gibt es in der Praxis noch eine ganz andere Perspektive. Ein vorgeschobener Zeitmangel oder einfach die offensichtliche Skepsis gegenüber modernen medialen Systemen führt an manchen Stellen dazu, dass die Möglichkeiten einer Bildschirmpräsentation noch unentdeckt geblieben sind. Zusätzlich empfinden es manche als hemmend, sich mit der für den sicheren Umgang benötigten Hard- und Software zu befassen. Ein selbstgewählter Kompromiss, sich auf eigene Faust selbständig durch das PowerPoint-Programm zu tasten führt eher zu laienhaften Präsentationen und demotivierenden Ergebnissen, als zu effektiven Vorträgen.

Weitere Entwicklung in der Schulpädagogik

Durch die intensive Auseinandersetzung mit der Präsentationsthematik in der Schulpädagogik wird hier eine Richtung eingeschlagen, die das Selbstverständnis der Medienarbeit stärkt. Ziel ist es, die **frühen Medienerfahrungen** der Schüler aufzugreifen und sie für die Entwicklung später benötigter Fähigkeiten und Fertigkeiten nutzbar zu machen. So werden Schulreferate und Projektpräsentationen verstärkt über Bildschirmpräsentationen abgewickelt. Die intensive Arbeit in der Medienerziehung führt dazu, dass mit dem Ende der Schulzeit bereits eine gewisse Medienerfahrung vorausgesetzt werden kann, die für die zukünftige Gestaltung von Präsentationen neue Maßstäbe setzen wird. Beobachtet man heute die bereits deutlich sichtbare Affinität zu Chat-Programmen und Internet-Spielen, so ist es nur eine logische Entwicklung, wenn die Bildschirmpräsentation ein probates Mittel zur alltäglichen Kommunikation sein wird.

5.1.2 Vor- und Nachteile *

Mit dem Einsatz einer Beamer-Präsentation wird die Aufmerksamkeit gebündelt. Unterstützt durch Animationen, Videos, Fotos oder Audio-Einspielungen hat der Moderator vielfältige Möglichkeiten, die Präsentation zu gestalten. Durch den strukturierten Ablauf einer Bildschirmpräsentation wird verhindert, dass der Moderator mit den Folien durcheinander gerät. Als Nachteilig kann sich herausstellen, dass das Auditorium von der Person des Moderators abgelenkt ist, und sich in einen passiven Zuhörerstatus zurückzieht. Längere PowerPoint-Präsentationen lösen beim Publikum eine gewisse Mediengewöhnung aus, so dass Langeweile aufkommen kann.

Bei der Frage nach der Eignung des Beamer-Systems oder der Arbeit mit dem PowerPoint-Programm für den eigenen Aufgabenbereich gibt die Diskussion der Vor- und Nachteile wichtige Anhaltspunkte, die im Rahmen dieser Thematik zu bedenken sind. Die Vorteile können häufig nur dann in ihrer angenehmsten Form erlebt werden, wenn der Vortragende die Technik richtig zum Einsatz bringen kann. Ebenso ergeben sich die Nachteile nicht überwiegend aus der Sache an sich, sondern sind vielfach das Ergebnis falscher Handhabung, Unsicherheit oder Unerfahrenheit auf diesem Gebiet.

Vorteile

Die Entwicklung von PowerPoint hat in einigen Bereichen geradezu ein euphorisches Ausmaß angenommen. Der spielerische Umgang mit der Vielfalt an Bildern und grafischen Möglichkeiten hat immer neue Ergänzungen zu diesem Programm auf den Plan gerufen, so dass Bildschirmpräsentationen nicht selten als Spielfeld für mediale Experimente dienen. Bei **angemessener Handhabung** dieser vielen Möglichkeiten ergeben sich zahlreiche **Vorteile**, die PowerPoint als sinnvolle Basis für die Durchführung einer Präsentation ausweisen.

+ Der optische Reiz einer Präsentation bündelt die gesamte Aufmerksamkeit der Zuhörer und bringt einen gewissen **Mehrwert** in die Veranstaltung, an die sich das Publikum nachhaltig erinnern kann.

+ Unterstützend können **Animationen**, Videos, Fotos oder Audioeinspielungen eingesetzt werden, die durch Bewegung zusätzliche Aufmerksamkeit erzeugen.
+ Über den Einsatz der verschiedenen Varianten von Bildern, Tönen, Animationen und Videoeinspielungen gelangt der Moderator zu einem **multimedialen Szenario**.
+ Hochwertige Standards in Bezug auf **gute Bildauflösung** und Wiedergabequalität ermöglichen eine brillante Bildschirmpräsentation.
+ Da sich Beamer-Systeme auf die Räumlichkeiten bzw. die Größe der Teilnehmergruppe einstellen lassen, kann eine Beamer-Präsentation unabhängig von der Gruppengröße durchgeführt werden. Die mittlerweile verfügbaren technischen Module nehmen die Bemessung des Raumes und die entsprechende Ausrichtung der Bildeinstellung über die Autofocus-Einstellung vor und schaffen eine hochwertige Bildqualität auch für Großveranstaltungen.
+ Die Vielfalt an Grafiken, Animationen und Cliparts gibt dem Moderator die Möglichkeit, die visuelle Gestaltung thematisch an der Zielgruppe auszurichten. Damit kann er bestimmte Akzente setzen, die den Inhalt veranschaulichen und somit verständlicher machen.
+ Der **strukturierte Ablauf** einer Bildschirmpräsentation verhindert, dass der Moderator mit den Folien durcheinander gerät. Sie werden nacheinander per Mausklick geschaltet; bei Querverweisen kann der Moderator problemlos über den **Foliennavigator** zwischen den nummerierten Folien hin und her springen.
+ Einheitlich gestaltete Folien von Organisationen werden nach außen hin als identitätsbildendes und imageträchtiges Symbol eingesetzt, was nicht zuletzt wegen seiner **Werbewirksamkeit** häufige Anwendung findet.
+ Nach der Erstellung mehrerer Präsentationen entwickelt sich ein **Folienarchiv**. Daraus kann der Moderator neue Präsentationen erstellen, indem er die vorhandenen Folien in seine neue Präsentation einbaut.
+ In einigen Unternehmen können Mitarbeiter ihre individuellen Präsentationen in **Datenpools** einstellen, damit auch andere Kollegen darauf Zugriff haben und zur Vorbereitung auf Meetings und Konferenzen hierauf zurückgreifen können.

+ Über die Druckfunktion ist es möglich, die PowerPoint-Präsentation als Teilnehmerunterlage auszudrucken. Anhand dieser schriftlichen Unterlage kann das Publikum der Präsentation problemlos folgen.

Nachteile

Bei der Diskussion über die **Nachteile** einer Bildschirmpräsentation wird vielfach die Frage nach der richtigen Anwendung laut. Aus vielen Gesprächen ist herauszuhören, dass skeptische Einstellungen überwiegend auf eigene negative Erfahrungen zurückzuführen sind, die sich aus Beobachtungen fehlerhafter Präsentationen anderer Moderatoren ergeben haben. Andererseits basieren einige Argumente häufig auf einem eigenen lückenhaften technischen Verständnis, welches die Möglichkeiten von PowerPoint noch nicht in seiner Intensität erfahren hat. So sind die aufgeführten Nachteile einer PowerPoint-Präsentation durchaus mit individuellen Erfahrungen zu ergänzen. Sie sind nicht als Argumentation gegen dieses Programm zu verstehen, sondern möchten den Moderator ermutigen, sich nach dem ein oder anderen fehlgeschlagenen Versuch doch noch einmal auf den Weg zu einer gelungenen Folienpräsentation zu wagen.

- Eine Entscheidung für das PowerPoint-Programm ist mit gewissen **Anschaffungskosten** verbunden, so dass im Vorfeld einige Überlegungen zu treffen sind. Eine Kaufentscheidung ist also nicht nur eine spontane Aktion, sondern eine strategische Frage des Budgets mit nachhaltigen Folgen für die Arbeitsorganisation.
- Der richtige Umgang mit dem Programm und der Technik erfordert intensiven **Schulungsaufwand** der Beteiligten.
- Die visuellen Reize einer PowerPoint-Präsentation lenken das Auditorium von der Person des Moderators ab. Er muss durch seine Präsenz dafür Sorge tragen, dass das Publikum ihn und seine Wirkung als Person wahrnimmt.
- Überfrachtete Folien führen zu einer Übervisualisierung. Das Publikum leidet an **Reizüberflutung** und kann die dargestellten Inhalte unter dem Meer von Animationen nicht mehr differenziert wahrnehmen. Es zieht sich mehr und mehr zurück und schaltet während der Präsentation ab. Diese Entwicklung war vor allen Dingen vor

einigen Jahren zu beobachten, als PowerPoint-Präsentationen am Anfang ihrer Einsatzzeit standen. Mittlerweile kann auch eine schlicht gehaltene Präsentation überzeugen, sofern der Moderator entsprechend interessant durch den Inhalt führt.

- Dokumentationen oder Entwicklungen **interaktiver Sequenzen** zwischen Moderator und Publikum sind während der Folienpräsentation nicht möglich; es sei denn es wird ein dementsprechendes Programm hinzugezogen, welches dies ermöglicht. Eine andere Alternative um an Interaktivität zu gewinnen, ist der Wechsel zu einem anderen Medium.
- Spontane Ergänzungen, Änderungen, oder ein Wechsel der Animationsfolge können erst im Nachhinein vorgenommen werden, um dies für die nächste Präsentation zu berücksichtigen.
- Der ständige Einsatz von PowerPoint fördert eine gewisse **Mediengewöhnung**. Mangels neuer Akzente kommt Langweile auf, die sich in geringer werdender Aufmerksamkeit niederschlägt.
- Das unerschöpfliche Repertoire an Möglichkeiten zur Visualisierung und Animation schafft Konkurrenz unter den Vortragenden. Häufig geht die Konzentration auf die äußeren Effekte dann zu Lasten des Inhalts.
- Von der Wirkung ihrer Präsentation überzeugt, rücken manche Moderatoren in den Hintergrund und lassen den Folienvortrag in eine selbstläufige Medienvorführung münden.
- Häufige **technische Pannen** führen zu Störungen im Präsentationsablauf. Zu selten wird ein probates Ausweichprogramm vorbereitet, so dass sich der Versuch zur Improvisation thematisch oft erheblich von dem eigentlichen Vortrag unterscheidet.
- In einigen Unternehmen wird der Einsatz von PowerPoint **dogmatisiert**. Es gelangen dadurch auch Inhalte in eine Bildschirmpräsentation, die über andere Medien weitaus effektiver gestaltet werden könnten.
- Nicht selten übertragen Moderatoren die Verantwortung für eine gelingende Präsentation auf das Computerprogramm. Die vom Publikum gefühlte **Entpersonalisierung** und Technisierung berauben den Moderator um die

faszinierende Möglichkeit, zwischen ihm und dem Zuhörern ein vertrauensvolles Verhältnis aufzubauen. Persönliche Fähigkeiten können nicht eingebracht werden, so dass die individuelle Note der Veranstaltung bestenfalls an der namentlichen Kennzeichnung der Folien auszumachen ist.

Eine Betrachtung der Vor- und Nachteile der PowerPoint-Präsentation ist nicht einzig und allein der ausschlaggebende Impuls, um sich für oder gegen eine Arbeit mit diesem Programm zu entscheiden. Das ist auch nicht die Absicht dieses Kapitels. Dazu ist die Diskussion über diese Thematik zu ambivalent und erfordert eine sehr differenzierte Betrachtung. Entscheidend sind eher die individuellen Präferenzen, die zu bewältigenden Aufgabenstellungen, und die finanziellen Möglichkeiten.

5.1.3 Vorbereitung der Bildschirm-Präsentation *

Die technischen Besonderheiten der Bildschirm-Präsentation erfordern eine gewissenhafte Prüfung sämtlicher Details, um spätere Pannen zu vermeiden. Die optimale Vorbereitung einer Bildschirm-Präsentation hilft dem Moderator zudem, ein enormes Maß an Sicherheit zu gewinnen, welches sein Selbstbewusstsein während der Präsentation positiv beeinflusst.

Wenn auch einige Elemente der Vorbereitung einer Präsentation unabhängig von dem eingesetzten Medium in ihrer Grundstruktur gleich sind, so gibt es doch für den Bereich einer Bildschirm-Präsentation einige Besonderheiten. Vielfach werden die Tücken der technischen Details unterschätzt, da heutige Präsentationsmedien die intensive Vorbereitungsphase durch automatische Systemeinstellungen unterstützen. Mancher verlässt sich zu sehr auf die Anwenderfreundlichkeit der Geräte, welche vielfach lediglich als gut gemeinte Werbe-Versprechungen mitverkauft werden. Also ist es immer noch ratsam, sich selbst auf die richtige Handhabung vorzubereiten, um dann in entsprechend aufgeregter Verfassung vor der Präsentation die richtige Abfolge der Menübefehle parat zu haben. Neben der technischen Aufbereitung gibt es noch weitere zahlreiche Details rund um die Präsentation, die es zu berücksichtigen gilt. Bei den folgenden praxiserprobten Gesichtspunkten werden Sie feststellen, dass diese Ratschläge aus dem Erlebnis der einen oder anderen Panne erwachsen sind. Weitere Anhaltspunkte zu den Vorbereitungen einer Präsentation finden Sie in den entsprechenden Kapiteln (siehe »Vorbereitung der äußeren Rahmenbedingungen«, S. 74, und »Vorbereitung der Medien«, S. 101).

- Wenn Sie auf das Notebook des Veranstalters zurückgreifen, überprüfen Sie sicherheitshalber, ob Sie alle Dateien, in erster Linie natürlich die Präsentation, aber auch ergänzende Grafiken, Bilder und sonstige Einspielungen, die Sie für Pausen, oder als Ersatzprogramm eingeplant hatten, parat haben. Natürlich sollte die Grundvoraussetzung sein, dass das PowerPoint-Programm an sich und die von Ihnen verwendeten Schriften auf dem Rechner installiert sind.
- Gehen Sie sicher in der Annahme, dass das zur Verfügung gestellte Notebook über die gleiche Programmversion verfügt, mit der auch Ihre Präsentation entstanden ist. Problematisch wird dies insbesondere, wenn Ihre Präsentation mit einer neueren Programmversion formatiert wurde, die nicht mit den Parametern der Vorgängerversion kompatibel ist. Informieren Sie sich im Vorfeld über die Programmversion und speichern Sie Ihre Präsentation in der entsprechenden Version ab.
- Machen Sie sich mit den Funktionstasten des fremden Präsentationscomputers vertraut. Sie können von denen Ihres eigenen Gerätes abweichen und werden in der Bedienungsanleitung des Notebooks erklärt. Dies gilt insbesondere für die Tasten der Monitorsteuerung, mit denen Sie zwischen Notebook-Anzeige und Bild auf der Projektionswand umschalten. Finden Sie die Tasteneinstellung heraus, die es Ihnen ermöglicht, die Präsentation zeitgleich auf dem Notebook und auf der Projektionswand zu verfolgen. Die Basiseinstellung hierzu finden Sie auf der Notebook-Oberfläche unter der Windows-Systemsteuerung und hier unter dem Pictogramm mit der Bezeichnung Anzeige. Dort klicken Sie auf *Eigenschaften von Anzeige* in der Kartei *Einstellung*. So ver-

hindern Sie, dass Ihr Blick ständig hin und her schweift und sich immer wieder neu orientieren muss. Ein zeitgleiches Bild auf beiden Ebenen nimmt Ihnen eine Menge Stress ab und gibt Ihnen doppelte Sicherheit. Zusätzlich gibt es die Möglichkeit, PowerPoint-Notizen auf dem Notebook anzuzeigen.

- Nehmen Sie zur Sicherheit Ihre eigenen Anschlusskabel mit in die Präsentation. Auch wenn Sie ziemlich sicher sind, dass alle erforderlichen Kabel wie immer in Ihrer Notebook-Tasche liegen – schauen Sie vorsichtshalber noch einmal nach.
- Prüfen Sie die Kabelverbindungen im Raum, auch wenn diese bereits vor Ihrer Anwesenheit installiert wurden. Markieren Sie sich die Wege der Kabelzuführungen, um im Falle von Medienwechsel oder Umbauten mit Sicherheit wieder die Ausgangskonstellation installieren zu können.
- Für eventuelle Videoeinspielungen oder Ton-Animationen benötigen Sie zusätzliche Boxen, die ordnungsgemäß verkabelt und im Raum installiert sein müssen.
- Ein wichtiger Aspekt für die Bildschirm-Präsentation sind die optimalen Lichtverhältnisse. Sie dienen nicht nur der Dosierung für die Folienbeleuchtung, sondern können auch durch Dimmung und indirekter Einstrahlung eine besondere Atmosphäre erzeugen.
- Haben Sie sich für die ortsunabhängige Foliennavigation durch eine Funkmaus entschieden, sollten Sie auf jeden Fall ihre eigene konventionelle Kabelmaus im Gepäck haben. Probieren Sie, an welchem Kabelausgang des fremden Computers ihre Maus funktioniert. Manche Beamer verfügen auch über eine integrierte Maus in der Armatur der Fernbedienung. Üben Sie vor der Präsentation den Umgang mit diesem Element und prüfen Sie die Zuführung des entsprechenden Kabels.
- Starten Sie das Notebook erst, wenn der Beamer bis zum Aufleuchten der leeren Projektionsfläche in Betrieb ist. Manche Beamer verfügen über eine Auto-Taste, mit der Ihr Notebook automatisch als Datenquelle identifiziert wird. Weitere Menübefehle gibt Ihnen der Beamer dann vor.

- Sollten Notebook und Beamer *nicht* kompatibel sein, müssen Sie die Geräte aufeinander einstellen. Der Beamer lässt sich dazu direkt über Eingabetasten am Gerät oder über die Fernbedienung einstellen. Die Anpassung des Notebooks führen Sie auch hier über die Befehle in der Windows-Systemsteuerung unter Anzeige durch.
- Der Beamer sollte an einer zentralen Stelle des Raumes zum Einsatz kommen. Zur optimalen Installation gibt es zahlreiche Modelle an Standkonsolen, die in Höhe und Einstellwinkel verstellbar sind. In vielen Seminarräumen ist der Beamer fix als Deckenkonstruktion angebracht.
- Experimentieren Sie mit dem richtigen Abstand des Beamers zur Projektionswand und finden Sie die optimale Bildschärfe über das Zoom-Objektiv. Je weiter das Gerät von der Leinwand entfernt steht, desto größer wird das Bild. Neuere Beamer verfügen über ein Autofocus-System, welches eine automatische Bildeinstellung entsprechend der Raumgröße durchführt. Die optimale Basis für eine gute Bildschärfe ist eine Position des Beamers auf horizontaler Ebene zur Leinwand. Diese lässt sich selten exakt justieren, da manche Leinwände von Haus aus leicht schräg installiert sind. Steht der Beamer nicht auf derselben Ebene wie die Leinwand, dann sieht die Projektion trapezförmig aus. Durch Einstellungen am Beamer lässt sich ein Rechteck als Projektionsfläche erzeugen.
- Die optimale Einstellung der Bildschärfe erreichen Sie über das Drehen des äußeren Linsenrings. Manche Geräte verfügen über eine weitere Ringfunktion, mit der das Bild vergrößert oder verkleinert werden kann. Moderne Geräte bieten auch hierzu die Autofocus-Funktion an oder lassen sich über ein separates Menü steuern. Nehmen Sie die Einstellung der Bildschärfe exemplarisch an einer Ihrer eigenen Präsentationsfolien vor um ein sicheres Gefühl für die Skalierung zu bekommen.
- Für Präsentationsphasen im Standby-Modus müssen Sie sich über den Verlauf dieses kurzen Augenblicks der Umstellung bewusst sein: Es gibt Beamer, die erwidern den Standby-Befehl überraschend mit einem langatmigen Herunterfahren der Linse und einer entsprechend langwierigen Aufbauphase. Diesen Moment werden Sie

in einer angespannten Präsentations-Situation als gefühlte Ewigkeit empfinden. Kommen Sie dem zuvor, indem Sie den Ablauf der Standby-Phase am Gerät ausprobieren und so die benötigte Zeit abschätzen, um sie in der Präsentation durch gekonnte Rhetorik zu überspielen.

- Stellen Sie sicher, dass die Belüftungsschlitze des Beamers nicht verdeckt sind. Es kann ansonsten eine Überhitzung entstehen, die zum plötzlichen Ausfall des Gerätes führen kann. Sollte die Belüftung sich mit dem Start des Gerätes nicht in Betrieb setzen ist der Beamer keinesfalls einsetzbar.
- Leiten Sie die Gefahr der Überhitzung nicht an die Zuhörer weiter, indem Sie den Beamer zu nah an eine Person heranstellen. Zudem ist die Geräuschkulisse nicht zu unterschätzen, die durch die permanente Belüftung des Gerätes gerade in längeren Präsentationen das Wohlbefinden beeinträchtigt. In den Pausen längerer Beamer-Präsentationen ist daher eine ausgiebige Raumbelüftung wichtig.
- Halten in Ihrem eigenen Interesse genügend Abstand von der Linse des Beamers. Der Kontakt mit dem heißen Glaskörper der Linse kann zu Verbrennungen führen. Auch der direkte Blick in die Linse schadet Ihnen und ist vergleichbar mit dem wohl bekannten Empfinden nach mehreren intensiven Blitzlichtaufnahmen.
- Kommen Sie zum Ende Ihrer Präsentation, schalten Sie den Beamer zunächst in den Standby-Modus. Die Belüftung bleibt so noch eine Weile gesichert, was für eine langsame Abkühlung der Birne wichtig ist.
- Bedenken Sie noch einmal, dass nicht die Präsentation allein, sondern Ihre Persönlichkeit den Vortrag bestimmt. Begnügen Sie sich also nicht damit, am Ende der Präsentation eine farbige Happy-End-Folie aufleuchten zu lassen, sondern räumen Sie sich einen Moment für *das letzte Wort* ein. Schließen *Sie* den Rahmen der Veranstaltung mit einigen persönlichen Worten des Dankes und einer kurzen pointierten thematischen Zusammenfassung ab.

5.1.4 Tipps zur Gestaltung der Folien *

Die Gestaltung der Folien als Vorbereitung einer Powerpoint-Präsentation ist eine Gratwanderung zwischen der großen Auswahl an visuellen Effekten und dem Bemühen, die Folien nicht zu überfrachten. Unter der Prämisse *weniger ist mehr* gilt es bei der Auswahl der Bilder, Farben und strukturellen Aufbereitung Zurückhaltung zu üben. Der optimale Folienaufbau führt über den Weg der interessanten Gestaltung, die dem Auge möglichst viele reizvolle Betrachtungswinkel bietet.

Der Computer wird wieder persönlicher

Die rasante Verbreitung des PowerPoint-Programms hat eine sprunghafte Entwicklung von Effekten und Visualisierungselementen nach sich gezogen. Der Reiz, mit den zahlreichen Möglichkeiten zu experimentieren um mit den Ergebnissen anschließend das Publikum zu verblüffen, hatte zu einer teilweise euphorischen und konkurrierenden Überfrachtung der Präsentationsfolien geführt. Gemessen wurde der Erfolg einer Präsentation nicht mehr nur am Qualitätsgehalt der übermittelten Informationen, sondern nunmehr an dem versierten Umgang mit den Spielmöglichkeiten des PowerPoint-Programms, bis hin zu überzogenen Multimedia-Persiflagen. Mittlerweile gehört der Umgang mit PowerPoint durchgängig zu den Standards in allen Bereichen, in denen bestimmte Sachverhalte einem Publikum zu präsentieren sind. Das Bestreben nach überdimensionierter technischer Visualisierung ist also ausgereizt und wird längst nicht mehr als Zeichen besonderer Expertise empfunden. Der Trend deutet eher in die Richtung, einen *vernünftigen* Umgang mit PowerPoint zu pflegen und durch inhaltliche Klarheit und Transparenz zu überzeugen. Der Computer wird wieder persönlicher.

Das Motto heißt KISS

Im pädagogischen Sinne wird hier eine **Didaktische Reduktion** vorgenommen – eine Konzentration auf das, was wichtig ist. Unter Moderatoren hat sich hierzu eine aus dem Englischen übernommene Redewendung entwickelt, die mit den Worten ***Keep it Simple and Short!*** (halte es einfach und kurz!) diese Reduzierung ausdrückt. Über die Zusammenfassung der Anfangsbuchstaben ergibt sich daraus das Motto **KISS**, wobei der letzte Buchstabe auch gelegentlich in *straight* (engl. geradeaus) verändert oder zu *stupid* (engl. blöd) verunglimpft wird.

Zur programmgerechten Foliengestaltung bietet der Folienmaster oder Autoclient eine große Auswahl an denkbaren Formatvorlagen und Voreinstellungen. Dennoch gibt es in der Formatierung der Folien einige Punkte zu berücksichtigen, die Ihnen zu einer guten Präsentation verhelfen. Die nachfolgenden Aspekte zur Gestaltung von PowerPoint-Folien geben einige Anhaltspunkte, an denen Sie sich bei der Vorbereitung Ihrer Präsentation orientieren können.

- **Schriftgrößen und Schriftarten**

Sicherlich hat die Entscheidung für die Größe und Art der Schrift eine zentrale Bedeutung für die Foliengestaltung. Aus diesem Grunde ist diesem umfangreichen Thema ein eigenes Kapitel gewidmet, in dem Sie weiterführende Hinweise dazu finden werden (siehe »Die richtige Schriftart für die Beamer-Präsentation«, S. 141).

- **Einfache Struktur**

Je einfacher die Struktur der Folie gewählt wurde, desto leichter nimmt der Betrachter sie wahr. Der Inhalt soll dabei selbstredend erfassbar sein. Eine Folie bedarf keiner Erklärung, sie *ist* die Erklärung zu den Ausführungen des Moderators und nicht umgekehrt. Anhand weniger Gliederungsebenen sind zusammengehörige Blöcke optisch leicht identifizierbar. In der Regel ist eine Einteilung in drei Gliederungsebenen ausreichend. Für sehr differenzierte Themendarstellungen sind bis zu fünf Gliederungsebenen möglich. Achten Sie in diesen Fällen auf inhaltliche Transparenz, indem Sie den Pfad des gewählten Layouts beibehalten und dem Publikum einen stetigen Rückbezug auf das Hauptthema einräumen.

- **Ordnung von Blöcken**

Häufig stellt sich Frage, wie ein Textblock aufbereitet werden kann, dass er einerseits als Block wahrnehmbar ist, aber andererseits dennoch eine interessante optische Struktur bietet. Anstatt der reinen textlichen Darstellung können Sie hier zum Beispiel mit verschiedenen Gliederungsebenen arbeiten. Diese sind in PowerPoint jeweils mit unterschiedlichen Aufzählungszeichen (**Bullettierung**) versehen, so dass eine optische Differenzierung erreicht wird. Eine weitere Option der sinnhaften Zusammenfassung sind Einrahmungen, die farblich auf die übrige Folie abgestimmt werden können. **Block bedeutet nicht Blocksatz!** Vermeiden Sie die Formatierung der Gliederungsebenen in Blocksatz. So hat das Auge einen visuellen Reiz, sich an den offenen Enden der Zeilen entlangzutasten, ohne an einem reizlosen Blocksatz vor der endgültigen Erfassung des Folieninhaltes visuell zu ermüden.

Folientitel

Jede Folie sollte eine Titelleiste haben. Der Betrachter kann damit die Inhalte zuordnen und fühlt sich schnell und einfach (gemäß dem Motto KISS) an das Hauptthema erinnert. Ein Titel macht natürlich nur dann Sinn, wenn er darunter die Zuordnung eines Unterpunktes erfährt (Abb. 5.1-2).

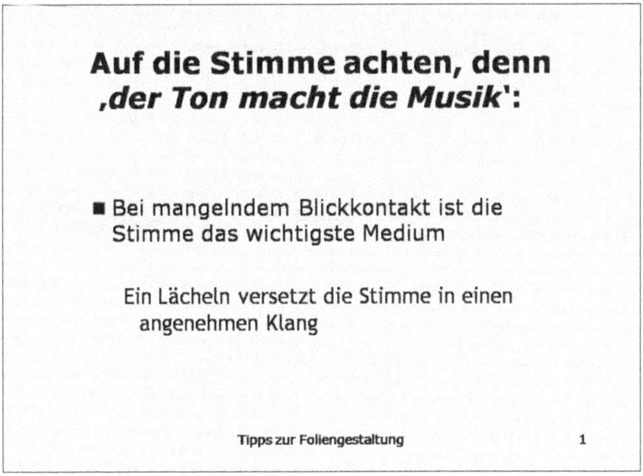

Abb. 5.1-2: Der Folientitel erleichtert dem Betrachter die Zuordnung der Inhalte.

Ein Titel allein wirkt verloren und unvollständig auf der Folie. Ebenso erzeugt ein Titel, der wesentlich länger ist, als die einzige Textzeile darunter mehr optische Verwirrung als optimale Wahrnehmung. Sorgen Sie also dafür, dass Titel und Text in einer *angemessenen Relation* zueinander stehen. Ansonsten weichen Sie auf die Alternative der Rahmung oder Bilddarstellung aus.

Abfolge der Folien

Für das Publikum ist es wichtig, dass es zu jedem Zeitpunkt der Präsentation weiß, an welcher Stelle der Präsentation Sie sich gerade befinden. Dies bündelt die Aufmerksamkeit und gibt ein transparentes Bild über den gesamten Themenkomplex hinweg. Hierzu können Sie über den Folienmaster eine Nummerierung der Seiten vornehmen, sowie den Namen der Veranstaltung eintragen (Abb. 5.1-3).

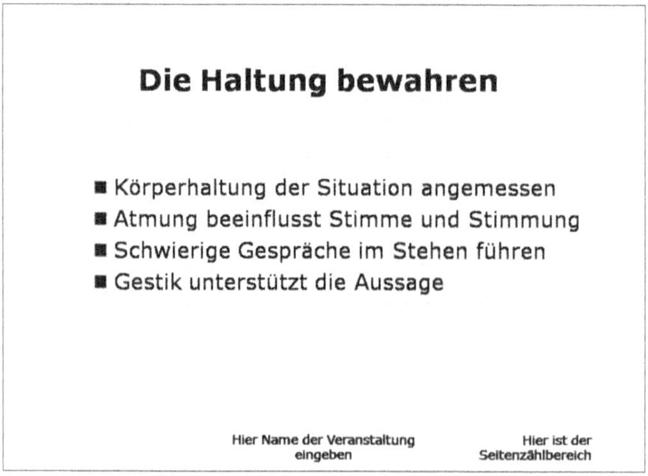

Abb. 5.1-3: Über die Einträge am unteren Folienrand kann sich das Publikum orientieren.

Manche Moderatoren bevorzugen eine Nummerierung in Relation zur gesamten Anzahl der Folien (z. B.: Seite 11 von 42, Seite 12 von 42). In längeren Präsentationen ist dies vorteilhaft, um die Orientierung des Publikums zusätzlich zu unterstützen. Müssen Sie allerdings aus Gründen der Zeitersparnis oder thematischer Improvisation die Abfolge der Folien verkürzen, können Sie über den Foliennavigator problemlos einige Folien überspringen. Damit das Publikum diesen Sprung ebenfalls nachvollziehen kann, sollten Sie diesen Vorgang auf jeden Fall erklärend unterstützen, um eine Verwirrung auszuschließen. Dies gilt insbesondere bei einer Präsentation, in der dem Publikum die Abfolge der Folien als Teilnehmerunterlage schriftlich vorliegt.

Firmenlogo

Manche Unternehmen sehen für Ihre Präsentationen individuelle Folien-Layouts vor, die mit Firmenfarben und Logo nach außen hin mit dem Publikum kommunizieren. Als ***Corporate Design*** erhöht dies die Werbewirksamkeit und den Wiedererkennungswert der Organisation. Eine zusätzliche Wahrnehmung kann über die farbliche Gestaltung der Handouts, Stifte oder sonstigen Unterlagen betont werden. Aufgrund unserer typischen Leseeigenschaften von links nach rechts wird das Logo am oberen rechten Folienrand sehr intensiv wahrgenommen. In längeren Präsentationen wirkt die ständige Wiederkehr des Logos allerdings störend oder überladen. Es reicht dann aus, das Logo lediglich an den Anfang und das Ende der Präsentation zu stellen und den Rahmen oder Hintergrund der Folien durch entsprechende Farben identifzierbar zu machen.

Bild vor Wort

Mit den in den Folien eingesetzten Bildern können Sie einen thematischen Bogen zum Inhalt der Präsentation spannen. Der visuelle Reiz der Bilder lockert jede Folie auf. Verwenden Sie die Bilder sparsam und ordnen Sie ihnen passende Texte zu. Die so entstandene Bild-Text-Kombination macht die Folie *merk-würdig* genug, um sich bewusst mit dem Inhalt auseinanderzusetzen. Besonders **individuelle Bilder** oder Cliparts locken die Aufmerksamkeit des Publikums. Die größtenteils ausgereizte Verwendung der programminhärenten Standardanimationen birgt kaum noch eine visuelle Herausforderung für ein Publikum, welches mediale Faszination bereits als alltäglichen Standard empfindet.

Interaktive Elemente

Die fehlende Interaktivität ist ein häufig genannter Kritikpunkt an Folienpräsentationen. Sehen Sie in den Folien genügend Raum vor, um sich den Reiz der Interaktivität zu erhalten. Arbeiten Sie Fragen mit in die Text ein und geben Sie zwischendurch nur stichwortartige Anhaltspunkte. So wird das mitdenkende Interesse des Publikums geweckt, indem es versucht, die Fragmente aus den Folien zu vervollständigen. Jeder Zuhörer formt dabei eine individuelle Version der fehlenden Folienteile mit seinen *eigenen* Worten in seinem Gedächtnis. Dadurch kann er sich den gesamten

Inhalt besonders gut merken. So sorgt Ihre **Präsentation in den Köpfen der anderen** für umfassendes Verständnis und nachhaltiges Interesse. Ausformulierte Sätze führen hingegen zu einem vorzeitigen Ermüden der Aufmerksamkeit. Das Publikum fühlt sich eher berieselt als zur Aktivität aufgerufen und zieht sich in einen passiven Status der puren Anwesenheit zurück. Heute ist es durchaus üblich, dass sich Zuhörer während der Präsentation hinter eigenen Laptops verbergen. Daher ist Ihr intensives Bemühen um Interaktion ein wichtiges Mittel, um den klassischen Publikumserhalt zu sichern.

Farbliche Gestaltung

Sicherlich ist es für Sie eine Selbstverständlichkeit, in der Aufbereitung der Folien auch Farbe bekennen zu wollen. Streben Sie dabei **dezente Farbigkeit** an, ohne dass die Folien bunt wirken. In der Verwendung der Farben hat sich das positive Farbempfinden in der Foliengestaltung hin zu hellen warmen Tönen entwickelt. Zwar sind auch hier farbliche Trends zu erkennen, jedoch wird die Farbwahl primär durch die Unternehmen oder Organisationen bestimmt, die in Zusammenhang mit den präsentierten Inhalten stehen. Die auf diese Weise ausgedrückte Wiedererkennbarkeit nach außen hin wird mit dem Begriff ***Corporate Identity*** beschrieben. Darüber hinaus kann die Farbgestaltung auch themenbezogen erfolgen (z. B. Grüntöne für naturbezogene Themen). Bis zu drei Farben innerhalb einer Folie werden als optisch angenehm empfunden, ohne das Auge zu verwirren und von den inhaltlichen Aussagen abzulenken. Durch Zuweisung einer individuellen Bedeutung der Farben, die sich durchgängig in Ihrer Präsentation fortsetzt, können Sie das Publikum zusätzlich bei der Informationsaufnahme unterstützen. Der **Hintergrund** wird in der Regel in hellen Pastellfarben gehalten, um für das Auge eine angenehme Lesbarkeit einzurichten. Als Basis dazu können auch Fotos oder individuelle Layouts dienen, die einen besonders visuellen Reiz ausmachen. Je blasser der Hintergrund gestaltet ist, desto intensiver wird der Folienvordergrund wahrgenommen (siehe hierzu auch »Farbeinsatz in Präsentation und Moderation«, S. 224).

Folien in Fremdsprache

Werden Sie mit der Herausforderung betraut, einen **fremdsprachlichen Vortrag** zu halten, nehmen Sie sich besonders viel Zeit für die Formulierung der Folientexte. Verzichten Sie auf komplizierte Ausdrucksweisen, um Pannen bei der Aussprache zu vermeiden. Lernen Sie den Text so gut es geht in seiner Grundstruktur auswendig, um keinesfalls optisch an den Folien kleben zu müssen. Hilfreich sind hier Video- oder Tonbandaufzeichnungen der eingeübten Präsentation, um gravierende Fehler zu korrigieren und Sicherheit zu gewinnen. Im Optimalfall bitten Sie einen Muttersprachler (*native speaker*) um Überprüfung Ihrer Skripte.

Rechtschreibung

Gerade die Rechtschreibreform hat die Diskussion um mögliche Fehlerquellen bei der Foliengestaltung erneut vorangetrieben. Prüfen Sie auf jeden Fall die Rechtschreibung und Ausdrucksweise für die **komplette** Präsentation noch einmal im Zusammenhang, nachdem Sie sie fertig gestellt haben. Empfehlenswert ist das Programm *Duden-Korrektor*. Oft schleichen sich Flüchtigkeitsfehler ein, die gerade in wichtigen Präsentationen oder vor einem für Sie bedeutsamen Publikum unangenehm sind. In der Werbung wird gern mit absichtlichen Schreibfehlern Aufmerksamkeit erzeugt. Für einen seriösen Umgang mit der Präsentation sind derartige Formulierungen allerdings nicht geeignet.

5.1.5 Die richtige Schriftart für die Beamer-Präsentation *

Die Entscheidung über die richtige Schriftart für eine Beamer-Präsentation hängt mitunter auch von der individuellen Aussage der Schriftart ab. Schriften ohne Serifen haben ein klares Schriftbild, Schriften mit Serifen ermöglichen eine bessere Lesbarkeit am Bildschirm. Einige Schriftarten wie z. B. Arial oder Verdana sind speziell für den Bildschirm konzipiert worden. Die Schriftgröße hängt von der gewählten Schriftart ab und kann je nach Schriftbild variieren.

Individueller Schriftstil

Die Bedeutung der Schriftart ist bei der Entwicklung von Beamer-Folien oder Overhead-Folien ein wichtiges Gestaltungselement (siehe »Tipps zur Gestaltung der Folien«,

S. 162). Jede Schrift hat einen bestimmten **individuellen Wirkungsgrad** bezüglich Ihrer Dominanz und Ausdrucksfähigkeit. Dieser als **Stil** wahrnehmbare Effekt lässt sich bei der optischen Gestaltung der Folien berücksichtigen, indem der Moderator den bestimmten Charakter der Schrift dem Thema und der Zielgruppe anpasst. Da es mittlerweile unzählige Schriften gibt, kann diese Betrachtung nur anhand einiger beliebter Schrifttypen erfolgen, die sich aufgrund ihrer positiven visuellen Eigenschaften gut zur Vorbereitung von Präsentationsfolien eignen.

Schriften mit und ohne Serifen

Für die Einsetzbarkeit in Präsentationen gibt es unter den Schriftfamilien in erster Linie die Unterscheidung nach der Intensität der **Serifen**. Unter Serifen versteht man die kleinen horizontalen Verlängerungen an den Buchstabenenden. An diesen »Füßchen« orientiert sich der Leser in längeren Textabschnitten (Abb. 5.1-4).

Abb. 5.1-4: Die Buchstaben HB mit und ohne Serifen.

Serifenfreie Schriften (**Sans-Serifen** von frz. sans = ohne) haben keine horizontalen Verlängerungen an ihren Enden und zeichnen sich durch eine klare Typografie aus. Sie sind gut lesbar und auch aus größerer Entfernung problemlos zu erfassen. Die scharf definierte Linienführung ermöglicht insbesondere Personen mit Sehbehinderungen einen guten Zugang zu dem dargestellten Inhalt. Derartige Schriftarten ohne horizontale Endungen werden unter dem Oberbegriff **Groteske** zusammengefasst. Ihr transparenter und klarer Charakter führt zu einem beständigen Einsatz in der Gestaltung von Bildschirm-Präsentationen. Zu den häufig in Präsentationen verwendeten serifenfreien Schriften gehören z. B. Arial oder Verdana.

Arial

Die Schrift Arial gehört zur Gruppe der Grotesken. Sie zeigt eine sehr klar definierte Linienführung und wird als offen, geradlinig und ehrlich empfunden. Ihren Einsatzbereich findet Arial in Themen, in denen eine klare Aussage vermittelt wird. Der Moderator drückt in dieser Schrift klare Informationen aus, denen keine emotionale Aussage hinzugefügt wird. Durch die schmale Ausführung und hohen Buchstaben entsteht der optische Eindruck eines aufrechten Stils. Dieser Charakter setzt somit Akzente, die sich zu Übermittlung technischer Daten oder Gesetzmäßigkeiten exzellent anbieten.

Verdana

Die Schrift Verdana ist für die Arbeit am Bildschirm konzipiert worden. Die einzelnen Buchstaben der Schrift Verdana weisen ein großes Volumen innerhalb der runden Linienführung auf. Ausgedehnte horizontale Linien geben dieser Schrift zudem einen ruhigen gediegenen Stil, welcher zu einer angenehmen visuellen Wahrnehmung der Typologie führt. Es entsteht ein weiches Schriftbild, welches bevorzugt für die Übermittlung nicht-technischer Informationen eingesetzt werden kann. Auch in längeren Präsentationen oder in offenen Diskussionen gibt diese Schrift dem Inhalt eine einfühlsame Nuance.

Times New+ Roman

Obwohl die Schrift Times New Roman vielfach als Standardschrift mitgeliefert wird, ist sie als Bildschirmschrift nicht geeignet. Sie zählt zu den Serifenschriften, welche durch die kleinen Striche an den Buchstabenenden zwar eine Orientierungshilfe bei der Erfassung von Texten bieten, am Bildschirm aber eher die Lesbarkeit behindern. Dafür ergibt der Wirkungsgrad der einzelnen Buchstaben ein optisch angenehmes Schriftbild in längeren Textpassagen und Dokumenten. In Moderationen und Präsentationen wird Times New Roman daher sehr geschätzt, wenn es um die Aufbereitung begleitender Textdokumente geht, oder um Teilnehmerunterlagen, die weiterführende Informationen zu den moderierten oder präsentierten Inhalten liefern.

Tipp: nur zwei Schriftarten in einer Präsentation

Innerhalb einer Präsentation ist der Einsatz von ein oder zwei Schriftarten sinnvoll. Manche Moderatoren möchten durch die Verwendung von mehreren Schriftarten zusätzliche Visualisierungseffekte setzen. Schriften dienen aber einzig und allein der Übermittlung von Informationen, nicht von Effekten. Zu viele Schriften innerhalb einer Präsentation verunsichern den Zuhörer und wirken unstrukturiert, unstetig und nicht zielgerichtet.

Schriftgröße

Die im PowerPoint-Programm mitgelieferten Voreinstellungen zu den Schriftgrößen in den Entwurfsvorlagen oder individuell definierten Präferenzen auf dem Folienmaster bieten eine vielfältige Basis. Dennoch liegen der besondere Reiz und eben auch die Nahrung für eine intensive Präsentationserfahrung in der Vorbereitung der Folien zu Fuß. Allerdings unterliegen viele Präsentationen oder Moderationen festen Regeln zur ***Corporate Identity***. In diesem Fällen wird das Layout über zu verwendende Mastervorlagen festgelegt.

Die Schriftgröße korreliert wesentlich mit der **Schriftart**, für die sich der Moderator entscheidet. Das Schriftbild von Verdana drückt beispielsweise in einer Größe von 16**pt** eine völlig andere Relation aus als das von Arial in gleicher Größe. Die Schrift Times New Roman zeigt in der Größe von 16pt bereits deutlich, dass sie im Vergleich zu Arial oder Verdana als Bildschirmschrift eher ungeeignet ist (Abb. 5.1-5).

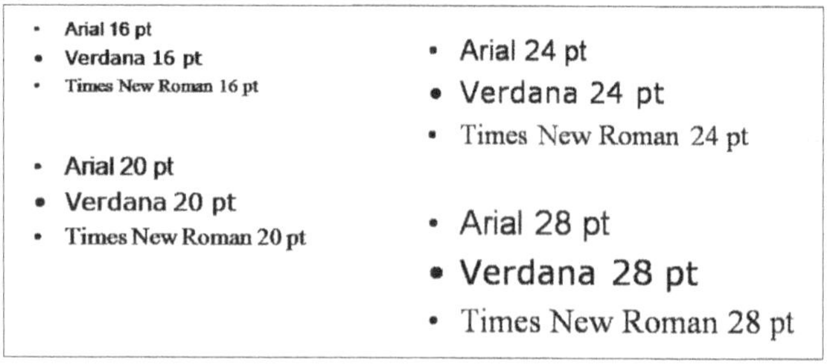

Abb. 5.1-5: Beispiel für verschiedene Schriftarten bei gleicher Größeneinstellung.

Ebenso nimmt auch die Bildschirmauflösung des Präsentationscomputer ihren Einfluss auf das Projektionsergebnis, welche nicht über die Schriftgröße an sich steuerbar ist. So kann hier nur eine Empfehlung zur Wahl der richtigen Schriftgröße gegeben werden kann, die sich im Wesentlichen auf die Raumgröße und auf die Lesbarkeit bezieht.

Wichtig ist, die Folie so zu gestalten, dass auf den ersten Blick sofort eine **Struktur** erkennbar ist. Die Überschrift soll sich also deutlich vom übrigen Textkörper durch eine Leerzeile abheben. Auch innerhalb der einzelnen Gliederungspunkte ist eine Differenzierung der einzelnen Ebenen über die Schriftgröße wichtig (siehe hierzu auch »Tipps zur Gestaltung der Folien«, S. 135). Vorteilhaft ist hier die Einteilung in einer Vierer-Skalierung, wie sie auch im Gliederungsrhythmus von PowerPoint vorgesehen ist, in der der Fließtext beispielsweise mit 20pt bemessen wird und Titel und Überschriften eine Schriftgröße von 40 bis 44pt erhalten (Abb. 5.1-6).

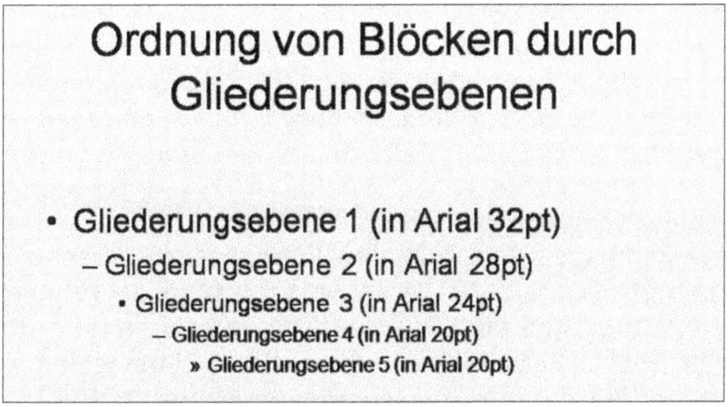

Abb. 5.1-6: Beispiel für eine visuelle Differenzierung der einzelnen Gliederungsebenen.

Zusätzliche Gliederungsebenen lassen sich im entsprechenden Vierer-Rhythmus einreihen (Tab. 5.1-1). Um eine gute Lesbarkeit auch aus größerer Entfernung zu gewährleisten, sollte die kleinste Einheit auf der Präsentationsfolie eine Schriftgröße von 20pt nicht unterschreiten. Diese Systematik entspricht der Gliederung, wie sie auch in der Einteilung des Folienmasters wieder zu finden ist.

Titel und Überschrift	**40–44pt**
1. Gliederungsebene	28–32pt
2. Gliederungsebene	24–28pt
3. Gliederungsebene	20–24pt
Fliesstext	20pt

Tab. 5.1-1: Für jede Gliederungsebene eine angemessene Schriftgröße.

5.1.6 Durchführung einer Bildschirm-Präsentation *

Der bewusste Umgang mit Animationen und anderen Möglichkeiten zur Visualisierung ist für die Durchführung einer Bildschirm-Präsentation von großer Bedeutung. Auch der Blickkontakt zwischen dem Redner und dem Publikum ist für eine gute Atmosphäre während der Veranstaltung unerlässlich. Zur eigenen Sicherheit ist es für den Vortragenden hilfreich, die Präsentation als Ausdruck vor sich liegen zu haben. Die Rhetorik sollte dem Publikum angemessen sein, wobei eine langsame und deutliche Aussprache vorteilhaft ist.

Einige Redner sind so sehr von ihrer eigenen Präsentation überzeugt, dass sie die Verantwortung für eine gelungene Veranstaltung komplett auf das Computerprogramm übertragen. Hierin liegt aber der wesentliche Unterschied zwischen der Präsentation an sich und der Fähigkeit, diese auch vortragen zu können. Während einer Bildschirm-Präsentation muss der Vortragende als Hauptakteur der Veranstaltung erkennbar bleiben. Im Gegensatz zu Moderationen oder Präsentationen mit anderen Medien ist hier eine besondere persönliche Leistung gefragt, um die Präsenz des Vortragenden in ausreichendem Maße zu gewährleisten. Zusätzlich können noch einige Tipps aus der Praxis den Vortragenden bei der Ausübung seiner speziellen Rolle unterstützen.

Beispiel

Ein hochgelobter Experte wird gebeten, zu einem speziellen Thema aus seinem Bereich eine PowerPoint-Präsentation zu halten. Mit Spannung erwartet das Auditorium einen interessanten Vortrag. Nach einigen Folien zu Beginn der Präsentation werfen sich die Zuhörer fragende Blicke zu. Der Redner hat nämlich seinen Vortrag von den Folien abgelesen, auf denen in ausformulierten Sätzen die Abhandlung des Themas zu lesen war. Im späteren Verlauf der Veranstaltung deutet er die Inhalte sogar nur noch an, um sie dann per Mausklick auf die Leinwand zu projizieren und von den Zuhörern selbständig erfassen zu lassen.

Rolle des Redners

Bei der Durchführung einer Bildschirm-Präsentation nimmt der Redner eine ganz besondere Rolle ein. Er ist zwar Experte auf seinem Gebiet, das bedeutet aber nicht zwangsläufig, dass er dies auch gut übermitteln kann. Abgesehen von dem Fehler in diesem Beispiel, die Sätze von den Folien abzulesen (siehe hierzu auch »Pannen während der Beamer-Präsentation«, S. 151), geht es auch um die Frage wie hoch der Anteil **persönlicher Begleitung** sein kann, damit sich das Publikum nicht mit der Präsentation allein gelassen fühlt. Zu dieser Relation gibt es keinen festen Wert, an dem man sich orientieren könnte. Es geht vielmehr um den **angemessenen Gleichklang** zwischen technischer und persönlicher Präsenz. Wie ein mit brillantem Know-how entwickelter Rennwagen erst durch den bewusst inszenierten Einsatz des Rennfahrers zu medienwirksamer Berühmtheit gelangt, so erfährt auch erst eine mit Bedacht vorbereitete Präsentation ihre persönliche Note durch das aktive Einwirken des Präsentierenden während des Vortrags.

Das reichhaltige Softwareangebot verführt dazu, die Präsentation so aufzubereiten, dass sie mit wenigen begleitenden Worten das Publikum umfassend informieren könnte. Doch erst die Persönlichkeit des Redners kann der Präsentation jene Individualität verleihen, die sich in den Köpfen des Publikums als positives Präsentationserlebnis niederschlägt.

Abgenutzte Wirkung von Animationen

Die **Besinnung auf die Person des Vortragenden** ist wichtig, denn nur er kann die geforderten Fähigkeiten liefern, ohne die eine Präsentation dem Charakter eines Demo-Videos in einem Kaufhaus gleichkäme. Während Präsentationen mit anderen Medien ohne die Person eines Moderators gar nicht funktionieren, kann eine Bildschirmpräsentation theoretisch auch *entpersonalisiert* ablaufen. Daher muss der Redner hier im Gegensatz zur Arbeit mit anderen Medien durch eine enorme persönliche Präsenz die Situation beherrschen, um sich unverzichtbar zu machen und sich nicht von den starken Visualisierungseffekten eines Mediums in die zweite Reihe verweisen lassen. Er muss den Zuhörern stets das Gefühl geben, die Präsentation souverän zu steuern und den Ablauf der Folien zu beherrschen. Sie kennen dieses Bild des Redners, der auf die Leinwand starrt und mit dem nächsten Mausklick ungeduldig auf die nächste Folie wartet, um sich dann erst einige Sekunden einzulesen, bevor er unsicher das Publikum durch den Inhalt führt. In dieser Situation merkt man deutlich, wer hier die Federführung inne hat und welchen Status dem Vortragenden seitens des Publikums zugestanden wird. Es entsteht der Eindruck, der Präsentierende müsse gar mit seiner eigenen Präsentation um die Gunst des Publikums konkurrieren.

Bewusste Folienführung

Um diese Momente gar nicht erst entstehen zu lassen, ist natürlich eine **intensive Vorbereitung** die ausschlaggebende Basis (siehe »Vorbereitung der Bildschirm-Präsentation«, S. 130). Eine genaue Kenntnis des Folienverlaufs gibt Sicherheit in der Foliennavigation, so dass die zu erwartende Seite vorab mit einigen Worten angekündigt werden kann. Nachdem dann die Folie an der Wand zu lesen ist, legt der Vortragende eine **bewusste Pause** von einigen Sekunden ein, um die Folie in den Köpfen des Publikums landen zu lassen. Die Anwesenden sind mit Lesen beschäftigt, also würde es ohnehin nicht viel Sinn machen, jetzt mit dem Vortrag fortzufahren. Einige Sekunden der Stille bündeln zudem die Aufmerksamkeit und aktivieren erneut die Aufnahmebereitschaft des Publikums. Nachdem der Redner das Gefühl hat, die Inhalte wurden ausreichend visuell erfasst, kann er mit Kommentaren und Erklärungen beginnen. Um erneut die Aufmerksamkeit des Publikums zu bündeln, kann alternativ auch die letzte Folie noch einmal aufgeblendet werden. Eine Alternative zu der bewussten Folienführung ist es, die Folien nach und nach aufzublenden. Auf diese Weise wechseln sich verschiedene Helligkeitsphasen im Raum ab und die Zuschauer haben durch das Gefühl der ständigen Veränderung einen erhöhten Aufmerksamkeitsbedarf.

Je weniger auf der Folie zu lesen ist, desto schneller kann der Vortragende wieder einhaken und seine Ausführungen fortführen. Enthält eine Folie nur **wenige Stichworte**, ergänzen die Zuhörer selbst fehlende Textbausteine wie in einem Mosaik. Auf diese Weise lässt der Redner die Vervollständigung der Präsentation in den Köpfen der anderen passieren, so dass jeder seine *individuelle* Interpretation mit einbringen kann. Dies führt zu erhöhter Aufmerksamkeit und stößt auf größeres Interesse.

Vorsichtig mit Datenfluten

Leider gibt es immer noch genügend Präsentationen, die in wohlgemeinter Absicht komplette Statistiken, Bilanzen oder andere umfangreiche Zahlenwerke abbilden. Diese Datenfluten rauschen wie ein Schnellzug am Publikum vorbei, führen zum persönlichen Rückzug der Zuhörer, wobei sich selten jemand traut, die effektive Informationsübermittlung derartiger Vorträge anzuzweifeln. Oft bilden hierarchische Abhängigkeiten oder das Gefühl, nicht gegen den Strom schwimmen zu wollen doch größere Hemmnisse, als es für eine wohlwollende konstruktive Kritik förderlich sein könnte.

Führt durch die Daten: Zeigehilfe

Um das Gefühl der Überfrachtung zu lindern, kann der Einsatz einer Zeigehilfe förderlich sein (siehe hierzu auch »Zeigehilfen – mehr als ein Tafelstock«, S. 169). Während einer Bildschirm-Präsentation eignet sich dazu die Computermaus am besten. Mit dem Pfeil des Cursors kann das Publikum problemlos nachvollziehen, an welcher Stelle der Folie sich der Redner befindet.

Praxistipps

Einige erprobte Tipps aus der Praxis geben Ihnen weitere wichtige Anhaltspunkte zur Durchführung Ihrer Präsentation:

- Besondere Priorität während einer Bildschirm-Präsentation hat der **Blickkontakt** zum Publikum. Anders als in einer Moderations-Situation stellt die Wandprojektion mit ihren teilweise dynamischen Animationen eine enorme Faszination und Ablenkung dar, so dass Sie als Vortragender jeden nur verfügbaren Blick Ihres Publikums einfangen müssen. Zudem möchten Sie den Dialog aufrechterhalten, um Ihre Präsenz und Einsatzbereitschaft zu signalisieren. Bei besonders fachlastigen Vorträgen können Sie über den Blickkontakt feststellen, ob Ihre Ausführungen eventuell auf Unverständnis stoßen und einer zusätzlichen Erklärung bedürfen.
- Versuchen Sie, während einer Bildschirm-Präsentation immer etwas langsamer und lauter zu sprechen, als in anderen Moderationen, um Ihr Publikum mit **deutlicher Rhetorik** zu erreichen. Sie können nämlich nicht ausschließen, dass einige Teilnehmer mit ihrer Aufmerksamkeit immer wieder in den Inhalt der aktuellen Folie abdriften und daher nur eingeschränkt zuhören können.
- Eine **Funkmaus** sollte auf jeden Fall zu Ihrer Präsentationsausstattung gehören, um durch eine ortsunabhängige Navigation zusätzliche Aufmerksamkeit zu erreichen, während Sie im Raum umhergehen. Sie gibt Ihnen zudem

die Möglichkeit, nicht unbedingt vorhersehbar handeln zu müssen. Verdecken Sie die Funkmaus in Ihrer Tasche oder in der verschlossenen Hand, um in unberechenbaren Momenten die Folie zu wechseln. Haben Sie während der Präsentation Eingaben am Computer zu tätigen, können Sie mit der kabellosen Maus an die Tastatur zurückkehren und die Maus auf eine Unterlage stellen.

- Gerade in größeren Präsentationen können Sie die Aufmerksamkeit des Auditoriums steigern, wenn Sie einen **Ortswechsel** vornehmen und sich nach einem Sinnabschnitt oder nach einem Folienwechsel zu einer anderen Ecke des Raumes bewegen. Bedenken Sie, dass Sie als Redner auch einen Ruhepol darstellen, der sozusagen die empfundene Mitte des Geschehens anzeigt. Beschränken Sie also Ihre Fußaktivitäten auf ein optimales Maß an körpergesteuerter Ausdrucksfähigkeit und nutzen sie sie nicht zur physischen Abarbeitung nervöser Empfindungen.
- Je größer der Veranstaltungsraum, desto wichtiger ist es, dass Ihre Person durch das Publikum wahrgenommen wird. Nehmen Sie also genügend Raum ein, um eine **ausreichende Präsenz** darzustellen. Hinweise dazu finden Sie auch in dem Kapitel »Gestik und Mimik«, S. 26. Bleiben Sie also während des gesamten Vortrages in stehender (aber nicht statischer!) Position und begleiten Sie die Präsentation zusätzlich durch den Einsatz von Mimik und Gestik.
- Sollten Sie während einer Präsentation auf ein Podium gebeten werden, bedenken Sie Folgendes: In Saalvorträgen wird eine Kamera auf Sie gerichtet sein. So können Sie zwar nicht durch Bewegung vom Ort Aufmerksamkeit erzeugen, doch umso mehr haben Sie die Möglichkeit über gestische (siehe »Elemente der Gestik«, S. 30), mimische (siehe »Elemente der Mimik«, S. 42) und rhetorische (siehe »Die Rhetorik des Moderators«, S. 18) Elemente individuelle Akzente zu setzen.
- Bereiten Sie sich auf große Präsentationen besonders intensiv vor, gerade wenn diese nicht zu Ihren alltäglichen Aufgaben zählen, und sie sich auch erst mit der von fremder Hand übernommenen Folienführung durch ein Medienteam vertraut machen müssen. Arbeiten Sie

sich hierzu auch in das Thema Lampenfieber ein (siehe »Lampenfieber und seine Symptome«, S. 53, »Umgang mit Lampenfieber«, S. 55, »Vorteile des Lampenfiebers«, S. 60 und »Checkliste gegen Lampenfieber«, S. 63), um möglichen Pannen zuvorzukommen (siehe »Pannen während der Beamer-Präsentation«, S. 151).

- Behalten Sie die **Zeit** im Auge! Auch wenn im Rahmen der Vorbereitung immer wieder auf den Faktor Zeit hingewiesen wird, so zeigt doch die Praxis, dass unvorhersehbare Zwischenfälle auch eine noch so sorgfältige Zeitplanung unhaltbar machen.
- Lassen Sie sich Raum für **Improvisationen**. Gerade spontane Kommentare zu den präsentierten Folien bieten viele Spielmöglichkeiten für Ihren persönlichen Einsatz als Vortragender. Überlegen Sie sich für einige Stellen passende Geschichten oder kleine Anekdoten, die den typischen Vortragscharakter auflockern und bei Ihrem Publikum für willkommene Überraschungsmomente sorgen.

Empfinden Sie das Verhältnis zu Ihrer PowerPoint-Präsentation als eine Art eine **Partnerschaft**. Einerseits dient sie Ihnen als *Werkzeug*, um die vorbereiteten Inhalte zu vermitteln. Andererseits ist eine mit Bedacht entwickelte Präsentation so gestaltet, dass Sie als Redner an entscheidender Stelle das Wort ergreifen können, ohne in eine inhaltlich geschlossene Struktur einzudringen. Es geht heute nicht mehr um die perfekte Animation und die mediale Inszenierung von Effekten und beeindruckenden Sound-Szenarien. Es sind vielmehr die kleinen Signale, die wieder gefragt sind und die den Computer wieder persönlich werden lassen: Ein **gelungener Dialog** wischen Ihnen und der Folienpräsentation drückt diese Stimmigkeit aus, die das Publikum mit Anerkennung dankt.

5.1.7 Pannen während der Beamer-Präsentation **

Auch eine noch so gute Vorbereitung kann den Moderator nicht vor Pannen während der Bildschirm-Präsentation schützen. Zufällige Pannen sind nicht planbar und können nur mit größtmöglicher Souveränität gemeistert werden.

Das Publikum nimmt solche Zwischenfälle eher gelassen hin, während sich der Moderator als zentrale Figur der Veranstaltung stark unter Druck gesetzt fühlt.

Auch das Zufälligste ist nur ein auf entferntem Wege herangekommenes Notwendiges. (Arthur Schopenhauer, Philosoph)

Selten verläuft eine Präsentation so reibungslos, wie Sie sich das als Moderator erhofft haben. Sie kennen diese Situation aus der Praxis nur zu gut. Immer wieder gibt es Unwegsamkeiten, die sich während der Präsentation plötzlich ergeben. An diesen zufälligen Begebenheiten können Sie lernen, souverän, gelassen und humorvoll zu reagieren. Auch wenn es sich in dem Moment nicht so anfühlt – das Publikum verzeiht es Ihnen gerne, wenn sich in einer perfekten Präsentation kleine Störungen ergeben. So zeigen Sie Ihre menschliche Seite, was Ihnen durch eine gekonnt humorvolle Reaktion noch zusätzliche Sympathiepunkte einbringt.

Schnelle Reaktion

Was auch immer Ihnen in einer Pannensituationwährend der Präsentation widerfährt, ist eine schnelle Reaktion erforderlich. Hinterfragen Sie nicht das Warum dieser Situation, sondern nehmen Sie die Herausforderung als – wenn auch unliebsame – Notwendigkeit an mit der Frage: Wie kann ich das Problem lösen?

Wenn die Technik versagt

Eine der häufigsten Störungen sind Probleme mit der Technik: Die Präsentation lässt sich nicht öffnen, der Beamer beharrt auf der Darstellung einer leeren blauen Projektionsfläche, es fehlen Kabel für die benötigten Anschlüsse etc. Es liegt nicht an Ihrer Kompetenz als Moderator, dass diese Störung aufgetreten ist. Erbitten Sie sich also eine kleine Unterbrechung, um für Abhilfe zu sorgen. Oft kann jemand aus dem Publikum hinzugezogen werden, der unterstützend eingreift. In größeren Veranstaltungen haben Sie in der Regel einen konkreten Ansprechpartner für derartige Störungen. Sofern absehbar ist, dass sich das Problem nicht ohne weiteres beheben lässt, finden Sie sich einfach mit dieser Situation ab. Trösten Sie sich damit, dass Sie die vorbereitete Präsentation sicherlich zu einem anderen Zeitpunkt einsetzen können. Hierzu müssen Sie natürlich einen **Plan B** parat haben. Bereiten Sie sich in jedem Fall so vor, dass Sie auch mit anderen Medien wie Flipchart, Overhead-Projektor oder Pinnwand Ihre Veranstaltung souverän meistern können. Bieten Sie Ihrem Publikum an, die Präsentation im Anschluss als Datei zu versenden. Viele Präsentationen haben durch den Ausfall der Technik und durch die gekonnte Improvisation des Moderators erst recht an Qualität gewonnen und gehören zu den besonderen Erfahrungen in der Praxis.

Blackout

Kennen Sie das Gefühl, plötzlich den Faden verloren zu haben? Wenn Ihnen bei einem plötzlichen *Blackout* die Worte fehlen, muss dies nicht zwangsläufig vom Publikum wahrgenommen werden. Atmen Sie zunächst tief durch und blicken Sie auf die letzte Folie. Einige Sekunden der Stille empfindet das Publikum eher als sinnhafte Denkpause. Können Sie die Verbindung zu Ihren vorherigen Ausführungen immer noch nicht herstellen, fassen Sie die bisherigen Inhalte grob zusammen und stellen Verständnisfragen an das Publikum. Sofern keine Rückfragen gestellt werden, können Sie auf den nächsten Themenkomplex überleiten. Sollten Ihnen später noch wichtige Aspekte einfallen, lassen diese sich in der Regel unmerklich in die aktuelle Diskussion einflechten.

Zu viele Folien

Immer wieder gibt es Beispiele in der Praxis, dass zu viele Folien präsentiert werden, so dass die gebotene Eile in den Erklärungen wertvolle Aspekte vernachlässigt und in den Köpfen der Zuhörer lediglich ein oberflächliches Interesse auslöst. Unter dem Druck der Zeit wird dann häufig das Vortragstempo nochmals erhöht, bis schließlich das Publikum gar nicht mehr folgen kann. Halten Sie Kontakt zum Publikum, um das Verhalten genau zu beobachten. Auch wenn Ihnen die Inhalte aller Folien noch so wichtig erscheinen, werden diese bei einer Überfrachtung der Zuhörer wertlos. Lassen Sie nach vorheriger Ankündigung einige Folien aus und bitten die Zuhörer, die Inhalte in den Handouts nachzulesen. Überzeugen Sie lieber mit wenigen Folien, die Ihnen dafür die Möglichkeit einräumen, durch persönliche Präsenz zu überzeugen. Eine Präsentation, in der die Folien dominieren, beraubt den Moderator um seine Persönlichkeit. Machen Sie sich bewusst, dass erst durch Ihr Handeln eine Präsentation zu dem individuellen Ereignis wird, was sich die Zuhörer wünschen.

Der Fehlerteufel

Bei der Erarbeitung langer Präsentationen lässt häufig die Konzentration nach. Auch in einem erneuten Korrektur-Durchgang aller Folien scheinen sich einige Schreibfehler beharrlich vor Ihnen zu verbergen. Umso größer ist dann der Schreck, wenn Sie in aller Größe vor einem Publikum feststellen müssen, dass sich doch der Fehlerteufel eingeschlichen hat. Der beste Umgang mit dieser Situation ist auch hier: Gelassenheit. Aus einem kleinen Schreibfehler heraus wird man nicht gleich Ihre gesamte Kompetenz anzweifeln. Die Verantwortung für ein Versagen auf das Sekretariat oder einen Assistenten abzuschieben, gilt übrigens als äußerst unlöblich. Stehen Sie lieber dazu und nehmen Sie diesen Vorfall humorvoll entgegen. Werfen Sie beispielsweise ein, Sie wollten damit einen Beitrag zur Rechtschreibreform leisten, oder die Aufmerksamkeit des Publikums überprüfen.

Best Performance

Die Praxis zeigt, wie hoch manchmal der selbstgesetzte Druck ist, eine Präsentation besonders gut abliefern zu wollen. Stundenlang feilen Sie Ihre Folien aus, um alles so perfekt wie möglich zu entwickeln. Gerade dann scheinen sich einige Fehler einzuschleichen, die den mentalen Stress erst recht noch vergrößern. Häufig dienen Vorbilder aus Politik und Wirtschaft, die vor großem Publikum nahezu perfekt das Wort erheben. Doch es ist ein beruhigendes Gefühl, dass auch dort Fehler und Pannen an der Tagesordnung sind. Verabschieden Sie sich von diesem Perfektionismus und freuen Sie sich über Ihr Arbeitsergebnis als persönliche Bestleistung. Mit dieser Individualität als ***best Performance*** beeindrucken Sie am meisten, da sie nicht von Perfektionismus, sondern von Profil und persönlicher Stärke geprägt ist.

5.2 Overhead-Projektor **

Der Tageslichtprojektor wird von einigen Moderatoren kaum noch beachtet, da mangelnde Dynamik und fehlende Möglichkeiten zur Animation der Folien sich durch modernere Techniken bevorzugt erzeugen lassen. Und dennoch ist es erstaunlich, wie häufig dieses Medium, welches eher unter dem Begriff *Overhead-Projektor* eingesetzt wird, in aktuellen Veranstaltungen anzutreffen ist. So scheint es doch einige Eigenschaften zu geben, die im Repertoire des Moderators geschätzt werden. Liegt es an der technischen Ausstattung der Seminarräume, an der Präferenz des Publikums, oder an der Entscheidung des Moderators, an diesem traditionellen Präsentationsmedium festzuhalten?

Lernen Sie dieses Medium näher kennen, um sich selbst ein Bild von der aktuellen Situation zu verschaffen:

- »Eigenschaften und Anwendungsbereich«, S. 155

Neben der Reflexion Ihrer eigenen praktischen Erfahrungen mögen Ihnen auch die genannten Vor- und Nachteile des Overhead-Projektors bekannt vorkommen:

- »Vor- und Nachteile«, S. 158

Darüber hinaus erhalten Sie einige Vorschläge zur Gestaltung der Folien, sowie einige Tipps aus der Praxis, die für Ihre eigene Präsentation nützlich sein können:

- »Tipps zur Gestaltung der Folien«, S. 162
- »Praxistipps für die Overhead-Präsentation«, S. 166

Selbst das Thema Zeigehilfen bringt mehr Diskussionsbedarf mit sich, als es auf den ersten Blick erscheint:

- »Zeigehilfen – mehr als ein Tafelstock«, S. 169

5.2.1 Eigenschaften und Anwendungsbereich **

Auch unter der rasanten Entwicklung moderner Visualisierungstechnik hat der Overheadprojektor seine Position im Methodenrepertoire des Moderators bisher behaupten können. Durch die einfache Handhabung und technische Ausstattung ist er vielfältig einsetzbar und auch für ungeübte Moderatoren ein beliebtes Medium.

Eigenschaften des Overhead-Projektors

Auch wenn heute eine Präsentation nicht selten als multimediale Inszenierung erlebt wird, hat sich doch der klassische Tageslichtprojektor (Abb. 5.2-1) bisher gut als Medium in Präsentationen und Moderationen behaupten können. Allerdings hat sich mittlerweile der Begriff **Overhead-Projektor** als Definition für dieses Medium etabliert. Wahrscheinlich wäre es unhaltbar gewesen, hier der Übersetzung *Überkopf-*

Projektor Eingang in das Vokabular der deutschen Sprache zu gewähren.

Abb. 5.2-1: Der Overhead-Projektor in seiner klassischen Form.

Ob Ihnen nun der Begriff *Tageslicht*- oder *Overhead*-Projektor mehr am Herzen liegt, mag einerseits daher rühren, mit welchen Gruppen von Zuhörern Sie es in der Regel zu tun haben, andererseits liegt es an Ihren persönlichen Präferenzen gegenüber Anglizismen in der deutschen Sprache. Der flüssigeren Aussprache wegen hat sich unter Moderatoren der Begriff *Overhead* eingebürgert.

Häufig gibt es Diskussionen, in denen Moderatoren sich eine deutliche Abkehr von dem Medium Overhead-Projektor wünschen. Nicht selten erfährt der Overhead eine Verbannung auf die Position eines Reliktes aus medialer Steinzeit, wird als obsolet empfunden und dementsprechend belächelt. In der Praxis trifft man den Overhead-Projektor jedoch noch relativ häufig an. Der Overhead-Projektor gehört zu den ältesten stromabhängigen Medien und hatte seine Blütezeit in den 80er und frühen 90er Jahren, bevor die Entwicklung computergestützter Mediensysteme einsetzte. Auch wenn viele Präsentatoren dem Einsatz des Overhead-Projektors den Rücken gekehrt haben, so ist doch nicht von der Hand zu weisen, dass seine klaren Vorteile das Gerät auch heute noch in vielen Situationen als sinnvolles Medium einsetzbar machen.

Anwendungsbereich des Overhead-Projektors

Abhängig von der Zielgruppe

Die Entscheidung, ein Overhead-Gerät einzusetzen, kann z. B. von der **Zielgruppe** ausgehen. Sie halten einen Vortrag vor einem Publikum, welches nicht an multimediale Präsentationstechnik gewöhnt ist? Würden Sie in diesem Moment eine PowerPoint-Präsentation durchführen, könnte sich das Publikum überfordert fühlen.

Beispiel

Stellen Sie sich vor, Sie würden an einem Gesprächskreis teilnehmen, der nicht aus ihrem Fachgebiet stammt. Sie kämen sich deplatziert vor und hätten mitunter Hemmungen, sich am Gespräch zu beteiligen. So fühlt sich auch ein Publikum an der falschen Stelle angesprochen, wenn es von einer High-Tech-Präsentation überfrachtet würde. Die einfachen Fragen, die es vielleicht zu stellen gäbe, wirken noch dilettantischer vor der Kulisse einer perfekten Medien-Inszenierung. Also reduzieren Sie in einem solchen Fall den Medieneinsatz und besinnen sich auf die konventionelle Methode des Overhead-Projektors.

Archivmaterial einsetzen

An manchen Stellen der Präsentation möchten Sie eine Grafik präsentieren, die Sie nur auf Folie archiviert haben? Dann können Sie geschickt auf diese Grafik hinmoderieren und in dem Moment das Gerät einschalten, in dem Sie auch verbal bei der Beschreibung der Grafik angekommen sind (vorausgesetzt, Sie haben vorher daran gedacht, die Folie aufzulegen)

Situation auflockern

Auch zur **Auflockerung** der Situation kann in längeren Veranstaltungen der Overhead-Projektor herangezogen werden. Haben Sie bereits eine Weile Ihrer Moderation mit dem Einsatz einer PowerPoint-Präsentation bestritten und auch die Momente des Flip-Charts schon ausgereizt, bringt die Komponente des Overhead-Projektors neue Impulse und lenkt die Aufmerksamkeit wieder zurück zu Ihnen.

5.2.2 Vor- und Nachteile **

Durch die einfache Inbetriebnahme lässt sich der Overhead-Projektor schnell und problemlos als Medium während einer Präsentation oder Moderation einsetzen. Er ist in den meisten Präsentationsräumen standardmäßig vorhanden und kann universell eingesetzt werden. Als hauptsächliche Nachteile gelten die fehlende Dynamik, die technische Anfälligkeit und die begrenzte Projektionsfläche.

Die Entscheidung für ein bestimmtes Medium hängt von der Präferenz des Moderators und von der individuellen Situation ab. Die einschlägigen Vor- und Nachteile des Overhead-Projektors geben dem Moderator einen Aktionsrahmen vor, in dem der Overhead-Projektor als Präsentationsmedium optimal zum Einsatz kommt.

Stellen Sie sich eine Präsentation oder Moderation vor, in der ein Overhead-Projektor zum Einsatz kommt. Welche Vorteile bietet dieses Medium?

Vorteile

Für Einsteiger

+ Gerade für Einsteiger in die Rolle des Moderators bietet das Medium Overhead-Projektor optimale Voraussetzungen. Ohne große Vorbereitung ist der Umgang mit dem Gerät in kurzer Zeit durchschaubar und auch für »Technikallergiker« eine willkommene Möglichkeit zur Visualisierung einer Präsentation (Abb. 5.2-2).

Weiches Medium

+ Um dem gefühlten Anspruch des Overhead-Projektors Ausdruck zu verleihen, wird dieses Gerät auch oft als **weiches Medium** bezeichnet, da es doch jede Art von Zuhörerschaft an die Hand nimmt und auf einfache Weise mit überschaubarem technischen Aufwand, geleitet durch einen kompetenten Moderator, durch ein Thema führt.

Standardausstattung

+ Die meisten Präsentationsräume sind heute **standardmäßig** mit Overhead-Projektoren ausgestattet. Als Moderator setzt man also keine Organisationskette in Gang, wenn man für die bevorstehende Präsentation um ein solches Gerät bittet.

Schnelle Inbetriebnahme

+ Die überschaubare Größe und **schnelle Inbetriebnahme** des Overhead-Projektors bieten dem Moderator die

Abb. 5.2-2: Insbesondere die leichten Trainer-Modelle des Overhead-Projektors sind durch ihre flache Struktur einfach in der Handhabung.

Möglichkeit, das Gerät in einer Reserveposition im Raum zu platzieren, um ihn dann zum gegebenen Zeitpunkt einzuschalten. Meist werden solche Geräte mit einem kastenförmigen Unterbau auf Rollwagen bereitgestellt. Andere flachere Geräte können innerhalb von Sekunden aufgestellt werden und wirken während der Ruhezeit recht unscheinbar.

Sofortiges Erscheinungsbild

+ Das sofortige Erscheinen des Bildes auf der Projektionsfläche beim Anschalten des Geräts ermöglicht es dem Moderator, ohne längere Lade-Pausen sofort in seine Präsentation einzusteigen.

Universell einsetzbare Folien

+ Die eingesetzten Transparent-Folien sind **universell verwendbar**. Sie sind gut zu transportieren und leicht vorzubereiten. In Schutzhüllen (sog. ***Flip-Frames***) lassen sie sich gut aufbewahren und stehen somit für die mehrmalige Verwendung zur Verfügung.

Änderbare Reihenfolge

+ Während der Präsentation kann der Moderator die **Reihenfolge der Folien ändern** und somit problemlos einem sich ändernden Diskussionsverlauf folgen.

Interaktiv durch Folienstifte

+ Folienstifte, können auch so eingesetzt werden, dass die Teilnehmer selbst während der Präsentation ihre Beiträge auf Folien schreiben. Solche Übungen **involvieren die Zuhörer und motivieren** zur aktiven Teilnahme an der Präsentation. Auf diese Weise ergeben sich effektive und dauerhafte, weil **gehirngerechte Lerneffekte**. Der Moderator kann mit Folienstiften Beiträge aus dem Publikum sofort in die Transparente aufnehmen. Wasserlösliche Folienmarker bieten zudem den Vorteil, dass sie sich nach der Präsentation auswischen lassen. So kann der Moderator z. B. Lückentexte oder Tabellen während der Präsentation bearbeiten und in späteren Veranstaltungen wieder einsetzen.

Layer-Technik

+ Durch das Übereinanderlegen (Layer-Technik, engl. *layer* = Lage, Ebene) mehrerer Folien kann der Zuhörer den einzelnen Schritten der Visualisierung gut folgen. Es entwickelt sich eine Geschichte in den Köpfen der Beteiligten, deren Einprägsamkeit durch die schrittweise Abfolge der Folien unterstützt wird. Die vermittelten Inhalte können von unserem Gehirn auch langfristig abgespeichert werden, da die schichtweise Wissensaufnahme einen guten Erinnerungswert bietet.

Was zählt Ihrer Meinung nach zu den wesentlichen Nachteilen des Overhead-Projektors?

Nachteile

Fehlende Dynamik

– Die **fehlende Dynamik** in den Folien lässt den Dauereinsatz des Overhead-Projektors langweilig erscheinen. Visualisierungsmomente durch das Übereinanderlegen mehrerer Folien sind **schnell ausgereizt** und erfordern einen Wechsel des Medium, um die uneingeschränkte Aufmerksamkeit der Zuhörer zu erhalten.

Unprofessionell

– Je nach Publikum kann der intensive Einsatz des Overhead-Projektors die Professionalität des Moderators in Frage stellen. Heute sieht sich der Moderator oft vor die Situation gestellt, für ein medienverwöhntes Publikum den geplanten Einsatz des Overhead-Projektors zu überdenken. Nicht nur in wissenschaftlichen Konferenzen mit einem vorwiegend akademischen Publikum, sondern auch bereits in zahlreichen Besprechungen in Unternehmen wird der Einsatz von PowerPoint-Präsentationen vorausgesetzt und eine Visualisierung per Overhead-Projektor eher belächelt.

Änderungen nur manuell

- Ergänzungen oder Änderungen auf ausgedruckten Folien sind während der Präsentation nur handschriftlich möglich. Auf solche Weise kann sich der Moderator die Wirksamkeit seiner mühevoll erstellten Folie verscherzen. Besser ist es in diesen Momenten, sich die Änderungen an anderer Stelle zu notieren, um sie wenigstens für den nächsten Einsatz derselben Folie vorzusehen.

Verrutschen der Folien

- Bei der Verwendung mehrerer Folien übereinander **(*Layer*-Technik)** können diese leicht verrutschen und das Ergebnis verfälschen. Dies erfordert ein präzises und sorgfältiges Arbeiten des Moderators.

Verklebte Folien

- Einige Folienfabrikate neigen dazu, in den Aufbewahrungshüllen aneinanderzukleben. Einige Teile des Inhalts bleiben mitunter komplett an der Hülle kleben und machen eine weitere Verwendung unmöglich. Die Gefahr besteht beispielsweise bei einer längeren Autofahrt, wenn die Folien starken Temperaturschwankungen ausgesetzt sind.

Begrenztes Raummaß

- Über das verstellbare Kopfteil des Overhead-Projektors kann die Projektionsfläche zwar auf verschiedene Raumbedürfnisse eingestellt werden, da die Linse jedoch nur einen **begrenzten Schärfungsgrad** zulässt, ist es an der Größe der Teilnehmergruppe und des Raumes auszumachen, ob nicht der Einsatz eines anderen Mediums sinnvoller wäre.

Technische Anfälligkeit

- Viele Geräte sind technisch anfällig. Der häufigste Schwachpunkt ist erfahrungsgemäß das Versagen der Glühbirne durch die starke Hitzeentwicklung. Um dies zu vermeiden, stellen Sie im Vorfeld sicher, dass sich zumindest eine (funktionstüchtige!) Ersatzbirne am Gerät befindet.

Lautstarke Belüftung

- Um Überhitzungsschäden zu vermeiden, schaltet sich während länger andauernder Präsentationen der integrierte Ventilator ein. Einige Modelle sind auch so konzipiert, dass der Ventilator automatisch mit der Inbetriebnahme des Gerätes aktiviert wird. Dies kann mitunter mit einem hohen Geräuschpegel einhergehen. Gerade in kleineren Räumen kann dies zu erheblichen Störungen führen und die Teilnehmer in Ihrer Konzentrationsfähigkeit beeinträchtigen.

Folien liegen nicht glatt auf

- Folien, die mehrfach zum Einsatz kommen, können durch die Temperaturschwankungen wellig werden und liegen dann nicht mehr richtig auf der Projektionsoberfläche auf. Die Inhalte lassen sich dann nicht mehr klar ablesen. Neben der Tatsache, dass die Teilnehmer der Präsentation nicht mehr in gewünschtem Maße folgen können, wirft dies auch einen nicht unerheblichen Schatten auf Ihre Kompetenz als Moderator.

5.2.3 Tipps zur Gestaltung der Folien **

Eine gute Qualität der Overhead-Folien ist ausschlaggebend für ein optimales Druckergebnis. Bei handgeschriebenen Folien ist die Qualität der Folienstifte ein wesentlicher Faktor, um gut lesbare Informationen darzustellen. Mit Markierungen und Nummerierungen lassen sich zusätzliche Hilfen einsetzen, die den sicheren Umgang mit der Abfolge der Folien erleichtern. Auch über die Schriftart und Schriftgröße können wichtige Akzente gesetzt werden.

Der Einsatz des Overhead-Projektors kann optimiert werden, wenn Sie einige Tipps zur Gestaltung der Folien beachten. Einigen Moderatoren mag es gelingen, durch eigene kreative Ideen noch weitere faszinierende Momente in die Präsentation einzubringen

Gute Qualität der Folien

Es gibt für das Arbeiten mit dem Overhead-Projektor ein großes Angebot an Transparent-Folien. Die Art und Qualität sollten Sie in erster Linie an Ihrem Drucker ausmachen. Preiswerte Folien können im Druckprozess beschädigt werden. Darüber hinaus gibt es Folienarten, die nur per Hand beschriftet werden dürfen und sollten daher keinesfalls in den Drucker gelangen.

Druck im Folien-Modus

Die Qualität des Ausdrucks hängt auch von der Druckeroption ab. Wenn diese nicht auf **Folien-Modus** eingestellt ist, wirken die Farben nicht so intensiv und das Schriftbild kann sich verzerren. Auch wenn der Druckvorgang etwas mehr Zeit beansprucht, spricht doch das gestochen scharfe und farbintensive Ergebnis für sich.

Handgeschriebene Folien

Bestimmte Inhalte oder Beiträge aus dem Publikum werden handschriftlich auf Folien gesammelt. Hierzu stehen separate Folienstifte in verschiedenen Farben und Strichstärken zur Verfügung. Haben Sie vorwiegend Zahlen zu notieren, eignet sich hierzu ein Stift mit einer feinen Spitze (meist mit dem Buchstaben F markiert). Wasserlösliche Folienstifte bieten den Vorteil, dass Sie die Inhalte auswischen und so die Folien häufiger benutzen können. Dies eignet sich insbesondere dann, wenn Sie einer Gruppe eine konkrete Aufgabe stellen, die es zu bearbeiten gilt. Dazu legen Sie einen Folienausdruck mit der Aufgabe auf die Fläche des Overhead-Projektors. Schlagen Sie mögliche Lösungen vor – dadurch geben Sie gewisse Impulse in die richtige Richtung (Abb. 5.2-3).

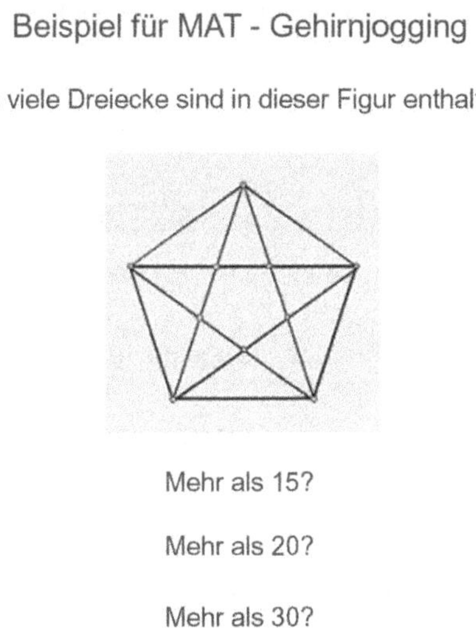

Abb. 5.2-3: Aufgaben können unterstützend als Folie visualisiert werden.

Zur Visualisierung der einzelnen Lösungsschritte können Sie mit den Folienstiften direkt auf der Projektionsfläche arbeiten, oder eine zuvor handbeschriftete Folie unter Verwendung der Abdecktechnik Schritt für Schritt zur Ansicht freigeben (Abb. 5.2-4).

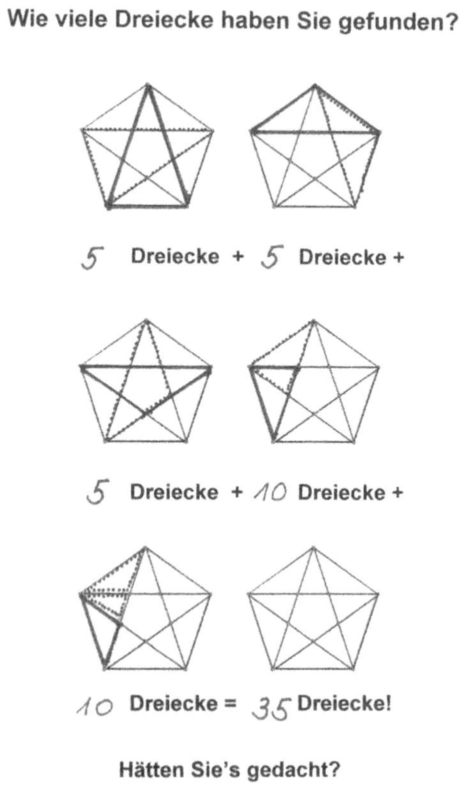

Abb. 5.2-4: Ergebnisse der Aufgaben können handschriftlich auf der Overhead-Folie eingetragen werden.

Markierungen

Um das Verrutschen bei der Anwendung mehrerer übereinander gelegter Folien zu begrenzen, können Sie kleine **Markierungspunkte** als Orientierungshilfe einsetzen, die entweder manuell mit Folienstift, oder als Symbol in eine mit dem PC erstellte Folie eingebracht werden. Diese dienen als **Orientierungshilfen** und sind insbesondere bei Diagrammen oder Grafiken nützlich, wenn fehlende Zahlen oder Buchstaben keinen Aufschluss darüber geben, ob die Folie auf der richtigen Seite liegt. Ähnlich wie in einem Röntgenbild kann der Hinweis auf rechts oder links eine folgenschwere Fehldiagnose verhindern.

Nummerierung

In längeren Vorträgen kommen mitunter viele aufeinander folgende Folien zum Einsatz. Eine entsprechende Nummerierung gibt Ihnen die Sicherheit, sich nicht im Foliengewirr zu verirren. Einige Moderatoren bevorzugen eine sehr strukturierte Vorgehensweise und versehen die Nummerierung der Folien zusätzlich mit einem Index über die Gesamtzahl (z. B. Seite 3 von 26). Dieses System wirkt sehr professionell und gibt dem Moderator einen Anhaltspunkt, auf welchem Punkt der Zielgeraden er sich befindet. Problematisch wird es dann, wenn Folien dazukommen. Dann stimmt die Gesamtzahl nicht mehr und kann zur Verwirrung der Zuhörer führen.

Nachteil

Dieses System **nimmt der Präsentation ein enormes Maß an Spontanität**. Der Moderator manövriert sich in die Position eines Kommentators, der einen vorhersehbaren und damit für das Interesse des Publikums nicht gerade reizvollen Ablauf begleitet. Es kommt ihm eher die Rolle eines Außenstehenden zu und es bleibt kaum Raum für spontane Exkurse oder gar für einen Wechsel im Ablauf der Folien. Zudem hat das Publikum ständig vor Augen, wie lang die Präsentation voraussichtlich noch dauert und stellt sich innerlich bereits vorzeitig auf das Ende der Präsentation ein.

Stimmiges Layout

Zeigen Sie Kontinuität und Stimmigkeit in Ihren Folien, in dem Sie auf allen Transparenten das Layout benutzen und bei einer Schriftart bleiben. Die Schriftgröße kann zur zusätzlichen Visualisierung zwischen Überschrift und Basistext variieren.

Optimale Schriftgröße

Die Einstellung der richtigen Schriftgröße trägt wesentlich zum Gelingen Ihrer Folienpräsentation bei. Für Überschriften sollten Sie eine Größe von 24 pt nicht unterschreiten, für den übrigen Text liegt die Schmerzgrenze der Aufnahmebereitschaft Ihres Publikums bei einer Schriftgröße von 18 pt. Bei ausgedruckten Folien hängt die Schriftgröße von der Schriftart ab und kann je nach Art der ausgewählten Schrift variieren. Bei Gliederungen innerhalb einer Folie müssen die einzelnen Gliederungsebenen über verschiedenen Schriftgrößen differenziert werden, um auch einen optischen Unterschied darzustellen.

Optimale Schriftart

Ein präzises Schriftbild ergibt sich mit dem Einsatz einer **serifenfreien** Schrift wie z. B. *Arial* anstatt *Times*. Gedehnte Schriftarten, wie z. B. *Verdana* wirken aufgrund ihrer Bogenführung zu weich und eignen sich in Folienvorträgen nur bedingt. Da das Medium Overhead-Projektor oft als Anfängermedium interpretiert wird, ist es wirkungsvoller, bei der Verwendung eines **weichen Mediums** mit einer etwas aussagekräftigeren Schrift wie z. B. Arial zu überzeugen. Eine intensivere Auseinandersetzung mit dieser Thematik finden Sie in dem Kapitel »Die richtige Schriftart für die Beamer-Präsentation«, S. 141.

Individuelle Einsatzzeit

Die fehlende Dynamik in den Folien begrenzt die visuelle Herausforderung des Publikums. Wenn Sie an Ihrer Folie nichts Wesentliches zu erläutern haben, ist eine Einsatzzeit von 90 Sekunden pro Folie empfehlenswert. Diese relativ kurze Verweildauer sollte aber nicht in einen Folienmarathon ausarten. Spätestens nach fünf Folien zu einem Themenkomplex ist das gehirngerechte Aufnahmevermögen ausgereizt. Daran ändern auch interessante Stimmvariationen Ihrerseits nichts. Gönnen Sie Ihrem Publikum also einen gedanklichen Schlenker. Eine Grafik, eine Karikatur oder gar ein kurzzeitiger Wechsel des Mediums erhält die ungeteilte Aufmerksamkeit Ihrer Zuhörer und untermauert den faszinierenden Gesamteindruck Ihrer Darbietung. Je nach Grad der Aufnahmefähigkeit oder der Verbundenheit Ihrer Zielgruppe zum Thema müssen Sie sich auf Ihr Gefühl verlassen, um den individuellen Wechselmodus der Folien herauszufinden.

5.2.4 Praxistipps für die Overhead-Präsentation **

Es gibt einige Tipps in der Praxis, mit denen der Moderator die Overhead-Präsentation abwechslungsreich gestalten kann. Mit der so genannten Abdecktechnik werden die Inhalte in kurzen Sinnabschnitten nacheinander präsentiert. Die Layer-Technik ermöglicht eine Präsentation durch mehrere übereinander liegende Folien. Letztlich hilft auch das einfache An- und Ausschalten des Overhead-Projektors, die Aufmerksamkeit des Publikums zu erreichen und für Abwechslung zu sorgen.

Um auch bei einer Präsentation mit dem Overhead-Projektor die Zuhörer auf angenehme Weise zu erreichen und den Vortrag sowohl interessant als auch faszinierend zu gestalten, lassen sich einige Aspekte berücksichtigen. Ziel ist es, ein optimales Verhältnis zwischen dem Medium und dem Moderator zu erreichen und zu gewährleisten, dass Präsentationsinhalte gut visualisiert und vom Publikum gerne angenommen werden. Auf diese Weise entwickelt sich die notwendige Motivation des Publikums, dem dargestellten Inhalt interessiert zu folgen.

Beispiel

Der Moderator legt eine Folie auf, in der mit zwölf Schritten eine bestimmte Handlungsabfolge erklärt wird. Er deckt die unteren elf Punkte zunächst ab, um nur das erste Argument sichtbar werden zu lassen. Nach dem dritten Punkt stellt der Moderator fest, dass sich das Publikum abwendet und die Aufmerksamkeit auf andere, themenferne Dinge richtet.

Abdecktechnik

Die fehlende Dynamik in einer Overhead-Präsentation lässt dem Moderator oft nur die Option, anhand der in obigem Beispiel beschriebenen **Abdecktechnik** zu moderieren. Durch das Abdecken der übrigen Folienfläche mit einem Blatt Papier, werden die Inhalte schrittweise freigelegt und behandelt. Das Problem ist, dass in längeren Diskussionen, in denen zahlreiche Gesprächspunkte über die Abdecktechnik nacheinander zum Vorschein kommen, das Publikum Ermüdungserscheinungen aufweist. Gerade für ein medienerprobtes Fach-Publikum ist es unverzeihlich, die immer wiederkehrende Moderationsabfolge einzuhalten. Es kommt Langeweile auf, die die Zuhörer in interessantere Nebentätigkeiten abdriften lässt. Wenn Sie also die Abdecktechnik für notwendig halten, trösten ein paar begleitende Worte zur Begründung dieses Vorgehens über eben diesen negativen Eindruck hinweg. Eine kleine Pause nach einem Sinnabschnitt, die mit einer unterstützenden Anekdote seitens des Moderators aufgewertet wird, wirkt der Monotonie entgegen und macht den Umgang mit dieser Situation für das Publikum so angenehm wie möglich.

Beispiel

Zur Präsentation der Jahresbilanz hat ein Moderator die verschiedenen Bilanzen aufwändig zusammengetragen und auf Folien kopiert. Da er zahlreiche Folien zu zeigen plant und seine Vortragszeit begrenzt ist, legt er alle 60 Sekunden ein neues Transparent auf und eilt mit begleitenden Worten durch die Tabellen. Jede Folie zeigt klein gedrucktes Zahlenwerk und viele farbliche Abstufungen zur Darstellung der einzelnen Abteilungen. So sehr sich der Moderator auch bemüht, er kann nicht verhindern, dass viele seiner Zuhörer bald nur noch auf ihre Unterlagen blicken und sich Notizen machen, während sie stumm seinem Vortrag zuhören.

Layer-Technik

Eine andere Möglichkeit, einer dynamikarmen Folienpräsentation entgegenzuwirken, ist die ***Layer***-Technik (engl. Layer = Lage). Hierbei werden mehrere Folien übereinander gelegt. Es entsteht ein sich nach und nach ergänzendes Bild, welches das Publikum schrittweise durch das Thema begleitet. Somit werden Informationen in kleinen verträglichen Portionen übermittelt und verhindern, dass das Publikum sich überfordert fühlt. Der ständig wechselnde visuelle Eindruck fördert zudem das Interesse und hält den Kontakt zwischen Publikum und Medium. Mit der einfühlsamen Begleitung des Moderators entsteht ein wirksames Gefüge für ein größtmögliches Maß an Interaktivität, welche bei Overhead-Präsentationen häufig als Manko empfunden wird. Ob Sie die Layer-Technik bei Texten, Bildern, Grafiken oder Diagrammen verwenden, obliegt Ihrer Kreativität. In entsprechender Abwandlung können Sie diese Grundtechnik auch für das Medium Flipchart verwenden (siehe »Kniffe am Flipchart«, S. 191).

Folien nicht überfrachten

Dem Publikum muss genügend Zeit bleiben, das Visualisierte in Augenschein zu nehmen, optisch zu erfassen und inhaltlich zu verstehen. Daher gilt es, die **Folien nicht zu überfrachten** und auch mit dem Einsatz von Farben sparsam umzugehen. Übersichtlichkeit der Folien kommt dem Verständnis Ihrer Zuhörer entgegen.

Nur Stichworte

Folien können **nur Stichworte** liefern. Bleiben Sie also nicht mit den Augen an der Folie kleben, schon gar nicht auf der Auflagefläche des Projektors. Orientieren Sie sich ausschließlich an dem Bild auf der Projektionsfläche. Das ist schließlich auch das Bild, das Ihr Publikum wahrnimmt. Zitieren Sie also aus dieser Folie, kann Ihr Publikum umgehend nachvollziehen, an welcher Stelle der Folie Sie sich gerade befinden. Auf diese Weise können Sie eine aufrechte Position und gleichzeitig den Blickkontakt zum Publikum auf souveräne Weise erhalten.

An- und Ausschalten

Durch zeitweiliges **An- und Ausschalten** des Overhead-Projektors heilen Sie die fehlende Dynamik dieses Mediums. Das Publikum richtet seine Aufmerksamkeit auf Sie und Sie bekommen so die Chance, durch auflockernde Impulse Abwechslung in das Geschehen zu bringen. Bleibt das Gerät längere Zeit ausgeschaltet, hindert Sie nichts daran, auch andere Medien wie z. B. das Flipchart einzusetzen. Ist der Overhead das erklärte Hauptmedium Ihrer Präsentation, liegt es nahe, nicht *en passant* als Nebenschauplatz auf eine Beamer-Präsentation zurückzugreifen, die durch ihren intensiven Charakter jegliches Interesse an der Fortführung einer Overhead-Präsentation zerstören würde.

Zeigehilfen

Eine deutliche Führung durch das Thema erhalten Sie, wenn Sie zusätzlich eine Zeigehilfe einsetzen. Dazu gibt es verschiedene Möglichkeiten. Da eine Zeigehilfe nicht in direkter Abhängigkeit vom Medium zu sehen ist, finden sie die entsprechenden Informationen in dem Kapitel »Zeigehilfen – mehr als ein Tafelstock«, S. 169.

5.2.5 Zeigehilfen – mehr als ein Tafelstock **

Auch kleine Details, wie beispielsweise die Verwendung von Zeigehilfen, können entscheidend sein, um während der Präsentation an wichtigen Stellen Akzente zu setzen. Es ist nicht so sehr die Frage, für welche Zeigehilfe sich der Moderator entscheidet, sondern vielmehr, dass er sich im Umgang mit der gewählten Variante sicher fühlt und diese zum eingesetzten Medium passt. Einige Zeigehilfen sind mittlerweile in diversen Spielarten erhältlich. Deren Akzeptanz gegenüber einem seriösen Fachpublikum ist allerdings zweifelhaft. Letztlich ist die mit überzeugender Gestik geführte Hand des Moderators immer noch die verlässlichste Zeigehilfe, um das Publikum durch die Präsentation zu führen.

Es mag irritierend sein, sich diesem winzigen Gerät *Zeigehilfe* in einem separaten Kapitel zu widmen. Doch ist die

Sicherheit, die man sich im Umgang mit dieser Visualisierungshilfe wünscht, oft außer Reichweite. Natürlich ist die überzeugendste Zeigehilfe immer noch die Hand des Moderators, da auf diese Weise das viel zitierte Fingerspitzengefühl im wahrsten Sinne des Wortes gelebt werden kann. Zusätzlich unterstützt die implizierte großzügige Gestik das selbstsichere Auftreten des Moderators. Allerdings stößt dies in längeren Präsentationen oder Vorträgen in großen Hörsälen an seine Grenzen. Hier sind auf jeden Fall andere Zeigehilfen gefragt, die zudem eine willkommene Abwechselung bieten.

Für die Overhead-Präsentation

Wenn Sie sich also einer Zeigehilfe bedienen möchten, entscheiden Sie sich für eine, die Ihnen das größte Maß an Sicherheit bietet. Vermeiden Sie es, bei der Arbeit mit dem Overhead-Projektor einen **Kugelschreiber** auf die Glasfläche des Projektors an die entsprechende Stelle der Folie zu legen. Es verdeckt nicht nur einige Zeilen der Folie, sondern wirkt auch äußerst unprofessionell. Um dies zu verhindern, gibt es transparente Zeiger oder **Plexipfeile**, die zudem einen professionelleren Eindruck hinterlassen. Eine preiswerte, wenn auch zugegebenermaßen etwas unkonventionelle Alternative sind Cocktail-Mixstäbe, die auch für andere Zwecke eine unerwartete Bereicherung Ihres Moderatorenkoffers darstellen können (Abb. 5.2-5).

Für Wand- & Bildschirm-Präsentationen

Für die Durchführung einer *Whiteboard*-, Pinnwand- oder Bildschirm-Moderation (siehe »Eigenschaften und Anwendungsbereich«, S. 197, »Eigenschaften und Anwendungsbereich«, S. 202 und »Durchführung einer Bildschirm-Präsentation«, S. 146) eignen sich längere **Zeigestäbe**. Der im schulischen Bereich eingesetzte Tafelstock ist allerdings eher unhandlich und wirkt im Rahmen einer Präsentation antiquiert. Alternativen bieten die so genannten *Teleskopstäbe*, die sich antennenartig ausziehen lassen. Überzeugen Sie sich aber zuvor von der einwandfreien Funktionstüchtigkeit. Nicht selten hat dieses kleine Teil schon so manchem Moderator das Fürchten gelehrt. Natürlich kann eine überraschende Begegnung mit einem Antennenstock die Atmosphäre einer Präsentation humorvoll bereichern. Doch wenn es zu Lasten Ihres Images geht, sollten Sie vorsichtig damit umgehen. Gewinnen Sie dem Umgang mit dieser Art von Zeigehilfe nach Möglichkeit ein gewisses Maß an Seriosität

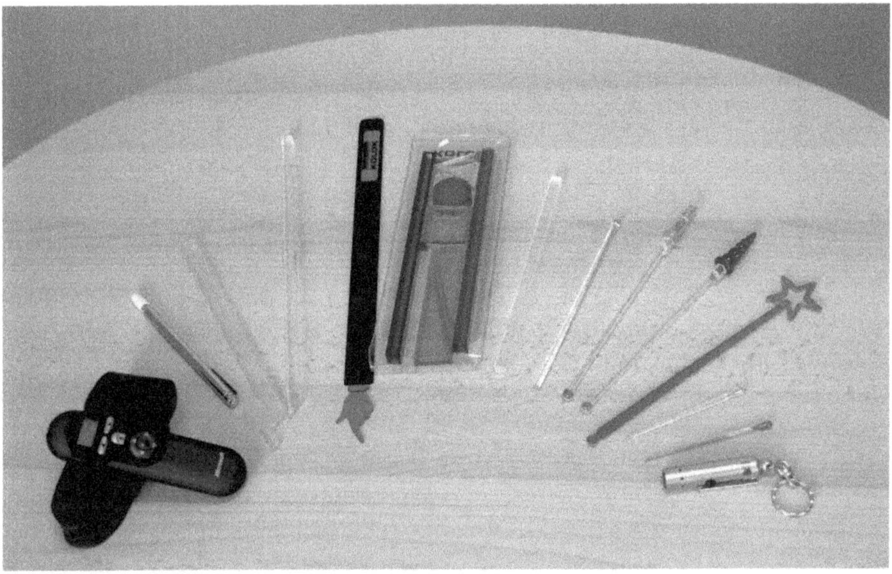

Abb. 5.2-5: Verschiedene Zeigehilfen unterstützen bei der Visualisierung in Präsentation und Moderation.

ab. Es gibt Moderatoren, die mit Teleskopstäben bühnenverdächtige Persiflagen abliefern, die jedoch selten zur lobenden Anerkennung des Publikums führen.

Eine gute Zeigehilfe ist ein **Lichtzeiger**, der sich unter dem englischen Begriff ***Laserpointer*** großer Beliebtheit erfreut. Der *Laserpointer* bringt durch den kleinen, wandernden, meist roten Leuchtpunkt ein optisches Element in die Präsentation, welches leicht spielerisch die kreativen Ambitionen des Publikums weckt und für zusätzliche Aufmerksamkeit sorgt. Hier ist allerdings ein wenig Training gefragt. Sie müssen den zu zeigenden Punkt treffsicher anpeilen, dürfen dabei aber möglichst nur für den Bruchteil einer Sekunde den Blickkontakt zum Publikum aufgeben. Auch hier gibt es mittlerweile zahlreiche Spielvarianten, die mit lustig geformten Lichtpunkten das Publikum zusätzlich faszinieren sollen. Bevor Sie zum Einsatz einer solchen Möglichkeit greifen, überdenken Sie die Seriosität Ihres Anliegens und die eventuelle Wirkung solcher Effekte z. B. bei einem renommierten Fachpublikum.

Welche Zeigehilfen gibt es und was sind die jeweiligen Vor- bzw. Nachteile?

Zur sicheren Anwendung der Zeigehilfen hat sich eine gewisse Handlungsabfolge entwickelt, die die gebotene Sicherheit in der Anwendung optimal gewährleistet. Man spricht in diesem Zusammenhang von der ***Touch-Turn-Talk-Technik***.

- *Touch* (berühren): Mit der Zeigehilfe den Präsentationsgegenstand berühren.
- *Turn* (umdrehen): Erst wenn Sie den Punkt auf der Folie getroffen haben, drehen Sie sich zurück zu Ihrem Publikum.
- *Talk* (reden): Während die Zeigehilfe auf den Punkt fixiert bleibt, stellen Sie den Blickkontakt wieder her und nehmen das Wort auf.

Sie handeln diesen Vorgang innerhalb weniger Sekunden ab, so dass der Blickkontakt für das Publikum fast unmerklich verlassen wird und Sie als Moderator souverän und selbstbewusst überzeugen.

5.3 Flipchart *

Nicht nur der Platz sparende Einsatz hat das Flipchart zu einem der beliebtesten Präsentationsmedien werden lassen. Auch die spontane, stromunabhängige Einsetzbarkeit und die Archivierung der Inhalte sprechen für dieses unkomplizierte Medium. Einige Moderatoren plädieren für die transportable Variante, um sicher zu stellen, dass ein Flipchart in jeder Veranstaltung verfügbar ist. Warum ein Flipchart mehr ist, als lediglich ein überdimensionaler Block auf einem Ständer, zeigen Ihnen die Kapitel:

5.3.1 Eigenschaften und Anwendungsbereich *

Das Flipchart hat sich in den letzten Jahren aufgrund der einfachen Handhabung und der universellen Einsetzbarkeit zu einem begehrten Präsentationsmedium entwickelt. Das Angebot an Flipcharts ist dementsprechend groß, so dass man problemlos ein auf die individuellen Bedürfnisse zugeschnittenes Gerät finden kann. Wichtig sind eine gute Bedienbarkeit, stabiler Stand und Möglichkeiten zum Umbau für den Transport. Das Flipchart ist ein lebendiges Medium und eignet sich für die Arbeit in kleinen Gruppen, sowie als Medium in einer Vortragsrunde. Für die Arbeit mit größeren Gruppen ist ein Flipchart ungeeignet, kann dann in solchen Situationen aber als Hilfsmittel eingesetzt werden.

Eigenschaften des Flipcharts

Einigen Moderatoren ist das **Flipchart** als *mein geliebtes Dreibein* ans Herz gewachsen. Aufgrund des vermehrten Einsatzes dieses Instruments können Sie heute unter verschiedenen Modellen wählen. Neben vielen Varianten des bewährten **Stand-Flipchart** hat inzwischen auch ein kleineres **Tisch-Flipchart** Eingang in das Medienrepertoire gefunden.

Stand-Flipchart

Das große **Stand-Flipchart** (Abb. 5.3-1) eine auf drei Beinen gestellte Tafel, die als Haltevorrichtung für spezielles *Flipchart-Papier* dient (siehe hierzu auch »Flipchart-Papier«, S. 179). Auf einer Fläche von ca. 100 cm Höhe und 70 cm Breite haben Sie die Möglichkeit, verschiedene Sorten von Flipchart-Papier einzuhängen. Durch den intensiven Einsatz dieses Mediums hat sich der Markt in den letzten Jahren stark entwickelt und bietet interessante Papiervarianten an.

Tisch-Flipchart

Als *kleiner Bruder* bietet ein **Tisch-Flipchart** eine gute Alternative für kleinere Gruppen. Es gibt verschiedene Ausführungen, deren Größe etwa mit einem DIN A3 oder DIN A4 Zeichenblock zu vergleichen ist. So können Sie z. B. bei der Vorstellungsrunde diese Methode zur Auflockerung der Atmosphäre in der Gruppe einsetzen, oder kleinere Arbeitsergebnisse festgehalten.

Abb. 5.3-1: Flipchart mit eingespanntem Papierblock.

In der Regel finden Sie in den Veranstaltungsräumen ein Flipchart und dazugehöriges Papier vor. Sollte Ihnen daran gelegen sein, sich selbst ein solches Instrument zuzulegen, können Ihnen folgende Tipps bei der Kaufentscheidung nützlich sein. Von einem stabilen Holzkonstrukt, welches imposant im Raum steht, sich aber nicht für unterwegs eignet, bis hin zur »Light-Version« in Form eines Röhrengestells aus Aluminium, welches sich mit wenigen Fingern bewegen lässt, bietet der Markt nahezu alles.

Transportables Flipchart

Entscheiden Sie sich für ein transportables Modell, dann achten Sie darauf, dass die Beine leicht zu verschrauben und die Schraubköpfe griffig sind. Die eingeschobenen Beine sollten sicher auf der Rückwand zu befestigen sein, um ein unerwartetes Ausklappen unterwegs zu vermeiden.

Die Klappleiste am oberen Rand des Flipcharts verdeckt die Einhängemöglichkeit für Ihr Moderationspapier. Prüfen Sie, ob diese Klappe leicht zu öffnen ist und nicht zu stramm einschnappt. Sie sollte auch in geöffnetem Zustand stabil stehen bleiben, um Ihnen ein problemloses Einhaken des Papierblocks zu ermöglichen. Mancher musste schon verschreckt die Erfahrung machen, dass er bei dieser Aktion »eins auf die Finger« bekam.

Um auf verschiedene **Papierformate** zurückgreifen zu können, ist es vorteilhaft, wenn die Haken verstellbar sind und sich in die vorgestanzten Löcher Ihres Papierblocks bewegen lassen. Neuere Produktentwicklungen bieten zudem die Möglichkeit, das den Papierhalter zu drehen und somit auf Querformat zu wechseln. Auf diese Weise lassen sich enorme visuelle Effekte erzielen, die für willkommene Abwechselung sorgen. Gerade bei der Darstellung von Zeitschienen oder Ablaufdiagrammen hat sich eine Moderation im Querformat als vorteilhaft erwiesen.

Am unteren Rand bietet das Flipchart eine **Ablagerille** für Ihre Moderationsstifte. Die Größe variiert je nach Angebot. Hat diese Rille eine Tiefe von 4 cm, haben Sie die Möglichkeit, Ihre Stifte in zwei Reihen dort abzulegen. Dies ist insbesondere bei mehrfarbigen Moderationen vorteilhaft. Ein weiterer Pluspunkt: Wenn Sie dicke Trainer-Markerverwenden, werden Sie feststellen, dass diese mit einem stolzen Durchmesser von 2,5 cm auch dann treffsicher in der Rille landen, wenn Sie in einer dynamischen Gesprächsphase in Bruchteilen einer Sekunde eine verlässliche Ablagefläche suchen.

Anwendungsbereich des Flipcharts

Für welchen Einsatzbereich eignet sich das Präsentationsmedium Flipchart?

Mit dem Flipchart können Sie sich ein Medium zu Nutze machen, welches **universell einsetzbar** ist. Mit geringem Aufwand lässt es sich überall stromlos platzieren und gibt Einzelpersonen, Moderatoren und Arbeitsgruppen eine große Aktionsfläche für die inhaltliche Darstellung von Ideen, Einwänden, Auflistungen, Diskussionsergebnissen u.v.m.

Für **Einzelpersonen** eignet sich ein Flipchart in sofern, dass manch einer darin ein Medium sieht, um seine Ideen und Visionen in einen ersten Rahmen zu setzen. Viele spontane Einfälle lassen sich problemlos festhalten, um dann zu einem späteren Zeitpunkt aufgegriffen zu werden.

Arbeitsgruppen bedienen sich des Flipcharts um während einer Diskussion den roten Faden zu dokumentieren, Eckpunkte festzuhalten und Ideen und Projekte voranzubringen. Oftmals dienen die Aufzeichnungen aus der Flipchart-Diskussion als Ausgangspunkt für spätere weiterführende Überlegungen.

5.3.2 Vor- und Nachteile **

Das Flipchart ist einfach anzuwenden und ermöglicht dem Moderator, einen guten Kontakt zum Publikum zu halten. Es eignet sich auch für Teilnehmer, die nicht so sehr an Moderationsmethoden gewöhnt sind. Ferner ermöglicht das Flipchart einen spontanen Themenwechsel und eine mitgehende Moderation. Nachteilig ist, dass es nur für kleine Gruppen effektiv eingesetzt werden kann und durch die Schreibpausen des Moderators der Kontakt zum Publikum unterbrochen wird. Ein weiterer Nachteil ist die fehlende Dynamik. Dies gilt insbesondere dann, wenn das Flipchart als Hauptmedium eingesetzt wird.

Stellen Sie sich eine Gruppenmoderation mit dem Flipchart als Medium vor. Was sind die Vorteile, die sich aus der Arbeit mit dem Flipchart ergeben?

Vorteile

Einfache Anwendung

+ Aufgrund der *einfachen Anwendung* und **universellen Einsetzbarkeit** hat sich das Flipchart fest in das Methodenrepertoire eines jeden Moderators katapultiert und ist auch aus kleineren Gesprächsrunden und Arbeitsgruppen nicht mehr weg zu denken. Da dieses Medium nicht auf einen Stromanschluss angewiesen ist, eignet es sich für alle Veranstaltungsorte gleichermaßen.

+ Da der Moderator lediglich in diesen Momenten seinem Publikum den Rücken kehrt, in denen er Notizen auf dem Flipchart niederschreibt, ist er in der schreibfreien Zeit uneingeschränkt für seine Zuhörer da. Er kann leicht **Blickkontakt** zum Publikum halten, ohne sich um unkontrollierbare Vorgänge im Hintergrund Sorgen machen zu müssen.

Guter Kontakt zum Publikum

+ Flipcharts werden häufig dort eingesetzt, wo die Teilnehmer nicht so sehr an Moderationsmethoden gewöhnt sind. Es **nimmt Hemmschwellen** und ermöglicht einen *einfachen thematischen Einstieg.* Auf eine technisch inszenierte Veranstaltung würden solche Personenkreise eher befremdet reagieren. Positive Erfahrungen gibt es mit dem Flipchart besonders dort, wo soziale Beziehungen thematisiert werden und der persönliche Kontakt im Mittelpunkt steht. Das kann in einem Mitarbeitergespräch oder in einer Diskussionsrunde sein, in der sich Personen über Emotionen und soziale Beziehungen Gedanken machen. Auf einem Flipchart können solche Gesprächsmomente sofort festgehalten werden, indem der Moderator spontan die eingebrachten Beiträge notiert.

Einfacher Einstieg in das Thema

+ Im Gegensatz zu computergestützten Präsentationsmethoden, wie z. B. aus PowerPoint, hat der Moderator hier die Möglichkeit, eine *mitgehende Präsentation* zu gestalten. Die Inhalte können sich erst während der Veranstaltung ergeben. Manchmal reicht es, auf dem Flipchart einen Denkanstoß in Form einer Minigrafik oder einer Frage zu visualisieren. So beginnt eine interaktive Diskussion, von der Sie wiederum die wichtigsten Elemente auf dem Flipchart zusammenfassen können.

Mitgehende Präsentation

+ Die *offene und spontane Ablaufplanung* einer Flipchart-Runde ermöglicht es auch, **Exkurse und Nebenthemen** zu visualisieren, die wichtige Beiträge zum Hauptthema liefern können. Auf diese Weise können die Zuhörer nachvollziehen, wie sich die Diskussion *live* entwickelt und an entsprechender Stelle jederzeit Ihren Beitrag leisten.

Offene & spontane Ablaufplanung

+ Die Vorbereitung der Flipchart-Bögen ist einfach und mit einiger Übung gelingt es dem Moderator, Torten- oder Balkendiagramme vorzufertigen, die sich dann le-

Einfache Vorbereitung

diglich mit Zahlen und dem dazugehörigen Index auffüllen lassen. Zusätzlicher Schreib- und Notizbedarf kann in diesen Situationen in Form von leeren Blättern zwischen den vorbereiteten Bögen abgedeckt werden, die Sie in der Hoffnung auf rege Beteiligung der Zuhörer im Voraus berücksichtigen.

Darstellung der Gesprächsabfolge

+ Verwenden Sie ein Flipchart innerhalb einer Arbeitsgruppe, können wichtige Eckpunkte einer Diskussion festgehalten werden. Erreicht die Diskussionsrunde eine gewisse Eigendynamik, die mehrere Papierbögen in gleichzeitiger Verfügbarkeit erfordert, ist dies im Handumdrehen zu realisieren. Befestigen Sie dazu einfach die benötigten Papiere in logischer Abfolge mit Klebeband an den Wänden oder auf Schranktüren, bis Sie sicher sind, dass sich keiner der Inhalte außer Sichtweite befindet. Am Ende kann hieraus ein Ergebnis abgeleitet werden, welches sich beispielsweise in einer größeren Gruppe moderieren lässt.

Einfach zu protokollieren & archivieren

+ Durch das Festhalten der wichtigen Punkte auf einem Flipchart-Block haben die Gesprächspartner auch zu einem späteren Zeitpunkt die Möglichkeit, die Aufzeichnungen der vorhergegangenen Sitzung hervorzuholen und daran anzuknüpfen. Oftmals werden solche Flipchart-Dokumente als **Fotoprotokoll** dokumentiert und bieten so eine visualisierte Aufzeichnung der Sitzungselemente.

Aus der Arbeit mit dem Flipchart können sich auch Nachteile ergeben. Welche könnten das sein?

Nachteile

Begrenzte Größe der Arbeitsgruppe

– Das Flipchart eignet sich in erster Linie für die Arbeit in **Kleingruppen bis acht Personen**. In einer größeren Gruppe lassen sich weder die Teilnehmer halbkreisförmig um das Medium platzieren, noch sind die Inhalte aus einem größeren Abstand lesbar. Möchten Sie auch bei einer großen Gruppe nicht auf das Flipchart verzichten, bietet es sich an, in mehreren Teilgruppen zu arbeiten und diese jeweils mit einem Flipchart auszustatten.

Undeutliche Handschrift

– Hat der Vortragende wenig Erfahrung mit dem Flipchart, kann eine zu klein gewählte oder undeutliche Schrift dazu führen, dass der Inhalt unleserlich wird. Auch die Aufregung des Moderators kann sich in Form von Zittereffekten auf die Handschrift niederschlagen. In diesen Fällen ist eine gute Vorbereitung empfehlenswert.

Unangenehme Schreibpausen

- Wird mit einem Mal zu viel Text erfasst, wendet sich der Schreiber zwangsläufig von seinen Zuhörern ab. Die hierbei entstehenden Pausen können diese unangenehmen Spannungsmomente hervorrufen, die in etwa mit dem Gefühl vergleichbar sind, mit mehreren Fremden gleichzeitig in einem Aufzug fahren zu müssen. Hierzu ist ein einfühlsames Verhalten des Moderators notwendig, um erforderliche Schreibpausen nicht unnötig lang und unprofessionell erscheinen zu lassen.

Fehlende Dynamik

- In längeren Diskussionen wirkt ein Flipchart als Hauptmedium schnell unbeholfen, da es durch die fehlende Dynamik dem Publikum wenig visuelle Reize bietet. Hier ist Ihr persönlicher Einsatz als Moderator gefragt, um durch spontanen Einsatz die fehlende Dynamik einzubringen.

5.3.3 Flipchart-Papier **

Die Auswahl des richtigen Flipchart-Papiers kann den Moderator wesentlich unterstützen. Kariertes Papier gibt die Sicherheit, ein sauberes Format einhalten zu können. Recyceltes Papier ist preiswert und eignet sich unter wirtschaftlichen Gesichtspunkten dann, wenn viel Papier zum Einsatz kommt. Hochwertige Flipchart-Blöcke aus festem weißem Papier können gut vorbereitet und bei entsprechender Aufbewahrung mehrmals verwendet werden. Moderationsposter oder vorgefertigte bedruckte Flipchart-Bögen bieten eine gute Abwechslungsmöglichkeit und geben dem Moderator einen Leitfaden, an dem er sich problemlos orientieren kann.

Welche Vorteile kann es haben, sich im Vorfeld zu überlegen, welches *Flipchart-Papier* zum Einsatz kommen soll?

Sie kennen den Spruch »Papier ist geduldig«. Handeln Sie ebenso mit Bedacht bei der Auswahl des richtigen Papiers für Ihre Flipchart-Moderation. Verschiedene Tipps aus der Praxis werden Ihnen bei der sicheren Auswahl helfen.

Erkundigen Sie sich zunächst vor Beginn Ihrer Veranstaltung, ob nicht ohnehin Papier vorhanden ist. Aber auch hier: Vorsicht! Rechnen Sie nicht damit, dass das vorfindbare Papier Ihren Vorstellungen entspricht.

Kariertes oder liniertes Papier oder...

Tun Sie sich z. B. schwer damit, auf Blankobögen zu schreiben? Sorgen Sie zu Ihrer eigenen Sicherheit für **kariertes oder liniertes Papier.** Sie können sich sicher sein, dass die vorgegebenen Linien für Ihr Publikum kaum wahrnehmbar sind und keinesfalls als störend empfunden werden. Alternativ können Sie auch auf Papier mit angedeuteten Fadenkreuzen zurückgreifen (Abb. 5.3-2). So können Sie sich während des Schreibens gut orientieren, ohne die Sichtbarkeit Ihrer Hilfslinien bei den Teilnehmern befürchten zu müssen. Welche Wahl Sie nun treffen, hängt von Ihren subjektiven Präferenzen ab.

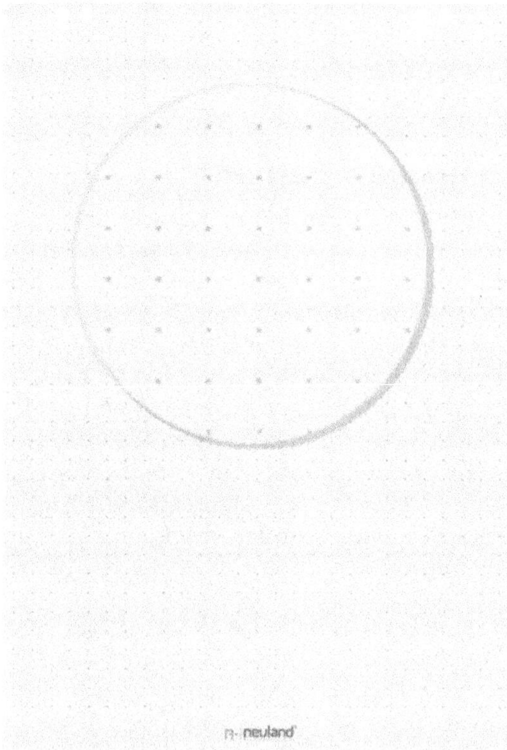

Abb. 5.3-2: Fadenkreuze auf dem Flipchart-Papier dienen der Orientierung.

Recyceltes Papier

Sie wünschen eine *saubere* Moderation auf blütenweißem Untergrund? Wundern Sie sich nicht, wenn Sie ein Flipchart mit Blöcken aus recyceltem Papier vorfinden. *Recyceltes* Papier (Abb. 5.3-3) ist in der Regel recht **preiswert**. Es eignet sich in Moderations- und Arbeitsphasen, in denen Sie erfahrungsgemäß sehr viel Papier einsetzen. Dies kann zum Beispiel bei Gruppenarbeit oder im ***Brainstorming*** der Fall sein (siehe »Ideenfindung mit Brainstorming«, S. 250). Auch für Ihre eigenen Entwürfe als Vorbereitung zur Präsentation sind Flipchart-Bögen aus recyceltem Papier empfehlenswert. Insbesondere dann, wenn Sie sich noch unsicher sind und anhand mehrerer **skizzenartiger Entwürfe** eine perfekte Vorlage entwickeln.

Haben Sie eine gute Idee gefunden, die Ihren Vorstellungen entspricht, kann es sinnvoll sein, auf einem weiteren Flipchart-Block mit etwas dickeren reinweißen Bögen die Vorbereitung für Ihre Präsentation festzuhalten. Blöcke von dieser Qualität lassen sich gut aufrollen und z. B. in einem Papierbehälter verwahren. Es gibt auch spezielle Behälter zur Aufbewahrung, die als tragbare Köcher wertvolle Aufzeichnungen archivieren. Auf diese Weise haben Sie einmal die Leistung in der Vorbereitung zu erbringen und können sich hier richtig Mühe geben, denn Sie haben gleichzeitig die Gewissheit, dass sich der Einsatz lohnt und dieses Flipchart mehrmals zum Einsatz kommen wird.

Eine Entscheidung ist auch im Hinblick auf die Zielgruppe zu treffen. In manchen Gruppen oder Unternehmen wird es begrüßt und auch als Teil der **Unternehmenskultur** gelebt, sich der Umwelt zuliebe möglichst mit recyclebaren Materialien auszustatten. Andere Zielgruppen mögen sich da anders entscheiden. Also, finden Sie dies rechtzeitig heraus, um den Erwartungen Ihrer Teilnehmer gerecht zu werden.

Thematisierte Moderationsbögen

Sie möchten mit versierten Moderatorenkniffen glänzen? Es gibt mittlerweile für diverse Gesprächsabschnitte vorgefertigte **Moderationsbögen** (Abb. 5.3-3) als bedruckten Flipchart-Block, die farblich sehr ansprechend gestaltet sind und Ihnen die Möglichkeit bieten, sich mit Ihrem Publikum durch diesen vorgefertigten Moderations-Korridor zu bewegen.

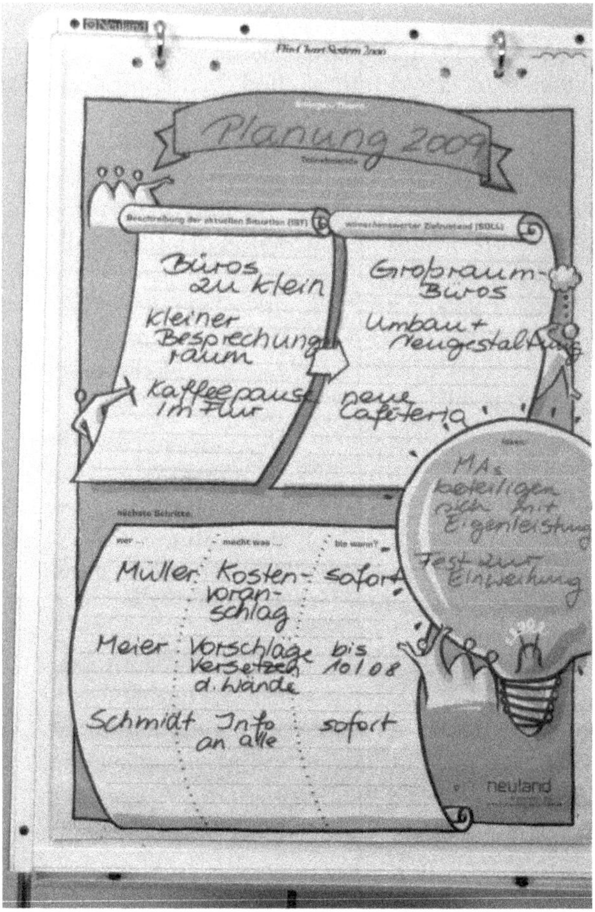

Abb. 5.3-3: Moderationsposter helfen zusätzlich bei der Strukturierung und Visualisierung des Themas.

Moderationsposter

Eine Weiterentwicklung der bedruckten Flipchart-Blöcke sind **Moderationsposter** (Abb. 5.3-4), wie Sie im amerikanischen Raum bereits seit längerem recht verbreitet sind und sich auch hier zu Lande langsam einen festen Platz im Methodenrepertoire des Moderators erobern. Moderationsposter gibt es in verschiedenen Designs, teilweise auch durch ***Comics*** oder **Cliparts** unterstützt, die einen Rahmen für die jeweilige Moderationsphase vorschlagen. In entsprechende

Felder lassen sich wörtliche Ergänzungen eintragen, so dass der Formatbogen individualisiert werden kann.

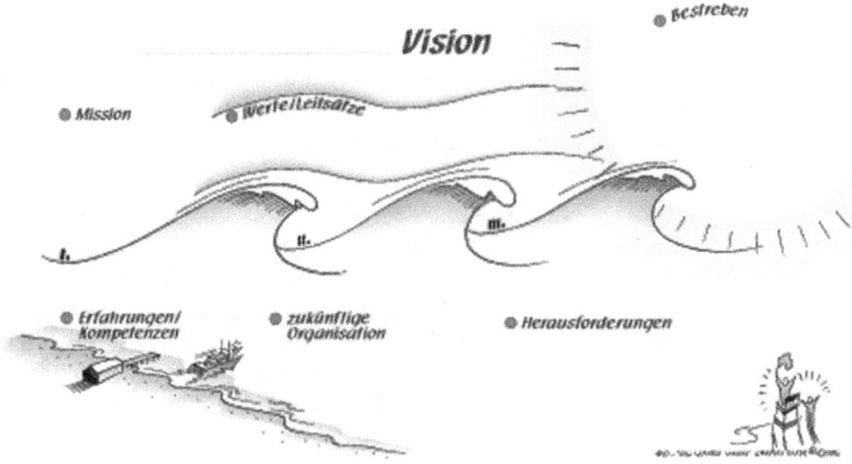

Abb. 5.3-4: Vorgefertigte Moderationsposter erleichtern die thematische Orientierung der Teilnehmer.

Eigene Kreativität

Ihrer Kreativität sind bei der Präsentation keine Grenzen gesetzt. Also sammeln Sie Ihre Erfahrungen mit solchen Moderationsmedien. Achten Sie aber auf Ihre Zielgruppe. Manche empfinden eine derartige Unterstützung als zu *poppig*.

Größtmögliche Sicherheit bietet Ihnen die Alternative, sich langsam diesen neuen Medien zu nähern. Entwerfen Sie zunächst mit ein wenig Phantasie eigene Poster oder Moderationshilfen. Ob Sie es nun so oder so angehen, werden Sie zu entscheiden wissen. Letztlich liegt es an Ihrer überzeugenden Moderation, wie die Medien ankommen und mit Ihnen zu einer beeindruckenden Präsentation heranwachsen.

5.3.4 Praxistipps für das Flipchart **

Die richtige Schrift für die Darstellung am Flipchart zu finden, ist eine fundamentale Basis für den Erfolg der Moderation. Neben einer klaren und deutlichen Schrift wollen auch Auflistungen und Aufzählungen entsprechend formatiert sein. Steht der Moderator seitlich zum Medium, kann er auf diese Weise auftretende Schreibphasen durch Kommentare überbrücken, um eine unangenehme Stille zu vermei-

den. Auch eine Bewertung durch die Zuhörer lässt sich am Flipchart durch den Einsatz von Klebe- oder Markierungspunkten vornehmen.

Schriftart & Schriftgröße

Viele Fehler bei der Arbeit mit dem Flipchart entspringen dem Umgang mit der Schriftart und der Größe der Buchstaben. Mit wenigen Handgriffen und ein wenig Übung lassen sich viele grundlegende Fehler vermeiden.

Setzen Sie sich ernsthaft mit Ihrer **persönlichen Flipchart-Schrift** auseinander. Generell gilt, auf Schreibschrift ganz zu verzichten und ein Wort nur im Ausnahmefall ausschließlich in Großbuchstaben zu schreiben. Ohne Ihre Handschrift einem graphologischen Gutachten unterziehen zu wollen, sollten Sie doch einige Grundregeln beachten, um mit Ihrer Schrift symbolisch auszudrücken, was das menschliche Gehirn als Sympathie und positive Grundhaltung interpretiert. Halten Sie die Differenz zwischen Groß- und Kleinbuchstaben minimal, d. h. die Kleinbuchstaben sollten mindestens halb so hoch sein, wie die hochragenden und unterlinigen Zeichen (Abb. 5.3-5). So erhalten Sie ein weiches Schriftbild ohne nennenswerte Spitzen und Tiefen. Die Schrift kann gerade oder leicht nach rechts geneigt sein. Nach links geneigte Schrift sollten Sie vermeiden.

Stifte & Marker

Die Qualität der Schrift wird sich im Wesentlichen aus dem richtigen Umgang mit dem Stift ergeben. Verwenden Sie für Ihre Überschriften dicke **Trainer-Marker** (Abb. 5.3-6), welche sich auch für Unterstreichungen oder Hervorhebungen mit einer beeindruckenden Strichstärke von bis zu 12 mm hervorragend eignen. Sie sollten in Ihrem eigenen Interesse vor dem Einsatz den Umgang damit üben, da es einen großen Unterschied macht, ob Sie mit der Spitze oder mit der gesamten Breitseite schreiben. Versuchen Sie aber, bei einer Schreibart zu bleiben, da ein Linienwechsel innerhalb eines Wortes einen recht unsortierten Eindruck bei Ihren Zuschauern hinterlässt.

Bei schmaleren Markern (Abb. 5.3-7) können Sie zunächst solche verwenden, die vorne in einer schmalen Spitze enden. Auf diese Weise ist ein Abrutschen von der Spitze auf die Breitseite nicht möglich und Ihr Schriftbild bleibt weitgehend einheitlich. Halten Sie die Stifte locker in der Hand und üben Sie nur wenig Druck aus, um dieses allen

Abb. 5.3-5: Geeignete Schrift am Flipchart.

bekannte Gänsehaut erzeugende Quietschen zu vermeiden. Bei Markern mit keilförmig zulaufender Spitze gibt es mittlerweile ergonomisch geformte Varianten, die Sie automatisch in die richtige Schreibposition führen. Wenn Sie sich zu einem »Vielschreiber« entwickeln, bringen nachfüllbare Marker wirtschaftliche Vorteile.

Kariertes Papier

Bei der Wahl der Schriftgröße bietet *kariertes* Papier eine gute Unterstützung. Die Vorlinierung ermöglicht das Schreiben in einer horizontalen Linie und hilft, eine klare Schreibstruktur zu bewahren. Die Einteilung der Kästchen ist übrigens schon bei geringer Entfernung unsichtbar, bzw. wird auch bei näherem Hinsehen keinesfalls als Störung empfun-

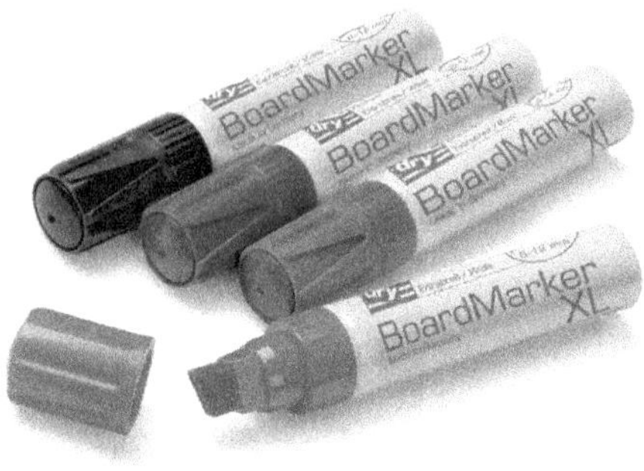

Abb. 5.3-6: Mit Trainermarkern können Sie dicke Akzente setzen.

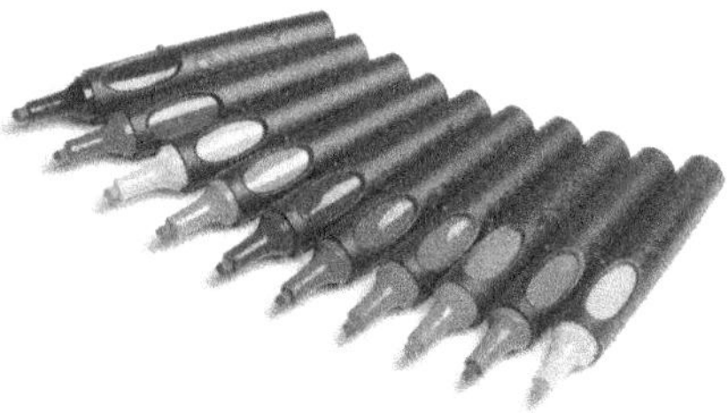

Abb. 5.3-7: Moderationsmarker gibt es heute in vielen Farben und Varianten.

den (siehe hierzu auch »Flipchart-Papier«, S. 179). Alternativ schreiben Sie auf die Rückseite des karierten Papiers und orientieren sich dabei an den leicht durchscheinenden Linien der Vorderseite. Wählen Sie für Überschriften eine Höhe von drei Kästchen, für den restlichen Text zwei Kästchen. Wenn Sie nur ein Wort oder eine Frage auf das Blatt notieren, ist der Schriftgröße nach oben hin natürlich keine Grenze gesetzt.

Moderieren Sie in kleinen Gruppen und können Sie sich sicher sein, dass die zu schreibenden Wörter nicht zu fachfremd für Ihr Publikum sind, so lassen sich einfache Auflistungen auch in einer Schriftgröße von zwei Kästchen für Großbuchstaben und ein Kästchen für Kleinbuchstaben notieren.

Titel

Sofern Sie nicht endlose Listen an Wänden und Schränken befestigt haben und somit der *Titel* des Themas über alle Seiten hinweg sichtbar bleibt, versehen Sie jedes Blatt mit einer eigenen Überschrift. So behalten Ihre Zuhörer den Überblick und Sie den roten Faden. Wenn Sie Beiträge Ihrer Zuhörer notieren, schreiben Sie nicht mehr als acht Zeilen auf einen Flipchart-Bogen. Achten Sie in den entstehenden Pausen während Ihrer Schreibarbeit auf eine gute Stimmung im Raum. Unterstützen Sie dazu längere Schreibphasen durch **Kommentare** zu dem, was Sie gerade tun (Beispiel: »Ich notiere diesen Punkt jetzt hier für Sie unter der Überschrift und unterstreiche dieses Wort.«). Auch verbale Ausschmückungen zum Thema helfen über diese Pausen hinweg und geben den Zuhörern zusätzlichen Input, während Sie sich auf das Notieren weniger, aber wesentlicher Stichpunkte konzentrieren.

Sich verschreiben

Wenn sie sich verschreiben, streichen Sie großzügig durch. So verfahren Sie übrigens auch, wenn Zuhörer Beiträge anderer Teilnehmer korrigieren, oder einige Stichworte sich im Laufe der Diskussion als überholt erweisen. Auf diese Weise können Sie den Denkprozess und Werdegang auf einfache Art zusätzlich visualisieren. Sie könnten meinen, ein Moderator, der sich verschreibt, wirke unprofessionell. Das Gegenteil ist der Fall. Gemäß dem Spruch: *Irren ist menschlich* zeigen Sie als Moderator eine sehr menschliche Seite, wenn Sie dazu stehen, auch einmal einen Verschreiber zu platzieren. Sie müssen nicht befürchten, dass der Gesamteindruck der Präsentation gefährdet ist. Die Zuhörer werden sogar aufmerksamer und versuchen nun, aktiver dem weiteren Verlauf zu folgen.

Hand aufs Herz: Nicht immer bleibt die Zeit, Flipchart-Bögen so zu gestalten und vorzubereiten, dass Sie den Ansprüchen an Lesbarkeit der Schrift und Aufteilung der Seite standhalten. So schnell, wie manchmal für den Moderator die interessanten Beiträge des Publikums aufzuzeichnen sind, gerät schnell in Vergessenheit, sich auf eine anständige Handschrift zu besinnen. Es ist eher wichtig, in einem Moment voller Teilnehmeraktion und Elan als Moderator möglichst viele Baiträge niederzuschreiben, als sich auf eine Sonntags-nachmittags-Schönschreibübung zu konzentrieren. Nach dem Motto: **Inhalt vor Form** erlauben Sie sich ruhig, alles was Sie an Beiträgen ergattern können, einzusammeln. Mit einigen Strichen hier und dort lässt sich auch im Nachhinein noch einiges verbessern. Behelfen Sie sich dann wenigstens mit eingesetzten **Bullets** (Aufzählungszeichen), die die mit der heißen Spitze geschriebene Flipchart-Liste wenigstens versöhnlich formatieren.

Bullettierung

Jegliche Form der Auflistung (sog. **Bullettierung**) hat sich generell als hilfreich in der Arbeit am Flipchart erwiesen. Diese Art, Anmerkungen in Listenform aufzuführen, gilt bei den Zuhörern als gut nachvollziehbar und einprägsam. Von Kindesbeinen wird vermittelt, sich mehrere Dinge am leichtesten in Form von Aufzählungen zu merken. Seien Sie bei der Verwendung der **Bullets** ruhig kreativ. Mit einfachen Zeichen wie z. B. + – $ § lassen sich inhaltliche Vorankündigungen zum Thema (positive Bewertung, negative Bewertung, Finanzthemen, Rechtsfragen) geben. Auf diese Weise visualisieren Sie zugleich die Inhalte und fokussieren das Interesse Ihrer Zuhörer. Das menschliche Gehirn kann sich listenartig gegliederte Texte gut merken, da sie durch den logisch-strukturierten Aufbau linkshirnig abgespeichert werden, während sich die kreativen Elemente in Form der Listenpunkte gleichzeitig rechtshirnig niederschlagen.

Den roten Faden behalten

In einer längeren Flipchart-Moderation und auch dann, wenn Sie zwischen mehreren Medien hin und her moderieren, müssen Sie sich einige Werkzeuge überlegen, die es Ihnen mühelos ermöglichen, den roten Faden in Ihrer Präsentation zu behalten. Auch nach längerem Einsatz eines anderen Mediums wollen Sie treffsicher an die richtige Stelle Ihrer Flipchart-Bögen zurückkehren und bei Ihren Zuhörern möglichst durch einen nahtlosen Übergang glänzen. Zu Ihrer eigenen Sicherheit dienen folgende Tipps, die Ihnen helfen werden, den roten Faden zu behalten und sich an wichtigen Stellen nicht zu verhaspeln.

Stellen Sie sich vor, Sie möchten während Ihrer Flipchart-Moderation zwischen einigen Seiten hin und her springen, um vorherige Aspekte in Erinnerung zu rufen, oder aufgrund des geänderten Gesprächsverlaufs auf spätere Charts vorgreifen. In diesen Fällen helfen Ihnen dezent an den Rand platzierte Büroklammern, kleine selbstklebende Haftnotizen oder **Seitenmarkierer** (sog. *Bookmarks*), im richtigen Moment an die entsprechende Stelle zu springen. Besonders wichtige Inhalte können sie beispielsweise mit einem roten Haftslip versehen, Grafiken mit blauen usw. Entscheiden Sie selbst, mit welchen farblichen Präferenzen Sie sich am sichersten fühlen (Abb. 5.3-8).

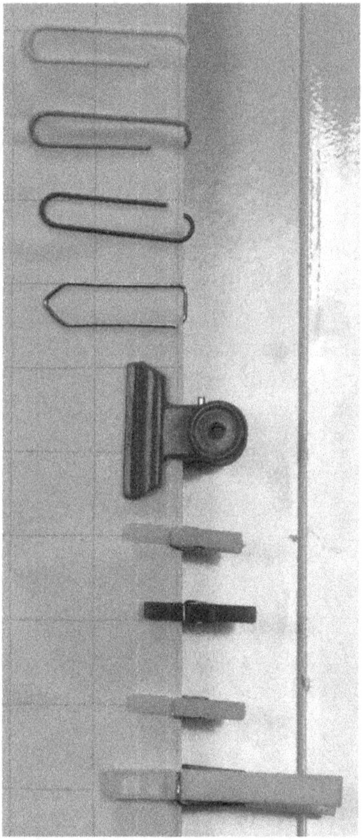

Abb. 5.3-8: Verschiedene Möglichkeiten, um Flipchartbögen zu markieren.

Arbeiten Sie neben dem Flipchart parallel noch mit anderen Medien, so notieren Sie vorsichtig mit Bleistift (so dass es für Ihr Publikum unbemerkt bleibt) die Übergänge für sich auf den Charts. Dort erinnern Sie sich z. B. daran, dass die Teilnehmer nun in ihren Unterlagen auf Seite 23 dazu eine Grafik finden, oder Sie verweisen gekonnt auf eine kommende PowerPoint-Einlage.

Standposition

Bei der Arbeit mit dem Flipchart ist auch die **Standposition des Moderators** von entscheidender Bedeutung. Sie stellen die Verbindung zwischen dem Medium Flipchart und den Gesprächsteilnehmern her. Also nehmen Sie die Position eines Bindeglieds ein und stellen sich seitlich neben das Flipchart, so dass die Inhalte gut zu sehen sind. Lassen Sie während der Präsentation Ihre Blicke zwischen dem Flipchart und den Zuhörern schweifen. Wenn Sie etwas notieren, müssen Sie natürlich der Gruppe den Rücken kehren. Oftmals reicht es dazu aber auch, sich nur ein wenig zum Flipchart hin zu neigen, um doch den **Blickkontakt** zu halten und gleichzeitig das Bild nicht zu verdecken. Lassen Sie so die Gruppenmitglieder an Ihrem Schreibprozess teilhaben und kommentieren Ihre Schreibarbeit, um unnötige Pausen zu vermeiden und ein fühlbar gutes Raumklima zu erhalten. Deuten Sie ausschließlich mit der Hand auf das Papier. Zeigestock oder gar Laserpointer würden für dieses lebendige Medium unnötige Distanz erzeugen und die gerade gewollte Nähe zu den Zuhörern untergraben. Schließlich wollen Sie nicht oberlehrerhaft erscheinen, sondern als Mitglied eines Teams verstanden werden.

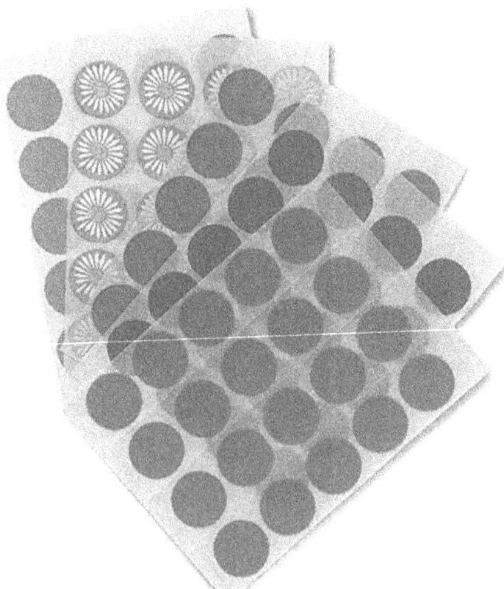

Abb. 5.3-9: Markierungspunkte bieten vielfältige Möglichkeiten für eine zusätzliche Visualisierung.

Bewertung durch Punkte

Sie gelangen während der Moderation zuweilen an den Punkt, an dem es nötig sein wird, für die aufgelisteten Stichworte eine Bewertung durch die Teilnehmer durchführen zu lassen. Ähnlich wie in der Pinnwand-Moderation (siehe »Eigenschaften und Anwendungsbereich«, S. 202) steht hierzu ein großes Repertoire an **Markierungs- und Klebepunkten** zur Verfügung (Abb. 5.3-9). Da das Anliegen der Flipchart-Moderation häufig in der Ausarbeitung einer Vorlage für weitere Diskussionen besteht, erscheint eine Punktbewertung sinnvoll. Hierzu erhält jeder Teilnehmer eine gewisse Anzahl von Klebepunkten, die er nach Wertigkeit der Argumente auf den Flipchart-Bogen aufklebt. Die am zahlreichsten bepunkteten Aspekte sammeln Sie später auf einem gesonderten Bogen und haben somit eine optimal gefilterte Ausgangsbasis für die nächste Diskussionsstufe. Es kann auch sinnvoll sein, durch die Abstufung in verschiedenfarbige Punkte eine Wertung in positive (grüne Punkte: »Hat mir besonders gut gefallen!«) und negative (rote Punkte: »Hat mir überhaupt nicht zugesagt!«) Wertungen vornehmen zu lassen. Anhand der ***Cluster*** können Sie gut visualisieren, wo die Stärken oder Schwächen einer Fragestellung zu finden sind. Zur konkreten Durchführung der Punktbewertung gibt es viele Möglichkeiten. In größeren Gruppen ist es sinnvoll mit gut sichtbaren Markierungspunkten mit einem Durchmesser von 2 cm zu arbeiten. Sehr praktikabel sind perforierte Punktbögen, die es Ihnen ermöglichen, schnell und einfach die benötigte Punktzahl ohne mühsames Abzählen bereitzustellen.

5.3.5 Kniffe am Flipchart ***

Eine Variante der Flipchart-Moderation ist eine Moderation mit der sog. Layer-Technik oder das Einsetzen farbiger ClipArts zur Visualisierung.

Layer-Technik

Als Moderator werden Sie sich oftmals in der Lage wieder finden, innovative und kreative Momente in Ihre Präsentation einbauen zu wollen. Gerade wenn Sie mit den üblichen Methoden bereits vertraut sind und Sie etwas Neues ausprobieren möchten, ist kreative Gedankenarbeit gefragt. Haben Sie es schon einmal mit der **Layer-Technik** probiert (siehe hierzu auch »Praxistipps für die Overhead-Präsentation«, S. 166, und »Vor- und Nachteile«, S. 158)? Dazu benötigen Sie mehrere Flipchart-Bögen, die durch Ausschnitte durchbrochen sind und durch nacheinander folgendes Auflegen (daher das Wort ***Layer*** = Lage) eines nächsten Bogens zu einem völlig anderen Ergebnis führen, als der Teilnehmer erwartet. Da hierzu etwas Vorarbeit nötig ist, überlegen Sie sich gut, für welche Zuhörerschaft Sie diesen Aufwand betreiben. Wenn Sie Ihren Auftraggeber beeindrucken, Ihre Teilnehmer überraschen oder für längere Präsentationen in Ihre Trickkiste greifen wollen, ist diese Methode sicherlich geeignet.

Beispiel

Sie möchten darstellen, dass es in einem Unternehmen viele einzelne Kompetenzen gibt, die zu einem effektiven Team zusammengewachsen sind. Schneiden Sie dazu verschiedene Formen (Kreise, Dreiecke, Rauten) mit dem Folienschneider vorsichtig aus einem Flipchart-Bogen heraus. Auf dem darunter liegenden Blatt platzieren Sie nun großzügige Kreise in verschiedenfarbigen Moderationskarten, die jeweils als Unterlage zu den vorausgegangenen Ausschnitten dienen. Wenn sie nun den ersten Papierbogen wieder darüber legen, scheint das bunte Papier des zweiten Bogens durch ihre zuvor ausgeschnittenen Formen (Abb. 5.3-10). So können Sie zunächst auf die wichtigen Einzelkompetenzen hinweisen, die in Ihrer Art (und eben Form) sehr differenzierter Art sind.

In einem weiteren Schritt schlagen Sie den obersten Bogen nach hinten, so dass sichtbar wird, dass es sich um mehrere Lagen handelt (Abb. 5.3-11).

Nun wird sichtbar, dass sich diese Einzelkompetenzen zu einem kreisförmigen Schaubild zusammenfügen (Abb. 5.3-12). Die Zuhörer werden durch die kreative Visualisierung der Inhalte gut nachvollziehen können, wie sich der Prozess von der Einzelkompetenz zur Teamkompetenz vollzieht.

Dieses Verfahren ist an die Arbeit mit transparenten Folien angelehnt, in der Sie durch das Übereinanderlegen mehrerer Folien immer wieder ein neues Bild erzeugen können. Mit einiger Übung und Kreativität werden Sie mit dieser Art der Visualisierung viele Möglichkeiten entdecken, Ihre Inhalte gekonnt zu präsentieren.

Abb. 5.3-10: Zuerst wird der Bogen mit den ausgeschnittenen Formen über die ursprüngliche Abbildung gelegt.

Einsatz von Bildern & Cliparts

Auch eine Flipchart-Moderation lebt von ihrer Lebendigkeit und von farblicher Auffrischung, um die zu vermittelnden Inhalte möglichst nachhaltig in das Gedächtnis der Zuhörer zu transportieren. Für diesen Zweck eignet sich nahezu alles, was thematisch angebracht ist und Sie in Ihrer Moderation unterstützt. Es können Ausschnitte aus Zeitungen und Prospekten sein, oder Bilder und Grafiken, die Sie im

Laufe der Zeit in Ihrem Moderatoren-Archiv gesammelt haben (Abb. 5.3-13).

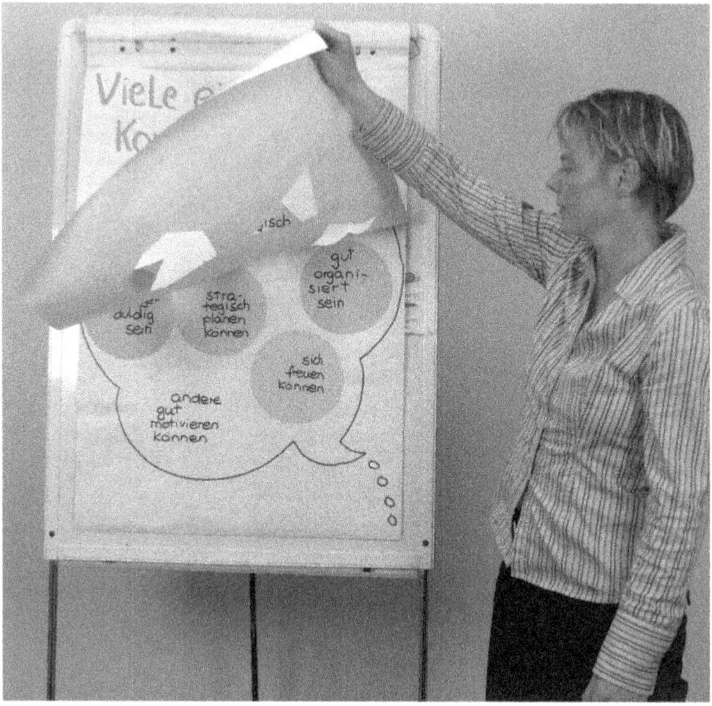

Abb. 5.3-11: Wird der ausgeschnittene Bogen nach hinten geklappt, erkennen die Teilnehmer den Zusammenhang zur folgenden Darstellung.

Wenn die in Frage kommenden Motive die folgenden **zwei Voraussetzungen** erfüllen, können Sie sie getrost als kreatives Visualisierungs-Tool einsetzen: Die erste Voraussetzung ist die Größe, denn alles unter 10 cm Größe wird auf dem Flipchart seine Wirkung verfehlen. Das zweite Entscheidungskriterium ist die Farbe. Je deutlicher sich das Motiv farblich vom Untergrund abhebt, desto mehr wird es von Ihren Zuhörern wahrgenommen. Mittlerweile gibt es eine ganze Reihe solcher Motive zu kaufen, die sich in Form von Sternen, Blitzen oder Gesichtern als Visualisierungs-Assistenten anbieten. Eine andere Alternative ist, sich als Moderator selbst ans Werk zu machen, um mit einigen kreativen Strichen die Flipchart-Bögen interessanter zu gestalten. Dazu muss an Ihnen kein Grafiker verloren gegangen sein. Es gibt beispielsweise Vorlagenbücher (Abb. 5.3-14), aus denen Sie für sämtliche Situationen, Themen und Gelegenheiten einen passenden grafischen Ausdruck finden.

Abb. 5.3-12: Nachdem der ausgeschnittene Bogen umgeklappt ist, ergibt sich ein neues Bild.

Abb. 5.3-13: Beispiel für die Visualisierung am Flipchart zum Thema »Individuum oder Gruppe«.

Mit einiger Übung werden Sie über einen beachtlichen *visuellen Wortschatz* verfügen, nach dem Motto: »Bilder sagen mehr als 1000 Worte...« Achten Sie aber darauf, dass die von Ihnen eingesetzten Darstellungen nicht nur größenmäßig in Relation zum Flipchart passen, sondern auch inhaltlich auf die Zielgruppe abgestimmt sind.

Abb. 5.3-14: Vorlagenmuster für die Moderation.

5.4 *Whiteboard* *

Die Schultafel ist wahrscheinlich das erste Präsentationsmedium, mit dem die ersten Erfahrungen im Umgang mit derartigen Visualisierungshilfen gesammelt werden. Jeder erinnert sich an einige Schaubilder, Formeln und Texte – vielleicht nicht zuletzt auch an das Quietschen der Kreide, das sich eindrucksvoll mit unterschiedlichen Assoziationen in der Erinnerung verankert hat. Die moderne Ableitung der Schultafel ist die Weißwandtafel, die unter dem englischen Begriff *Whiteboard* Einzug in das Medienrepertoire gehalten hat. Ob fest installiert oder als transportable Tafel ist das *Whiteboard* in vielen Seminar- und Schulungsräumen standardmäßig vorzufinden.

Lernen Sie die Eigenschaften und den Anwendungsbereich dieses Mediums kennen:

- »Eigenschaften und Anwendungsbereich«, S. 197
- »Vor- und Nachteile«, S. 199

5.4.1 Eigenschaften und Anwendungsbereich *

Eine moderne Variation der Wandtafel ist das *Whiteboard*. Mit speziellen Stiften lassen sich Tafelbilder erstellen, die

Formeln oder Flussdiagramme auf eindrucksvolle Weise präsentieren. Das *Whiteboard* eignet sich auch für größere Gruppen und kann gleichzeitig als Untergrund für eine Pinnwandmoderation dienen.

Eigenschaften

Aus dem Anspruch, ein klassisches Tafelbild zu erstellen und gleichzeitig dem Einsatz eines modernen Mediums gerecht zu werden, hat sich die Weißwandtafelentwickelt, die unter dem englischen Begriff ***Whiteboard*** Einzug in das Medienrepertoire in Seminaren und Moderationen gehalten hat.

Es handelt sich hierbei um eine weiße, kunststoffbeschichtete Schreibfläche, die entweder als feste Platte an der Wand installiert oder als transportable Variante im Raum aufgestellt ist. Zum Anschreiben eignen sich spezielle Stifte (***Whiteboard-Marker***), die in unterschiedlichen Farben und Breiten erhältlich sind.

Abb. 5.4-1: Das Whiteboard ist ein hilfreiches Medium für verschiedene Arten von Moderationen.

Anwendungsbereich

Das *Whiteboard* eignet sich je nach Raumgröße für Gruppenarbeiten mit bis zu 30 Personen. Das fest installierte Wandformat (Abb. 5.4-1) findet häufig seinen Einsatz im schulischen oder universitären Bereich, in dem in der klassischen Vortragvariante Formeln, Diagramme oder andere Sachverhalte einem entsprechenden Publikum näher zu bringen sind. Aber auch viele Seminarräume sind standardmäßig mit einem *Whiteboard* ausgestattet und unterstützen in Präsentationen die Methodenvielfalt der Veranstaltung. Hierzu werden meist transportable Varianten eingesetzt, die ähnlich einer Pinnwand variabel im Raum aufstellbar sind und somit auch zum Einsatz bei Gruppenarbeiten herangezogen werden können.

Je nach Beschichtung der Oberfläche ist es mitunter sogar möglich, das *Whiteboard* zusätzlich als Magnet- oder Pinwand zu verwenden. Hierzu stehen zusätzliche Magnetpins zur Verfügung, die ein rückstandsloses Befestigen von Moderationskarten oder anderem Anschauungsmaterial ermöglichen. Zur besseren Visualisierung können Sie bei der Arbeit mit dem *Whiteboard* auch eine Zeigehilfeeinsetzen (siehe hierzu auch »Zeigehilfen – mehr als ein Tafelstock«, S. 169). Je nach Gruppengröße eignet sich dazu ein Zeigestock, aber auch ein Lichtzeiger oder eben die natürliche Geste des Moderators, die zudem die persönliche Nuance der Veranstaltung unterstreicht.

Die Reinigung des Tafelbildes erfolgt mit einem Filzschwamm, der die Farben spurlos aufnimmt und somit das *Whiteboard* zur mehrfachen Verwendung freigibt. Es ist in diesem Zusammenhang darauf zu achten, dass die richtigen Stifte zum Einsatz kommen. Erfahrungsgemäß geraten die speziellen *Whiteboard*-Stifte häufig mit den intensiv haftenden Flipchart-Markern zusammen, welche sich nur mit großer Mühe und oft mit unschönen Rückständen von der *Whitebard*-Oberfläche entfernen lassen (siehe hierzu auch »Vorbereitung der Medien«, S. 101).

5.4.2 Vor- und Nachteile **

Das *Whiteboard* eignet sich für den Einsatz in verschiedenen Moderationsbereichen. Vorteilhaft sind dabei die einfache Handhabung und die Möglichkeit, auch mit größe-

ren Gruppen gut arbeiten zu können. Verschiedenfarbige Moderationsmarker bieten zudem die Option, zusätzliche optische Akzente zu setzen. An die Oberfläche des *Whiteboards* können zudem Magnete befestigt werden, so dass auch Moderationskarten oder andere Unterlagen an der Wand visualisiert werden können. Als nachteilig wird bei den wandinstallierten *Whiteboards* genannt, dass die durch die Wandfixierung vorgegebene Raumaufteilung nicht flexibel für Gruppenarbeiten variiert werden kann. Ein weiterer Nachteil ist der unterbrochene Kontakt zwischen Moderator und Publikum während längerer Schreibphasen, sowie die fehlende Dynamik des Mediums, sofern es dauerhaft eingesetzt wird.

Als modernes und beliebtes Medium hat das *Whiteboard* Einzug in viele Moderationsbereiche gehalten. Seine Vorteile wie die einfache Handhabung und die Option zur farblichen Visualisierung bieten viele Einsatzmöglichkeiten. Es gibt aber auch einige Nachteile zu beachten, die über den sinnvollen Einsatz dieses Mediums in der jeweiligen Situation entscheiden.

Stellen Sie sich eine konkrete Situation vor, in der Sie das *Whiteboard* als Medium einsetzen könnten. Welche Vorteile bietet Ihnen dieses Medium?

Vorteile

+ Das *Whiteboard* ist *einfach in der Handhabung* und kann unabhängig von Strom und Lichttechnik benutzt werden.
+ Bei einem *spontanen Medienwechsel* während einer Präsentation ist das *Whiteboard* eine gute Alternative, um die Aufmerksamkeit der Gruppe durch geschickte Überleitung seitens des Moderators zu erhöhen.
+ Auch für *größere Gruppen* ist das *Whiteboard* ein gut einzusetzendes Medium, um Zusammenhänge einem breiten Publikum zu präsentieren.
+ Durch den Wechsel zwischen Schreib- und Moderationsphasen ergibt sich ein *angemessenes Vortragstempo*, welches von den Zuhörern gut nachvollzogen werden kann.
+ Umfangreiche Tafelbilder lassen sich *vorher skizzieren* und während der Diskussion mit Inhalten füllen. So erkennen die Zuhörer die dargestellte Struktur z. B. von

Organigrammen und können die Inhalte problemlos verinnerlichen.
+ Die verschiedenfarbigen Moderationsstifte ermöglichen *gute Visualisierungsmomente* der entwickelten Tafelbilder. Es können kontrastreiche farbige Darstellungen erarbeitet werden, die zu einem bestmöglichen Verständnis der Teilnehmer beitragen.
+ Die angebrachten Tafelbilder können veranstaltungsübergreifend präsent bleiben und auch *für nachfolgende Arbeitsgruppen* eingesetzt werden.
+ Die mögliche Verwendung als *Magnet- oder Klebefläche* macht das *Whiteboard* auch für andere Moderationsmethoden zugänglich.

Welche Nachteile könnten Sie veranlassen, sich gegen das *Whiteboard* als Medium in Ihrer Moderation zu entscheiden?

Nachteile

- Die meist *fixe Installation* im Raum verhindert wechselnde Gruppenformen und beschränkt die Präsentation in der Regel auf die frontale Vortragsform.
- Entwickelte Tafelbilder können durch die feste Wandmontage *nicht transportiert* werden und erzwingen somit die Verwendung in dem vorgegebenen Raum.
- Während längerer Schreibphasen ist der *Kontakt* des Moderators zum Publikum *unterbrochen*. Hier ist es wichtig, durch begleitende Kommentare während des Schreibens den Kontakt aufrecht zu erhalten, oder die Schreibphasen möglichst kurz zu halten, was sich aber in der Praxis oft nicht ergibt.
- Die eingesetzten *Whiteboard*-Marker sind in der Regel nicht wischfest und führen häufig zu *unsauberen Schriftbildern* und verwischten Bildern. Zudem führt eine undeutliche Handschrift des Moderators oft zu einem unleserlichen Tafelbild, welches von dem Bestreben einer effektvoll inszenierten Visualisierung weit entfernt ist.
- Aufgrund *fehlender Dynamik* und beschränkter Verwandlungsvielfalt kann der Einsatz des *Whiteboard* nicht als Dauermedium empfohlen werden.

5.5 Pinnwand **

Die Pinnwand ist ein weit verbreitetes Präsentationsmedium, welches in fast allen Bereichen vorzufinden ist. Durch die problemlose Anwendung ist es auch für ungeübte Moderatoren eine gute Unterstützung, um in Besprechungen, Seminaren oder Vorträgen zusätzliche Visualisierungsimpulse zu geben.

Eine intensive Darstellung dieses Mediums führt Ihnen die besonderen Eigenschaften vor:

- »Eigenschaften und Anwendungsbereich«, S. 202

Der Überblick über die einschlägigen Vor- und Nachteile hilft Ihnen bei der Entscheidung für dieses Medium:

- »Vor- und Nachteile der Pinnwandmoderation«, S. 210

Die Pinnwand bietet zahlreiche Möglichkeiten der Ideenbearbeitung. Diese werden unter dem Begriff Techniken erklärt:

- »Effektive Techniken der Pinnwandmoderation«, S. 214

Eine besonders effektive Darstellung der Inhalte erreichen Sie über den bewussten Umgang mit Formen und Farben in der Moderation:

- »Farbeinsatz in Präsentation und Moderation«, S. 224
- »Bedeutung der Formen in Moderation und Präsentation«, S. 228

Darüber hinaus lernen Sie verschiedene Variationen als Anregungen kennen, die sich als Unterstützung Ihrer praktischen Arbeit auf die individuellen Gegebenheiten anpassen lassen:

- »Farbvariation 1: Die Ampel-Moderation«, S. 233
- »Farbvariation 2: Tabula Rasa«, S. 237
- »Farbvariation 3: Who is Who«, S. 241

Nach Bearbeitung der folgenden Kapitel können Sie eigene kreative Ideen entwickeln, die Ihr Moderationsrepertoire um interessante Facetten bereichern werden.

5.5.1 Eigenschaften und Anwendungsbereich **

Die Pinnwand ist ein klassisches Medium zur Visualisierung und Präsentation. Durch innovative Entwicklungen

von Moderationsmaterial und eine experimentelle Didaktik hat es sich weit verbreitet und findet große Akzeptanz in Arbeitsgruppen und Seminaren aller Hierarchieebenen. Sowohl Diskussionsprozesse in Gruppen als auch Arbeitsergebnisse können begleitet und inszeniert werden. Durch die geringe Vorbereitung, eine gute Nachvollziehbarkeit der Inhalte und interessante Möglichkeiten zur Visualisierung ist die Pinnwandtechnik mit ihrem typischen Workshop-Charakter fest im Methodenrepertoire des Moderators verankert.

Eigenschaften

Die Pinnwand ist ein klassisches Medium, welches sich durch den Ideenreichtum der Moderatoren und das Interesse an Teamprozessen und Gruppenarbeit zu einem modernen und unverzichtbaren Begleiter in der Moderation und Präsentation entwickelt hat. Durch die vielfältigen Einsatzmöglichkeiten der Pinnwand hat sich in den letzten Jahren ein großes Angebot diverser Ausführungen entwickelt, um für jede Gruppengröße und Raumbeschaffenheit ein optimales Medium zur Visualisierung zu liefern (Abb. 5.5-1).

Die klassische Pinnwand besteht aus einer Hartschaumplatte, die in einem leichtgängigen Aluminiumrahmen verankert ist. Es gibt statische Modelle, aber auch variable Ausführungen, die durch Höhenverstellbarkeit und unterschiedlicher Beschichtung der Vorder- und Rückseite diverse Einsatzmöglichkeiten bieten. Für den Transport eignen sich zusammenklappbare Varianten. Um die blanken Wände zur direkten Beschriftung nutzbar zu machen, werden sie in der Regel mit Packpapier oder großen Pinnwandbögen bespannt. Modelle, die eine Stoffbespannung aufweisen, eignen sich besonders zur Kartenmoderation.

Die Größe der Pinnwand reicht von kleinen Pintafeln mit einer Breite ab ca. 80 cm und einer Höhe von ca. 100 cm bis hin zu großen Standtafeln mit Maßen von ca. 128 cm Breite und 193 cm Höhe.

In vielen Seminarräumen sind bereits große Pinnwände als Wandinstallation angebracht (Abb. 5.5-2), die sich in mehrere Richtungen verschieben lassen und auch für größere Arbeitsgruppen ein geeignetes Medium darstellen. Kommt eine solche Variante in Ihrer Moderation zum Einsatz, bedenken Sie, die Übungen entsprechend vorzubereiten, da sich durch

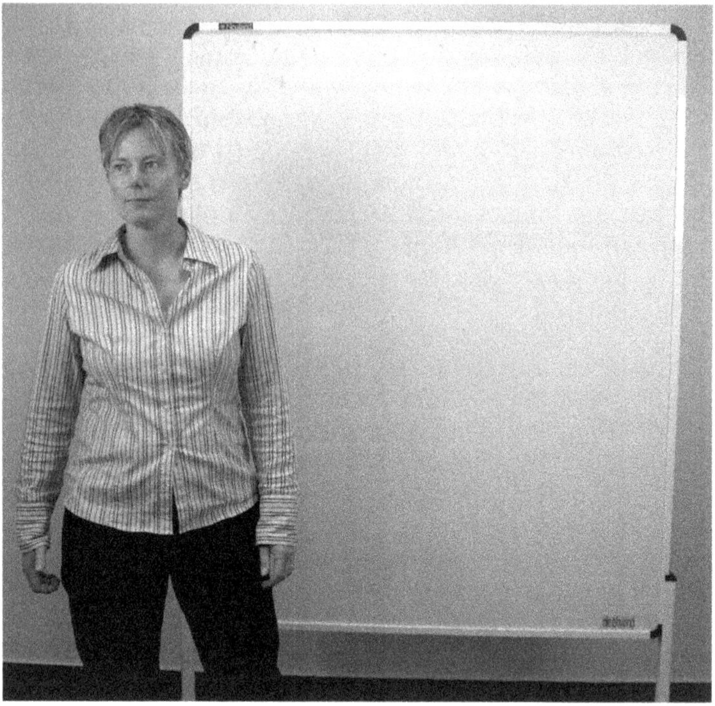

Abb. 5.5-1: Beispiel für eine klassische Pinnwand.

die vorgegebene starre Position andere Modalitäten für Ihre Gruppenarbeit ergeben. Ebenso wird sich die Planung Ihrer Sitzordnung den räumlichen Gegebenheiten anpassen müssen.

Die Größe des Raumes und der Arbeitsgruppe ist auch entscheidend für die Auswahl des einzusetzenden Materials während der Pinnwandmoderation. Es steht in unterschiedlichen Farben und Formen zur Verfügung und sollte mindestens aus folgenden Moderationswerkzeugen bestehen:

- Pinnwandbögen oder passende Abschnitte aus Packpapier
- Große Moderationskarten für Überschriften in verschiedenen Formen und Farben
- Diverse Karten zur Gruppenarbeit
- Marker in verschiedenen Farben

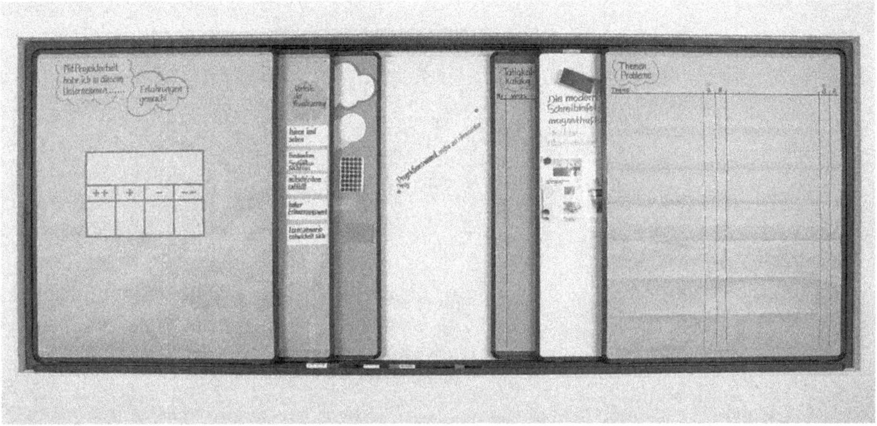

Abb. 5.5-2: Eine Pinnwand als mehrschichtige Wandinstallation bietet viel Platz für Moderationen.

- Trainermarker für den Moderator zur Gestaltung der Überschriften
- Bewertungspunkte in Form von selbstklebenden Stickern
- Pinnwandnadeln
- Schere
- Kleber

Eine optimale Zusammenstellung der Materialien bieten Moderatorenkoffer (Abb. 5.5-3). Der Phantasie des Moderators bleibt es dann überlassen, eine wahre Schatzkiste mit verschiedenen Karten, Symbolen und interessanten Bildern zusammenzutragen, um für zusätzliche faszinierende Visualisierungseffekte zu sorgen.

Anwendungsbereich

Die einfache Handhabung, vielfältigen Gestaltungsoptionen und gute Nachvollziehbarkeit durch die Teilnehmer öffnen der Pinnwandmethode nahezu alle Anwendungsbereiche, in denen Aufgaben und Fragestellungen in Gruppen zu bearbeiten sind. Längst hat die Pinnwand den Status des rein pädagogischen Lehrmediums aufgegeben und hat durch den sympathischen Workshop-Charakter auch Büros, Werkstätten und Gruppenräume erobert. Dem Moderator kommt dabei mehr die Rolle eines Prozessbegleiters zu, der das jeweilige Themenspektrum umrahmt und entsprechende Arbeitsaufträge verteilt. Nach einzelnen Ergebnis-

Abb. 5.5-3: Der Moderationskoffer hält alle notwendigen Werkzeuge für die Präsentation bereit.

phasen fasst der Moderator entwickelte Argumente zusammen. Unterstützend können hierbei Zeigehilfen eingesetzt werden, die die aktuellen Diskussionspunkte zusätzlich unterstützen (siehe hierzu »Zeigehilfen – mehr als ein Tafelstock«, S. 169). Durch die Beiträge in den Gruppendiskussionen werden zusätzliche Impulse freigesetzt, aus denen sich ein transparentes und umfassendes Meinungsbild entwickelt. Eine zusätzliche Bewertung kann mit einem Punktesystem vorgenommen werden. Hierzu stehen Markierungspunkte (Abb. 5.5-4) in verschiedenen Varianten zur Verfügung.

Dieses wird am Ende der Pinnwandmoderation als Ergebnis visualisiert und abschließend reflektiert. Die Arbeit mit der Pinnwandmethode kann durch den Einsatz verschiedener Techniken individuell auf den Teilnehmerkreis und das erklärte Arbeitsziel abgestimmt werden. Besonders abwechslungsreich lässt sich diese Methode gestalten, wenn die Pinnwand mit einer Multifunktionsoberfläche oder mit verschiedenen Beschichtungen auf der Vorder- und Rückseite ausgestattet ist. Mittlerweile bietet der Markt eine Vielzahl von Kombinationsmöglichkeiten, aus denen der Moderator für seinen individuellen Bedarf wählen und mit einem einzigen Medium gleichzeitig eine Pinnwand, eine Magnettafel und ein *Whiteboard* einsetzen kann.

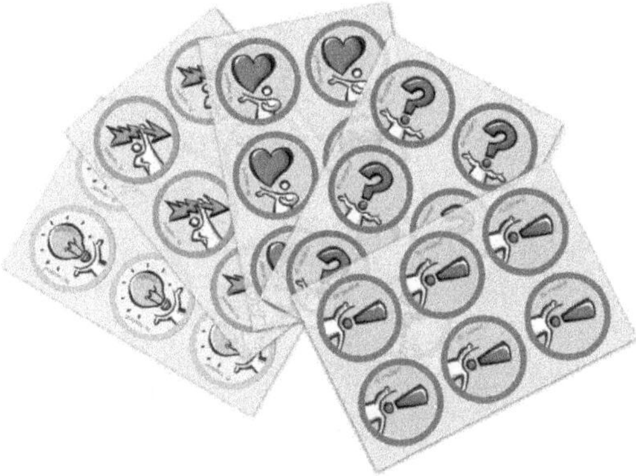

Abb. 5.5-4: Markierungspunkte mit Symbolen können eine bestimmte Botschaft transportieren und so für zusätzliches Interesse sorgen.

Fähigkeit des Moderators

Die Intensität und Effizienz der Pinnwandmethode hängt neben der interaktiven Mitarbeit der Teilnehmer von den entsprechenden Fähigkeiten des Moderators ab. Hier geht es im Wesentlichen um die Grundzüge einer erfolgreichen Gesprächsführung. Die Teilnehmer sollten die Möglichkeit erhalten, ihre Beiträge komplett darzustellen, wobei eine vorsichtige Begrenzung der Redezeit erforderlich ist, um das vorgegebene Zeitlimit für die gesamte Moderation einzuhalten. Auch die Art der Fragestellung nimmt erheblichen Einfluss auf das Arbeitsergebnis. Daher sollten Fragetechniken angewendet werden, die zur Interaktion der Teilnehmer beitragen und weiterführende Diskussionen auslösen. Dies sind offene Fragen, zu denen die Teilnehmer eigene Meinungen darstellen und mehrere Lösungsansätze einbringen können. Die Meinung des Moderators ist hier nicht von Interesse. Er nimmt eine neutrale Position ein, um den Gedankenfluss der Gruppe nicht zu unterbrechen. Gleichwohl ist es wichtig, wohlwollend in eine vorsichtig angedachte Zielrichtung zu moderieren, um dem Thema der Veranstaltung Rechnung zu tragen.

Ein anderes breites Aktionsfeld für den Einsatz der Pinnwand bietet die Präsentation von großflächigen Dokumentationen oder Ausstellungen. Die Stellwände können hierzu variabel aufgebaut werden und tragen somit auf faszinierende Weise zu einer gelungenen Visualisierung bei. Besonders eindrucksvolle Visualisierungsmomente lassen sich mit Endlos-Pinnwänden (Abb. 5.5-5) erzeugen. Hierbei lassen sich mehrere Einzelelemente miteinander verknüpfen, so dass eine beliebig erweiterbare Präsentationsfläche entsteht.

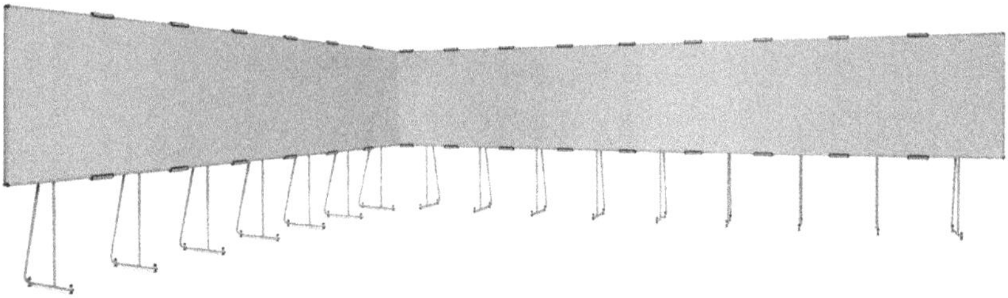

Abb. 5.5-5: Endlos-Pinnwand zur Visualisierung größerer Zusammenhänge.

Tipps zur Handhabung der Pinnwand

Tipps

- In einer Moderation kommt es oft zu spontanen Momenten, in denen sich der Moderator oder Teilnehmer während des Schreibens und Moderierens gegen die Pinnwand lehnt. Daher sollte die Pinnwand einen festen Stand haben und der Durchführung der anstehenden Aufgabe auch mit einer entsprechenden Stabilität begegnen. Rechte Standfestigkeit erkennen Sie daran, dass sich die Pinnwand bei einem leichten Druck gegen die Schreibfläche nicht nach hinten neigt. Achten Sie zudem darauf, dass die Stellschrauben an der Seite sicher befestigt sind, um ein plötzliches Abkippen zu vermeiden.
- Prüfen Sie unbedingt den Härtegrad der Oberfläche. Pinnwandnadeln sollten Sie problemlos in die Platte drücken können. Oftmals locken preiswerte Modelle, die sich dann aber mit einer nahezu undurchdringlichen Oberfläche als ungeeignet entpuppen.
- Gerade als Moderator ist Ihnen daran gelegen, schnell und zügig die erforderlichen Medien zu installieren und an ihren Einsatzort zu bringen. Sind Sie also mit Ihrer eigenen transportablen Ausstattung unterwegs, achten Sie auf leichtgewichtige Ausführungen, die ein Gesamt-

gewicht von etwa 6 kg nicht überschreiten sollten. In den meisten Seminarräumen werden Sie weitaus schwergewichtige Exemplare vorfinden, die aber in der Regel auf Rollen montiert sind, und sich somit mühelos im Aktionsraum umher schieben lassen.

- Um die Teilnehmer zusätzlich zur aktiven Mitarbeit zu motivieren, können Sie eine transportable Moderationsstation (Abb. 5.5-6) neben der Pinnwand aufstellen. Auf diese Weise vermitteln Sie das Gefühl, dass die Moderationswerkzeuge nicht nur aus Ihrem persönlichen Koffer entspringen und Ihnen allein vorbehalten sind, sondern dass sie für alle zugänglich und einsetzbar sind.

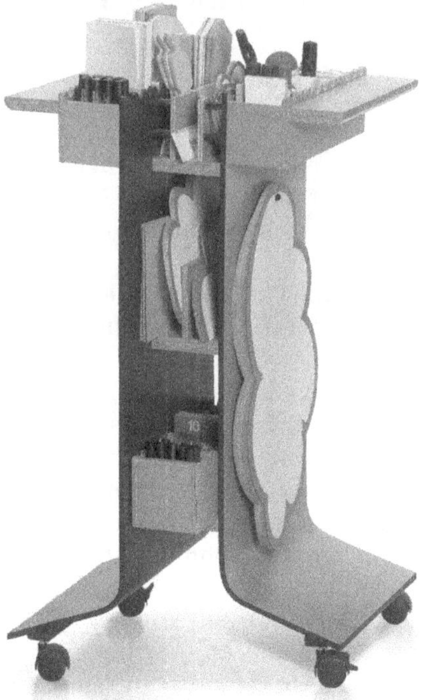

Abb. 5.5-6: Eine mobile Moderationsstation animiert die Teilnehmer zur aktiven Mitarbeit.

- Wenn Sie die Pinnwand mit Packpapier bespannen möchten, erledigen Sie dies vor der Veranstaltung. Bei diesen recht unhandlichen Bögen wirkt es oft unbeholfen, eine optimale Bespannung zu erreichen und wirft zudem eine nicht unerhebliche Geräuschkulisse auf.

5.5.2 Vor- und Nachteile der Pinnwandmoderation **

Die einfache Handhabung der Pinnwand und gute Transparenz der Inhalte bieten sowohl für den Moderator als auch für die Teilnehmer einschlägige Vorteile. Bei der Beschriftung der Karten ist jedoch zu beachten, dass auch leistungsschwächere Teilnehmer nicht von der Diskussionsrunde ausgeschlossen werden. Hierzu ist ein besonders einfühlsames Verhalten des Moderators erforderlich.

Vorteile

+ Eine Pinnwand kann *ohne großen Aufwand* installiert und auch während der Präsentation umgestellt werden. Der flexible Einsatz ermöglicht einen Standort in Gruppennähe oder auch als Abgrenzung zu parallel arbeitenden Einheiten.
+ Das Material für die Pinnwandmoderation ist heute standardmäßig fast überall verfügbar und kann *ohne technische Installation* sofort zum Einsatz kommen. Für besondere Visualisierungsmomente kann der Moderator individuelles Material einsetzen und in unendlicher Vielfalt ein kreatives Tafelbild mit der Gruppe erarbeiten.
+ Eine gewünschte Kartenmoderation ist auch *ohne Pinnwand möglich*. Als Basis hierzu bieten Wände, Schrank- und Zimmertüren eine spontane und unkonventionelle Alternative.
+ Farbige Moderationskarten können *gezielt* eingesetzt werden, um Gruppen, Argumente oder Ziele optisch zu differenzieren. In der Abschlusspräsentation bilden sich auf diese Weise interessante Visualisierungseffekte, die die Merkfähigkeit der Teilnehmer nachhaltig unterstützen (siehe »Farbeinsatz in Präsentation und Moderation«, S. 224).
+ Der *Workshop-Charakter* einer Pinnwandmoderation versetzt die Teilnehmer in eine positive Grunddispositi-

on. Basierend auf einer offenen und demokratischen Gesprächsatmosphäre hat jeder die Möglichkeit, seinen Beitrag für ein effektives Gesamtergebnis zu leisten.

+ Die *interaktive Arbeitsweise* während der Pinnwandmoderation bietet allen Teilnehmern die Möglichkeit, auf geleistete Beiträge Bezug zu nehmen. Es werden zusätzliche Impulse freigesetzt, die alle Beteiligten motivieren, sich weiterhin mit kreativen Beiträgen einzubringen. In Form einer interaktiven Argumentationskette ergibt sich im Ergebnis eine Gesamtleistung der Gruppe, die eindrucksvoll als Abschlussdokumentation inszeniert werden kann.
+ Alle Argumente werden auf Karten gesammelt, so dass auch im weiteren Verlauf der Diskussion *kein Gedankengut verloren* geht. Es kann zu jeder Zeit auf die verschiedenen Beiträge zurückgegriffen werden.
+ *Korrekturen* können umgehend und problemlos durchgeführt werden, ohne die Wirkung der Präsentation zu beeinträchtigen. Der beliebige Austausch der Moderationskarten motiviert zum spontanen Diskussionsbeitrag, ohne durch das Bemühen um Perfektionismus eingeschränkt zu sein.
+ Durch den schrittweisen Aufbau der Moderationskarten an der Pinnwand lassen sich Themenbereiche in Form von ***Cluster*** zusammenfassen. Das Bild der angehefteten Moderationskarten kann jederzeit verändert werden und ermöglicht somit eine Sortierung nach verschiedenen Gesichtspunkten. Es ergibt sich eine Struktur, die den Gedankengang nachvollziehbar und transparent für alle Teilnehmer darstellt.
+ Der Einsatz von Markierungspunkten und Symbolen ermöglicht den Teilnehmern eine Bewertung (engl. ***Rating***, ***Scoring***). Auf diese Weise können Schwerpunktthemen hervorgehoben werden, aus denen sich Impulse für weiteres Handeln ableiten.
+ Erstellte Tafelbilder sind *problemlos archivierbar* und stehen auch für spätere Fortsetzungen der Diskussion zur Verfügung. Heute werden die Ergebnisse von Pinnwandmoderationen gern auf digitalen Bildern festgehalten und finden somit als Fotoprotokolle weitere Verwendung.

+ Häufig finden die Ergebnisse einer Pinnwandmoderation Verwendung als *Ausstellungstafeln*. Dazu werden sie an Projekt-, Themen- oder Präsentationstagen für ein öffentliches Publikum aufgestellt. So haben auch Außenstehende die Möglichkeit, sich über die dargestellten Prozesse zu informieren und die visualisierte Struktur nachzuvollziehen.

Nachteile

- Für die Arbeit mit *mehreren Arbeitsgruppen*, die gleichzeitig an einem Thema arbeiten, sind mehrere Pinnwände erforderlich, die in der benötigten Anzahl nur selten zu Verfügung stehen. Der Bedarf sollte daher im Vorfeld verlässlich geklärt werden, um eine reibungslose Gruppenarbeit zu ermöglichen.
- Nicht alle Teilnehmer stehen der offenen und interaktiven Arbeitsweise in der Pinnwandmethode aufgeschlossen gegenüber. Gerade bei emotionsgeladenen Themen oder *verdeckten Konflikten* ist der Einsatz der Pinnwandmethode bedenklich und erfordert ein höchst einfühlsames Vorgehen des Moderators. Es sei denn, diese Methode wurde bewusst gewählt, um eben die verdeckten Konflikte offen auszusprechen und zu diskutieren.
- Sozial interdependente Arbeitsgruppen neigen dazu, die Zeit der Pinnwandübung für *informelle Gespräche* zu nutzen. Bis zu einem gewissen Grad sind diese Beiträge der positiven Grundstimmung dienlich, können aber bei unzureichendem Eingreifen des Moderators zu einem Störfaktor werden.
- Während der Gruppenarbeit stellen sich immer wieder leistungsstärkere Teilnehmer heraus, die die gesamte Menge ihrer Moderationskarten fixieren und mit ihrem Erklärungsbedarf dem Rest der Gruppe den Wind aus den Segeln nehmen. Auch hier ist der Moderator gefragt, der die Redezeit bzw. die Anzahl der zu beschreibenden Moderationskarten pro Teilnehmer begrenzt und ausdrücklich um die *Beiträge aller* Gruppenmitglieder bittet. Doppelte Karten können dabei übereinander geheftet werden.
- Moderationsmaterial für die Pinnwandmethode gibt es reichlich in Form und Farbe. Bei einer großen Gruppe

und längeren Moderation kann es hierbei zu nicht unerheblichen Kosten kommen. Kalkulieren Sie, ob ein Ausweichen auf improvisiertes Material sinnvoll erscheint, oder der Materialeinsatz in einem gesunden Verhältnis zur Gesamtheit der Veranstaltung steht. Vor diesem Hintergrund sehen sich häufig soziale oder karitative Einrichtungen gestellt, die solche Ausgaben in ihrer Budgetplanung nicht unbedingt vorgesehen haben.

Zum Verhalten des Moderators

- Die Vor- und Nachteile der Pinnwandmoderation ergeben sich in ihrer Ausprägung im Wesentlichen durch das Verhalten des Moderators. Es ist sehr wichtig, dass dieser mit der Methode der Kartenmoderation vertraut ist und durch sein souveränes Auftreten die Teilnehmer zur Mitarbeit motiviert.
- Ein zurückhaltender Moderator überträgt diese Verhaltenszüge auf die Gruppe und hemmt den produktiven Arbeitsprozess. Es entstehen lange Redepausen, die ein unangenehmes Gefühl erzeugen, oder es entwickeln sich informelle Kleingruppen, die in private Gespräche abdriften und die Position des Moderators zunehmend in Frage stellen. Eine weitere gemeinsame Bearbeitung der Problemstellung gestaltet sich unter diesen Umständen zunehmend als schwierig.
- Es obliegt dem Moderator, an geeigneter Stelle Zwischenergebnisse zusammenzufassen. Dies ist vorteilhaft für die weitere Arbeit, da jeder Teilnehmer in seiner individuellen Denkstruktur am Thema arbeitet und eine Zusammenfassung durch einen neutralen Moderator impulsgebend für die weitere Ideenfindung wirkt.
- Als Moderator müssen Sie vorbereitet sein, mitunter auch persönlich mit in die Diskussion einbezogen zu werden. Bedenken Sie, dass es nicht um Sie als Person, sondern um die Sache geht. Lassen Sie sich nicht provozieren und behalten Sie in jedem Fall eine neutrale Perspektive auch zum Wohle der gelingenden Gruppenarbeit.
- Besondere Pluspunkte gewinnen Sie als Moderator, wenn Sie auf unkonventionelles Moderationsmaterial zurückgreifen. Dienlich sind hierzu Zeitungsausschnitte,

Cliparts, Fotos oder Symbole, die Sie im Laufe der Zeit in Ihrem Trainer-Archiv angesammelt haben.
- Einige Auftraggeber halten es für sinnvoll, die Kartenmoderation in bestimmten Farben durchzuführen. Bevor Sie diesen Wunsch umsetzen, überprüfen Sie Ihre Übungen und ihr Material auf verfügbare Kartenvorräte.

5.5.3 Effektive Techniken der Pinnwandmoderation **

Wird die Pinnwand als Medium in einer Präsentation eingesetzt, hat der Moderator vielfältige Möglichkeiten, durch die Auswahl der richtigen Technik dem Thema und der Zielgruppe gerecht zu werden. Das Spektrum reicht von der einfachen *Zuruf-Moderation*, bei der die verbalen Beiträge der Teilnehmer auf der Pinnwand festgehalten werden, bis hin zu einem *Interaktions-Szenario*, welches durch thematisches Verknüpfen der Aufgabenstellungen der Teilgruppen eine tiefgreifende und umfassende Diskussion einer Fragestellung ermöglicht und in der anschließenden Plenumsdiskussion weiterführende Bearbeitung erfährt.

In jeder Phase die richtige Technik

In verschiedenen Präsentationsphasen kann die richtige Technik dem Moderator wichtige Unterstützung leisten, um die Beiträge der Teilnehmer entsprechend zu inszenieren. In der **Anfangsphase** einer Moderation geht es zunächst um die Sammlung von Beiträgen, die über *Zuruf-* oder *Kartenabfrage* zusammengetragen werden. Stimmungen oder Meinungen können anhand einer *Einpunkt-Abfrage* erhoben werden. In **tieferen Arbeitsphasen** wird häufig auf eine Art der Strukturierung zurückgegriffen, um die eingebrachten Argumente zu werten, zu ordnen, oder auf ein bestimmtes Ziel hin vorzusortieren. Dazu hat sich die *Mehrpunkt-Abfrage* bewährt, die durch die Vergabe mehrere Wertungspunkte ein differenziertes Meinungsbild skaliert. Für weitere Vertiefungsphasen eignen sich Interaktions-Szenarien, bei denen in Kleingruppen verschiedene Arbeitsaufgaben vorbereitet werden, um sie im anschließenden Plenum zu diskutieren. Die **Endphase** einer Pinnwandmoderation bildet das Präsentations-Szenario, welches auf verschiedene Weise Lösungen, Antworten oder Ergebnisse zu der eingangs gestellten Fragestellung liefert.

- Einführungsphase:
  - Zuruf-Moderation
  - Kartenabfrage
  - Einpunkt-Abfrage
- Vertiefungsphase:
  - Mehrpunkt-Abfrage
  - Interaktions-Szenario
- Abschlussphase:
  - Präsentations-Szenario

Zuruf-Moderation

Zur spontanen Abfrage von Vorschlägen und Ideen der Teilnehmer dient die Zuruf-Moderation oder **Zuruf-Abfrage**. Auf diese einfache Weise werden die Teilnehmer motiviert, **spontane** Beiträge zu leisten, die als Ausgangsbasis für den weiteren Verlauf der Diskussion dienen. Dazu schreibt der Moderator eine Fragestellung direkt auf die mit Packpapier bespannte Pinnwand oder auf eine große Moderationskarte in Streifen- oder Wolkenform, die zentral auf die Pinnwand geheftet wird. Nun bittet er die Teilnehmer, sich zur gestellten Ausgangsfrage spontan zu äußern und die Beiträge in den Raum zu rufen. Die verschiedenen Punkte werden der Reihe nach aufgeschrieben. Eine Bewertung erfolgt erst im weiteren Verlauf der Moderation. Benötigt der Moderator die Argumente für spätere Diskussionsansätze in bestimmter Vorstruktur, so wird er die Wortbeiträge bereits in diesem frühen Stadium listenartig auf der Pinnwand vorsortieren und dies der Gruppe im Anschluss erklären.

Beispiel 1a

Sie eröffnen eine Moderation zum Thema *Verbesserung des Arbeitsklimas* und stellen dazu die Frage: »Was gefällt mir an meiner täglichen Arbeit?«. Spontan kommen Beiträge aus der Gruppe, die Sie auf der Pinnwand notieren. Während der Niederschrift der Beiträge fällt Ihnen auf, dass es einerseits um Argumente auf *persönlicher* andererseits auf *sachlicher* Ebene geht. Darüber hinaus werden auch negative Aspekte geäußert, die sie an separater Stelle sammeln möchten. So nehmen Sie eine Strukturierung vor und unterteilen die Pinnwand gedanklich in drei vertikale Spalten. Auf der linken Seite platzieren Sie die Beiträge zu persönlichem Wohlbefinden am Arbeitsplatz

(z. B. nette Kollegen, gutes Verhältnis zum Vorgesetzten), in die Mitte die sachlichen Bezüge (z. B. angenehme Gestaltung der Büroräume, gute Software) und rechts die negativen Aspekte (Abb. 5.5-7). Am Ende der Beitrags-Sammlung erklären Sie der Gruppe, dass Sie die Beiträge nach bestimmten Punkten sortiert haben. Diese Strukturierung kann als Grundlage für weitere Diskussionen genutzt werden.

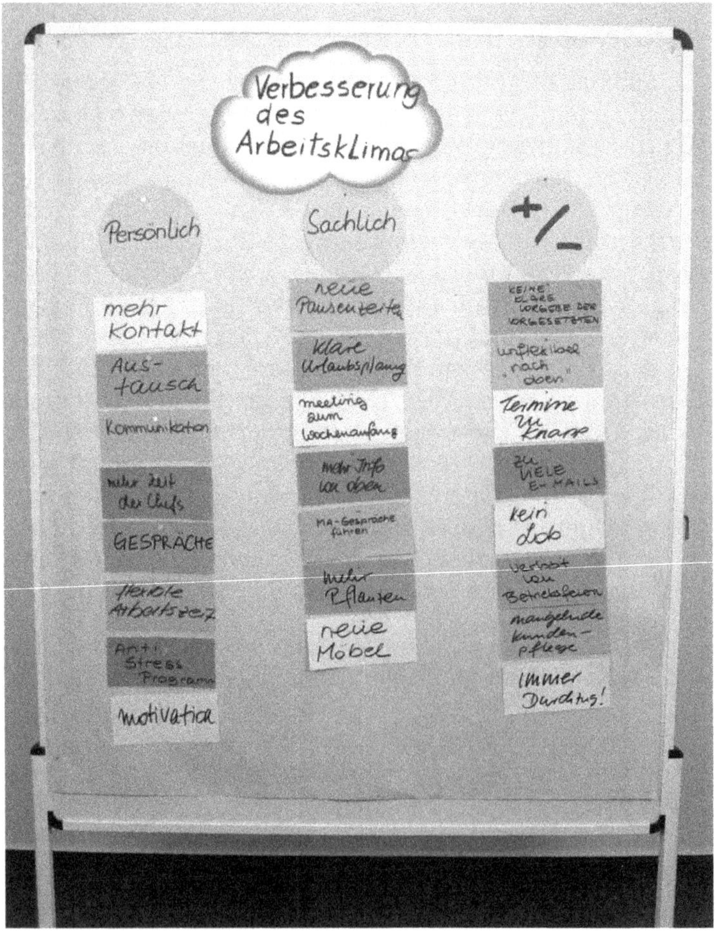

Abb. 5.5-7: Pinnwandmoderation zum Thema »Arbeitsklima«.

Das Ergebnis der Zuruf-Moderation kann mit einem ***Brainstorming*** (siehe »Ideenfindung mit Brainstorming«, S. 250) verglichen werden, wobei möglichst alle Beiträge der Teilnehmer festgehalten werden. Dazu kann es nützlich sein, bei einer größeren Gruppe mehrere Moderatoren einzusetzen, die sich aus den Reihen der Teilnehmer für diese Aufgabe bereit erklären. So wird jeder einzelne Beitrag in der richtigen Reihenfolge erfasst und der fehlende Blickkontakt während der Schreibphase durch einen Ko-Moderator abgefangen.

Kartenabfrage

Eine sehr häufig eingesetzte Technik in verschiedenen Moderationsphasen ist die Kartenabfrage. Auch hier ist eine als Fragestellung formulierte Überschrift Ausgangspunkt der weiteren Überlegungen. Zuvor hat der Moderator Karten und Moderationsstifte an die Teilnehmer verteilt und bittet nun um schriftliche Beiträge zum Thema. Pro Karte wird nur ein Gedanke stichwortartig schriftlich fixiert, so dass eine spätere Sortierung nach Themenbereichen möglich bleibt. Nach einer zuvor vereinbarten Zeit werden die ausgefüllten Karten an die Pinnwand geheftet. Es obliegt der Einschätzung des Moderators, ob die Gruppe stark und vertraut genug ist, um jeden Teilnehmer seine eigenen Beiträge an der Pinnwand moderieren zu lassen. Auf diese Weise nimmt der Moderator sich zurück, um bei den Teilnehmern das Gefühl der aktiven Teilnahme am Geschehen zu verstärken. Bei sensiblen Themen oder einem verhaltenen Miteinander in der Gruppe kann es zunächst vorteilhafter sein, dem Moderator diese Aufgabe zu überlassen, der dann in seiner weiteren Arbeit vorsichtig auf eigene Moderationsleistungen der Teilnehmer hinarbeitet.

Die Technik der Kartenabfrage bietet zahlreiche Vorteile, die zur ihrer großen Akzeptanz und enormen Verbreitung beigetragen haben. Der leicht spielerische Umgang mit den farbigen Karten setzt bei den Teilnehmern positive kreative Impulse frei, die in der Regel zu einer guten Ideensammlung führen. Der so entstehende typische *Workshop*-Charakter hat gerade in der heutigen, von Teamgedanken und Gruppenarbeit geprägten Zeit erheblich an Bedeutung gewonnen. Die Arbeit mit Moderationskarten kann durch den differenzierten Einsatz zusätzlich effektiver gestaltet werden, falls eine Sortierung nach bestimmten Gesichtspunkten gewünscht wird. Ferner können die ausgefüllten Karten auf der Pinnwand beliebig umgestaltet werden und auch als Basis für spätere Moderationsphasen herangezogen werden.

Beispiel 1b

Wieder befinden Sie sich in der Arbeitsgruppe zum Thema *Verbesserung des Arbeitsklimas.* Nachdem erste Ideen mit der Zuruf-Technik zusammengetragen wurden, vertiefen Sie die Bearbeitung durch Kartenabfrage. Die Überschrift lautet: »Wie kann ich die Arbeitssituation verbessern?«. Um für einen zusätzlichen Austausch der Teilnehmer untereinander zu sorgen, bilden Sie drei Gruppen. Sie geben eine Bearbeitungszeit von zehn Minuten vor und bitten die Teilnehmer, Ihre Ideen schriftlich auf den Karten festzuhalten. Da die Teilnehmer der Arbeitsgruppe täglich zusammenarbeiten und sich gut kennen beschließen Sie, dass jede Gruppe ihre Ergebnisse selbst moderiert. Während sich die Gruppe mit Schreibarbeit beschäftigt, gehen Sie zwischen den Teilnehmern umher, loben motivierend und unterstützen so die bereits notierten Beiträge, ohne sich dabei namentlich an eine bestimmte Person zu wenden. Nach jedem Einzelbeitrag eines Teilnehmers, der seine Karten anheftet und mit entsprechenden Erklärungen versieht, bedanken Sie sich für die eingebrachte Leistung und fordern einen weiteren Teilnehmer auf, seine Ergebnisse zu präsentieren. Abschließend fassen Sie alle Beiträge zusammen und leiten zur nächsten Fragestellung oder Übung über (Abb. 5.5-8).

Variation

Über den Einsatz von Farben lassen sich in diesem Fall die Aspekte nach positiven (grüne Karten), negativen (rote Karten) und neutralen Beiträgen (gelbe Karten) strukturieren. Im Ergebnis zeigt sich ein auf interessante Weise visualisiertes Präsentationsbild, das sich den Teilnehmern nachhaltig einprägt.

Auch mehrere abzufragende Aspekte können so nach Farben sortiert werden. Es ergibt sich dann eine Art Matrix, die sich aus den jeweiligen Beiträgen ergibt und durch farbliche Abstufungen ein differenziertes Meinungsbild darstellt.

Abb. 5.5-8: Pinnwandmoderation zum Thema »Arbeitsklima« mit Verbesserungsvorschlägen.

Einpunkt-Abfrage

Eine sehr effektive Technik zur Aufnahme eines momentanen Meinungsbildes ist die Einpunkt-Abfrage. Hierzu erhält jeder Teilnehmer einen Klebepunkt, den er auf ein zuvor durch den Moderator vorbereitetes Koordinatenkreuz, auf einen Zeitstrahl oder auf eine Skala klebt. Diese Technik gibt in der Einführungsphase einen ersten Eindruck über die vorherrschende Stimmung in der Gruppe und kann im späteren Diskussionsverlauf zur Bewertung von Zwischenergebnissen oder weiteren Bewertungen herangezogen werden.

Beispiel 1c

In der Arbeitsgruppe zur *Verbesserung des Arbeitsklimas* möchten Sie den Grad der Zufriedenheit mit den Arbeitsumständen abfragen. Hierzu bereiten Sie eine Skala vor, deren untersten Punkt Sie mit dem Zusatz »sehr unzufrieden« und den obersten Punkt mit »sehr zufrieden« versehen. Teilen Sie jedem Teilnehmer einen Klebepunkt aus und bitten Sie darum, diesen dem Gefühl entsprechend auf der Skala anzubringen.

Vorausgesetzt die Teilnehmer kennen sich untereinander gut und sind auch mit der Situation vertraut, kann jeder Teilnehmer die Positionierung seines (Stand-)Punktes erklären, um zu einer differenzierteren Beantwortung der Fragestellung zu gelangen. In der Regel ergibt sich eine Ballung der Punkte (***Cluster***) an einer bestimmten Stelle, was auf eine tendenzielle einheitliche Grundstimmung hinweist und wichtige Impulse für den weiteren Diskussionsverlauf liefert. In größeren Gruppen bleibt dem Moderator keine andere Wahl, als diese Einpunkt-Abfrage auf anonymem Wege durchführen zu lassen. Hierbei geht dann zwar die Beurteilung der Situation durch jeden Einzelnen verloren, jedoch ist es möglich auf diesem Wege zu einem *gefühlten Grundtenor* der Sachlage zu gelangen.

Variation

Besonders eindrucksvoll wird die Einpunkt-Abfrage, wenn anstatt der Klebepunkte die Teilnehmer selbst als Werkzeuge eingesetzt werden. Hierzu können Sie als Moderator zuvor die Skala oder das Koordinatekreuz mit Klebeband auf dem Fußboden skizzieren und bitten dann jede Person sich entsprechend seiner Meinung auf dem Feld zu positionieren. Da die eventuell divergierenden Standpunkte auf diese Weise besonders zu Tage treten, ist die Akzeptanz dieser Vorgehensweise vorher mit den Teilnehmern abzuklären.

Mehrpunkt-Abfrage

Die Mehrpunktabfrage hat sich zur Bewertung der gewonnen Argumente als sehr hilfreich erwiesen und wird aufgrund ihres spielerischen Charakters gern von den Teilnehmern angenommen. Zur Durchführung stehen Klebepunkte in diversen Formen und Farben zur Verfügung, die an die Teilnehmer einer Arbeitsgruppe vergeben werden. Die Menge der verfügbaren Punkte orientiert sich dabei einerseits an der Anzahl der zu bewertenden Aspekte, andererseits an der Stärke der Arbeitgruppe aus. Der Moderator erklärt die Vorgehensweise, die er in diesem Fall für optimal hält und bittet die Teilnehmer anhand der Punkte eine bestimmte Gewichtung am dargestellten Tafelbild auf Pinnwand oder Flipchart vorzunehmen. Bei einer Arbeitsgruppe von mehr als vier Teilnehmern hat sich die Verwendung größerer Markierungspunkte mit einem Durchmesser von 2 cm als sehr praktisch erwiesen.

Beispiel 1d

Die Arbeitsgruppe zum Thema *Verbesserung des Arbeitsklimas* hat in einer Kartenabfrage zahlreiche Vorschläge zusammengetragen, die nun bewertet werden sollen. Sie teilen jedem Teilnehmer sechs Klebepunkte aus und bitten darum, den besten Vorschlag mit drei Punkten zu bewerten, den zweitbesten mit zwei Punkten und die dritte Alternative mit einem Punkt. Es ergibt sich ein Bild, aus dem drei Favoriten hervorgehen, die auf einem gesonderten Blatt notiert werden, um von hier aus weitere Ansätze zu formulieren (Abb. 5.5-9).

Variation

Neben den drei besten Vorschlägen möchten Sie gleichzeitig auch die drei am wenigsten geeigneten Vorschläge aus dem Pool der gesammelten Argumente herausfiltern. Hierzu teilen Sie für die positiven Vorschläge jeweils sechs grüne und für die negativen jeweils sechs rote Punkte aus und verfahren mit der Bewertung durch die Teilnehmer in gleicher Weise.

Interaktions-Szenario

Während der Gruppendiskussion ergeben sich häufig derart viele Ansatzpunkte zum Thema, dass es sich als sinnvoll erweist, eine Bearbeitung der zahlreichen Themen in Teilgruppen vorzunehmen. So erhält jede Kleingruppe einen klaren Arbeitsauftrag, der nach intensiver Vorbereitung dem Plenum vorgestellt werden soll. In der vorgegebenen Zeit wird also parallel an Teilaspekten einer übergeordneten Fragestellung gearbeitet. Durch die Vorleistung der Kleingruppe werden wichtige Argumente aufgearbeitet, die in einer Abschlussdiskussion mit der gesamten Gruppe erörtert wer-

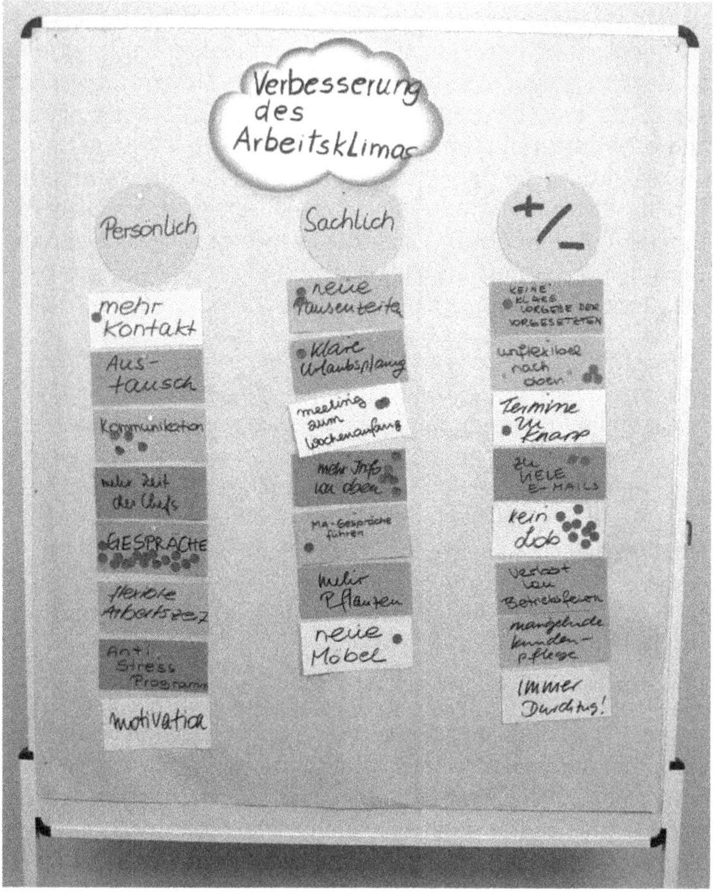

Abb. 5.5-9: Pinnwandmoderation zum Thema »Arbeitsklima« mit Bewertungspunkten.

den. Der Vorteil liegt in der ersparten Zeit und in der intensiven Aufarbeitung eines Themas, welches eine Betrachtung aus verschiedenen Perspektiven erfährt.

Beispiel 1e

Nach eingehender Diskussion zum Thema *Verbesserung des Arbeitsklimas* hat sich herauskristallisiert, dass es fünf wesentliche Bereiche gibt, aus denen die Einflussfaktoren für ein angenehmes Arbeitsklima resultieren. Als Moderator bilden Sie aus den Teilnehmern fünf Kleingruppen und erteilen ihnen einen dem Titel der Kleingruppe gemäßen Arbeitsauftrag:

- Gruppe 1: Persönliche Einflussfaktoren auf das Arbeitsklima
- Gruppe 2: Einflüsse der Vorgesetzten auf das Arbeitsklima
- Gruppe 3: Einflüsse aus anderen Abteilungen auf das Arbeitsklima
- Gruppe 4: Organisatorische Einflussfaktoren auf das Arbeitsklima
- Gruppe 5: Sonstige Einflussfaktoren auf das Arbeitsklima

Es ist sinnvoll, die jeweiligen Arbeitsaufgaben der Kleingruppe für alle sichtbar an der Pinnwand oder auf dem Flipchart zu vermerken. Zudem sollte in jeder Gruppe ein Moderator die Aufgabe haben, die zu lösende Fragestellung zielgerichtet in kleiner Runde zu bearbeiten und nach zugeteilter Arbeitszeit das Ergebnis für die weitere Diskussion mit der gesamten Gruppe präsentieren.

Am Ende präsentiert der Moderator aus jeder Kleingruppe den bearbeiteten Teilaspekt, welcher zur interaktiven Diskussion innerhalb der ganzen Gruppe anregt. Jeder hat die Möglichkeit, den Ergebnissen noch weitere Ergänzungen hinzuzufügen, oder durch den Meinungsaustausch mit anderen Mitgliedern einer Gruppe zu weiteren Ergebnissen zu gelangen. Als Hauptmoderator kommt Ihnen hier die Aufgabe zu, zwischen den einzelnen Teilbereichen zu vermitteln und die Zwischenergebnisse zu einem Gesamtbild zusammenzuführen. In praktischer Hinsicht kann dies von den Teilbereichs-Moderatoren erledigt werden, während Sie an entsprechender Stelle die theoretische Aufarbeitung des Themas untermauern.

Präsentations-Szenario

Jeder Moderator wünscht sich zum Ende einer Diskussionsrunde ein ansprechendes Abschlussbild, in dem alle bedeutsamen Lösungswege, Strategien oder Aktionspläne nachvollziehbar visualisiert sind. Es gibt vielerlei Medien und Methoden, mit denen dieses Szenario eingerichtet werden kann.

Die häufigste Variante ist sicherlich die, die Ergebnisse in Form von Kartenplänen auf Pinnwänden anzuheften. Eine andere beliebte Methode ist der Einsatz von Flipcharts, auf denen die Arbeitsergebnisse der Gruppen in Form von Listen dargestellt sind. Für größere Arbeitsgruppen lassen sich eindrucksvollere Tafelbilder sicherlich auf Pinnwänden visualisieren (Abb. 5.5-10), wobei auch der Eindruck mehrerer nebeneinander drapierter Flipcharts nicht zu unterschätzen ist. Letztlich hat die Präsentationsleistung des Moderators den wesentlichen Anteil an einem erfolgreichen Präsentations-Szenario.

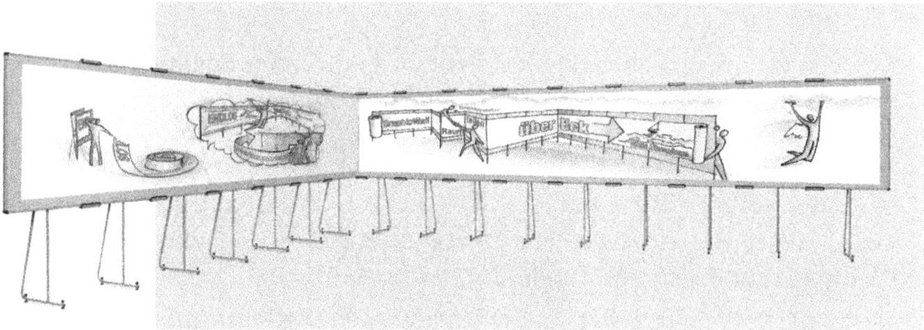

Abb. 5.5-10: Auf einer Endlos-Pinnwand kann ein Präsentationsszenario eindrucksvoll visualisiert werden.

Beispiel 1f

Die Gruppenarbeit zum Thema *Verbesserung des Arbeitsklimas* neigt sich dem Ende zu. Jede Kleingruppe hat ihre Arbeitsergebnisse präsentiert und auf einer großen Pinnwand zu einem Gesamtbild zusammengefügt. Durch die unterschiedlichen Farben der jeweiligen Teilbereiche ergibt sich nun ein eindrucksvolles Arbeitsergebnis, welches Sie als Moderator abschließend resümieren. Das Präsentations-Szenario kann als Fotoprotokoll ohne großen Aufwand archiviert werden.

5.5.4 Farbeinsatz in Präsentation und Moderation **

Der effektive Umgang mit Farben in der Moderation und Präsentation ist ein wichtiger Bestandteil der Visualisierung. So kennzeichnet die Farbe Gelb neue und kreative Ide-

en, Rot dient z. B. der Kennzeichnung von Konflikten oder Regeln. Mit blauen Visualisierungselementen lassen sich Informationen vermitteln, während Grün eher in Situationen von Zusammenfassungen und Feedbacks eingesetzt wird. Als neutrales Element wirkt die Farbe Weiß zur Erläuterung des Rahmenplans oder zur Sammlung offener Punkte.

Der alltägliche Umgang ist von den verschiedensten Farben bestimmt, ohne dass deren Bedeutung wirklich hinterfragt wird. Und doch hat sich durch Erziehung, soziale Beziehungen und nicht zuletzt durch individuelle Erfahrungen ein Gespür dafür entwickelt, welche Farben zu welcher Gelegenheit als passend oder eben unpassend empfunden werden. Die Natur gibt unzählige Beispiele von Farben vor, anhand derer die Gefährlichkeit eines Tieres oder die Farbenpracht einer Pflanze zu erkennen ist. So birgt die Erinnerung an den letzten Urlaub farbenfrohe Bilder von einem weißen Strand, blauem Meer und bunter Pflanzenwelt. In der Moderation lassen sich diese Eigenschaften zu Nutze machen und Farben als bewusstes und faszinierendes Mittel zur Visualisierung einsetzen. Wenn Sie als Moderator dafür sorgen können, dass eine Information mit einer passenden Farbe unterlegt ist, haben Sie die Gewissheit, diese dauerhaft in den Köpfen der Gesprächspartner zu speichern. Farben sind mit Emotionen verbunden, mit gefühlten Situationen, mit kreativen Ideen, die in der rechten Gehirnhälfte abgespeichert werden. Logische Zusammenhänge und sachliche Inhalte werden entsprechend in der linken Gehirnpartie abgespeichert. Wollen Sie dauerhafte Wissensinhalte schaffen, müssen Sie diese merk-würdig gestalten. *Merkwürdig* in dem Sinne, dass das Publikum die Informationen in einer Art und Weise aufnimmt, die es würdig macht, sich diese zu merken. Verbinden sich logische, sachliche Zusammenhänge mit farblichen Impulsen, so wird genau diese Merk-Würdigkeit erzeugt, die zur Speicherung der Information in beiden Gehirnhälften führt. Auf diese Weise erreichen Sie einerseits nachhaltige Erinnerungseffekte in den Köpfen unserer Zielgruppe und schaffen andererseits eine kreative und farbenfrohe Gesprächssituation.

Lehnen Sie sich einen Moment zurück und schauen Sie sich in Ihrer Umgebung um. Schreiben Sie auf, von welchen Farben Sie derzeit umgeben sind und bilden Sie zu jeder Farbe drei Attribute (z. B. GRÜN: beruhigend, neutral, gebietend). Sie werden feststellen, dass sich mit jeder Farbe eine gewisse Verbindung herstellen lässt und dazu in unseren Gedanken bestimmte Bilder ablaufen. Auch in der Präsentationstechnik ist es wichtig, diese Zusammenhänge aufzugreifen und jede Möglichkeit zu nutzen, um durch den Einsatz von Farben die Inhalte nicht nur interessanter zu gestalten, sondern hauptsächlich, um Akzente zu setzen und es dem Betrachter zu erleichtern, sich Dinge zu merken. Neben unzähligen Farbstellungen, die nicht zuletzt durch die unendliche Farbenskala von Computerprogrammen zu Verfügung stehen, basiert die Präsentationstechnik auf folgenden Hauptfarben:

- Gelb
- Orange
- Rot
- Blau
- Grün
- Weiß

Bevor Sie einen tiefergehenden Einblick in dieses Thema erhalten, bereiten Sie sich bitte folgendermaßen vor: Nehmen Sie ein weißes Blatt zur Hand und versetzen Sie sich in die Lage ihrer Präsentationsvorbereitung. Teilen Sie das Blatt in drei gleich große Abschnitte ein und benennen Sie diese mit den Überschriften »Einleitung«, »Hauptteil« und »Schluss«. Stellen Sie sich vor, Sie planen eine Gesprächsdiskussion unter Einsatz der Pinnwandmethode. Überlegen Sie konkret, welche Farben Sie aus welchen Gründen in der jeweiligen Diskussionsphase einsetzen würden. Ihre Überlegungen werden Ihnen helfen, die nun folgenden Erklärungen zum Thema anhand Ihres Skriptes nachzuvollziehen. Korrigieren Sie ggf. Ihre Unterlagen.

- Gelb ist eine warme Farbe. Sie wirkt leicht und ausstrahlend und steht damit sinnbildlich für das Kommunikative und die Hinbewegung (anregend, beweglich, offen). Demzufolge sollte sie in folgenden Präsentationsphasen eingesetzt werden:

- Phase der Ideenfindung
- Einsatz von Kreativitätstechniken
- Aktivierung vorhandenen Wissens
- Erfahrungsaustausch

- Orange ist eine Kombination von Licht und Wärme. Sie steht für Energie und Aktivität:
  - Vertiefungsphase
  - Strukturgebung
  - Lösungssuche
  - Gruppenarbeit
  - Arbeit auf der Beziehungsebene

- Rot ist die Farbe der Leidenschaft, des Zorns, der Erregung, des Kampfs. Sie wirkt dynamisch und aktivierend:
  - Maßnahmen definieren
  - Konflikte erzeugen
  - Widerspruch einlegen
  - Vereinbarungen treffen
  - Regeln aufstellen
  - Sammlung von Contra-Argumenten
  - Themen emotionalisieren

- Blau gibt ein Gefühl der Kälte, wirkt leidenschaftslos, ordentlich, seriös. Mit dieser Farbe verbinden sich Ratio, Wahrheit, Konzentration:
  - Fakten präsentieren
  - Tatsachen erläutern
  - Informationen geben
  - Bei Sachthemen
  - Bei der Wissensvermittlung
  - Bei der Einzelarbeit

- Grün symbolisiert Ruhe, Es ist die Farbe der Mitte, die ausgleichend und sichernd wirkt:
  - Feedback
  - Konsens festhalten
  - Erkenntnisse aus Konflikten visualisieren
  - Kompromisse finden
  - Zusammenfassungen schreiben
  - Sammlung von Pro-Argumenten
  - Ausblick

- Weiß ist die Reinheit, Klarheit und Kälte. Es steht für den Anfang:
  - Rahmen beschreiben
  - Organisation festlegen
  - Offene Punkte-Liste

Anhand dieser Informationen können Sie nun auch folgende Übung für sich durchführen. Nehmen Sie farbige Moderationskarten zur Hand und notieren darauf die Einsatzmöglichkeiten der verschiedenen Farben. Anschließend befestigen Sie diese auf einer Moderationswand und ergänzen zu den jeweiligen Punkten eigene Ideen für Ihre Präsentationsplanung.

Die erarbeiteten Erkenntnisse lassen sich anhand folgender Zusammenfassung übersichtlich darstellen:

- Eine farblose Präsentation ist langweilig.
- Farben sind an bestimmte Bedeutungen und Emotionen geknüpft.
- Farbige Moderationen sind merk-würdiger.
- Farben helfen zu motivieren.
- Farben differenzieren und unterscheiden.
- Farben drücken Gemeinschaft und Zugehörigkeit aus.
- Farben helfen dabei interessant zu visualisieren.
- Farben sind positive Assistenten in der Moderation.
- Farben sind die Basis für die Faszination des Publikums.

5.5.5 Bedeutung der Formen in Moderation und Präsentation **

Der Einsatz von verschiedenen Formen in der Moderation und Präsentation unterstreicht den jeweiligen Sachgehalt der Information. So finden Karten oder Symbole mit runden Formen eher ihren Einsatzbereich bei der Darstellung von Ideen, Vorschlägen oder Ergänzungen. Mit eckigen Formen lassen sich strukturierte Informationen visualisieren. Ovale oder rhombusförmige Formen unterstreichen die Darstellung von Ausnahmeregelungen oder Besonderheiten.

Die Moderation hat sich in den letzten Jahren zu einer bewährten Methode etabliert, um über Themen und Fragestellungen zu diskutieren. Nicht nur der Verwendung der einzelnen Farben, sondern auch den verfügbaren Formen wird zunehmend Beachtung geschenkt. Der richtige Umgang mit den verfügbaren Formen kann zusätzliche Visualisierungseffekte erzeugen, die das Publikum bei der Merkfähigkeit und Informationsaufnahme wesentlich unterstützt.

Psychologische Wirksamkeit

Bei der Diskussion über Formen in der Moderation und Präsentation kommt es nicht so sehr darauf an, welchen Themenbereich Sie mit Ihrem Vortrag oder Ihrer Moderation abdecken möchten. Vielmehr ist ein generelles **Verständnis der psychologischen Wirksamkeit** einzelner Formen hilfreich, da die damit verbundenen Eigenschaften vielfach einsetzbar sind.

Unter den zahlreichen geometrischen Figuren kommen für die Visualisierung während einer Präsentation oder Moderation nur wenige zum Einsatz. Anhand der Betrachtung von Moderationskarten lässt sich beispielhaft erkennen, wie der Einsatz der richtigen Form den Moderator bei seinem Einsatz unterstützt. Mittlerweile gibt es ein umfangreiches Repertoire an verschiedenförmigen Moderationskarten (Abb. 5.5-11). In der Regel werden diese in Kreisen oder Ovalen, Rechtecken oder Waben, mitunter auch in Rhomben angeboten.

Um sich der Thematik zu nähern, ist ein Zugang über Beispiele aus dem alltäglichen Umgang mit Formen hilfreich, um die empfundene Wirkung kreisförmiger oder eckiger Formen zu erfassen.

Welche Eigenschaften verbinden Sie mit den verschiedenen Formen: Kreis, Quadrat, Rechteck oder Rhombus? Sammeln Sie Ihre Bemerkungen in einer Tabelle, in der Sie die Eigenschaften runder und eckiger Formen gegenüber stellen.

Ihre Lösung könnte in etwa so aussehen:

- **Runde Formen**
  - wirken ganzheitlich,
  - sind grenzenlos,
  - sind eine runde Sache,
  - sind formschön,
  - wirken beruhigend,
  - lösen Ruhe aus,
  - haben eine weiche Kontur,
  - lassen sich nicht strukturieren,
  - wirken natürlich,

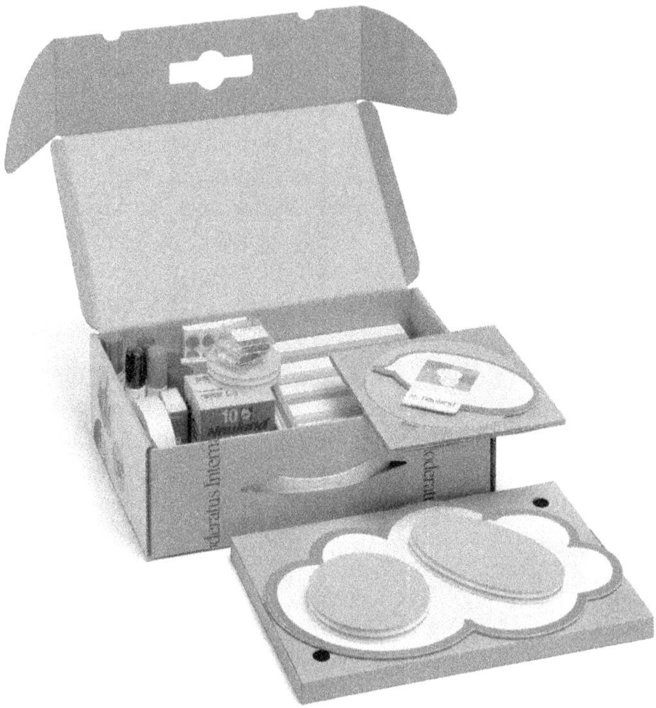

Abb. 5.5-11: Heute steht dem Moderator eine Vielzahl verschiedenförmiger Moderationskarten zur Verfügung.

- wirken symbolisch,
- geben kreativen Raum.

Eckige Formen

- wirken sachlich-logisch,
- wirken abgrenzend,
- haben Ecken und Kanten,
- geben exakten Raum vor,
- sind passgenau und linear,
- wirken bestimmend,
- fordern zu Aktivität,
- haben eine eckige Kontur,
- zeigen Grenzen auf,
- schaffen Struktur,
- sind ein Produkt,

- wirken plakativ,
- geben Raum für Argumentation.

Aufgrund dieser Ausgangsüberlegungen lassen sich Rückschlüsse ziehen, in welchen Situationen es sinnvoll sein kann, den Einsatz bestimmter Formen (Abb. 5.5-12) in der Moderation und Präsentation zu berücksichtigen.

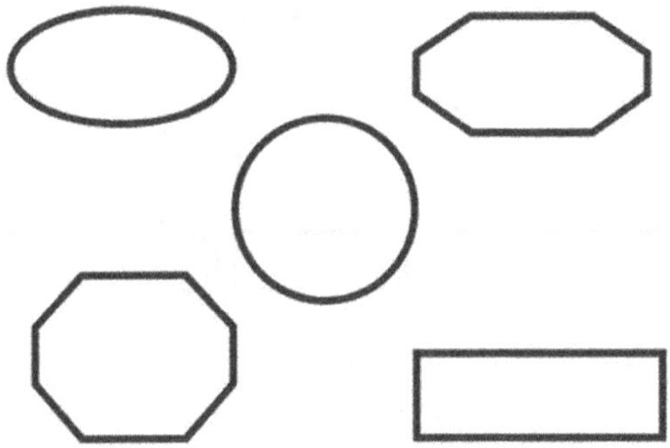

Abb. 5.5-12: Formen in der Moderation und Präsentation.

Runde Formen

Aufgrund des *weichen Faktors*, wie er häufig bei der Arbeit mit kreisförmigen Elementen empfunden wird, lassen sich runde Formen insbesondere in Phasen der **Ideenfindung** einsetzen. Vorschläge, die noch nicht abgestimmt und definiert sind, erfahren in runden Belegformen eine sinnvolle Dokumentation. Während sich mit großen kreisförmigen Moderationskarten umfangreiche Vorschläge einbringen lassen, dienen kleinere Moderationskarten eher **Ergänzungen** oder werden für *numerische* Darstellungen in Listenform benötigt. Die kleinste Einheit kreisförmiger Moderationsmaterialien bilden die **Markierungspunkte**. Mit diesen Elementen können **Votierungen** vorgenommen werden, die zuvor gesammelte Ideen und Argumente nach ihrer Präferenz ordnen.

Mit *ovalen* Moderationskarten lassen sich hingegen **Überschriften** visualisieren, die dann als Titelleiste Anwendung finden können. Auch emotionale Inhalte lassen sich in ovalen Formen festhalten, wie es in Meinungsumfragen oder Abfragen über die emotionale Einstellung zu einem Thema der Fall ist. Oval geformte Karten werden darüber hinaus als Gegenteil zu rechteckigen eingesetzt. Besonders deutlich wird dies, wenn innerhalb einer Reihe gleicher, aus rechteckigen Karten bestehender Elemente die Ausnahmestellung mit einer ovalen Moderationskarte gekennzeichnet wird (Abb. 5.5-13).

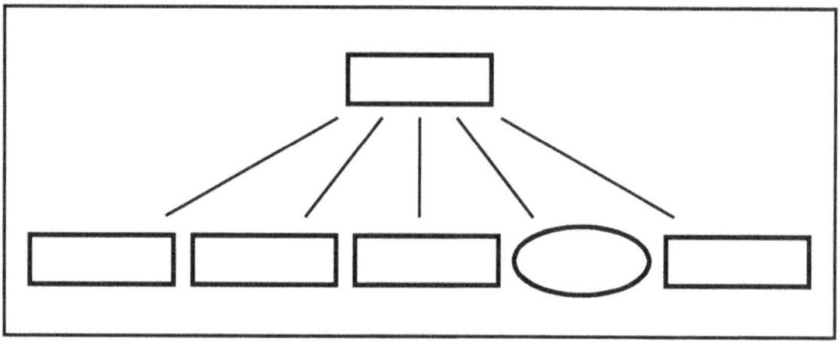

Abb. 5.5-13: Mit ovalen Moderationskarten lassen sich Ausnahmen visualisieren.

Eckige Formen

Von Rhomben, Waben und Rechtecken

Die sichtbare Begrenzung eckiger Formen schafft Klarheit und gibt einen Rahmen vor. Die sachlogische Struktur einer eckigen Form gibt Raum für stichhaltige Vorschläge, Pro- und Contra-Argumente, Planungsabsichten oder Gegenüberstellungen. Durch die sichtbaren Seitenlängen lassen sich mehrere eckige Karten exakt untereinander linear in Listenform anbringen. Auf diese Weise können Pläne, Handlungsabfolgen und logische Strukturen entwickelt werden. Eckige Karten werden also primär für die **Informations- und Wissensvermittlung** eingesetzt. Ist es nötig, innerhalb der Diskussion den zu vermittelnden Informationen noch **Funktionen**, **Abläufe** oder zeitliche Abschnitte zuzuordnen, verhelfen **rhombusförmige** Karten zu einer guten Übersicht des Moderationsfeldes auf der Pinnwand. Zusätzlich birgt die besondere Beschaffenheit des Rhombus die Möglichkeit für den Moderator, **optische Akzente** zu setzen, indem er beispielsweise Aufgabenpakete, Maßnahmen oder innovative Ansätze in dieser Form moderieren und markieren lässt. Ebenfalls eine besondere Stellung nehmen **wabenförmige** Moderationskarten ein. Sie eignen sich gut als **gedankliche Mittelpunkte** einer Diskussion, da sie optisch auf sechs mögliche Denkrichtungen hinweisen, die es den Teilnehmenden einfach erscheinen lässt, sich von diesem Mittelpunkt heraus eine weitere Struktur vorzustellen. Die fast spielerisch anmutende Wabenform lässt dem Moderator enorm viel Gestaltungsraum für eine Reihe von individuellen Situationen. Entlang seiner Phantasie und dem Bemühen, der strikten Vortragslandschaft wieder einmal mit einem kleinen kreativen Kick beizukommen, wird er seine Einsatzmöglichkeiten auf dem Grat der Akzeptanz des Publikums finden.

5.5.6 Farbvariation 1: Die Ampel-Moderation ***

Der Einsatz von Farben kann die jeweiligen Phasen in der Moderation wesentlich unterstützen. Anlehnend an Vorgaben aus der Umwelt, wie in diesem Beispiel die Ampel, lassen sich unzählige Moderationsmomente entwickeln, die das Publikum faszinieren und durch die intensive Visualisierung zu weiteren Äußerungen motivieren.

Die starke Visualisierung, die sich mit dem Einsatz von Farben in der Moderation erreichen lässt, führt zu effektiven Denkprozessen, da unser Gehirn Informationen in dieser Form besser abspeichern kann. Wenn zu der rein logischen Komponente einer Information ein visueller Effekt hinzugefügt wird, wird die Datenaufnahme für das menschliche Gehirn in doppelter Hinsicht *merk-würdig*.

Eine durchaus sinnvolle und ebenso einfache Moderationsvorlage bietet das Bild der Ampel. Die **drei Ampelphasen** rot-gelb-grün sind so sehr vertraut, dass es leicht fällt, daran Inhalte zu knüpfen und dauerhaft im Gedächtnis abzuspeichern. Auch die **dreigliedrige Struktur** bietet sich als optimale Visualisierungshilfe an, da man auf diesen Dreiklang aus vielen anderen Situationen eingestimmt ist. Die dreigliedrige Phasenstruktur eignet sich zur Darstellung einer Vielzahl von Abläufen, wie wir sie z. B. in Projekt-, Team- oder Gesprächsphasen vorfinden. Diese Moderationsvorlage ist mehrfach in der Praxis erprobt und zeigt immer wieder, auf welche Zustimmung die farbliche Gestaltung einer Moderation trifft.

Stellen Sie sich eine Ampel bildlich vor (Abb. 5.5-14) und überlegen Sie, welche Aktionen bei Aufleuchten jeder der drei Farben von uns erwartet wird.

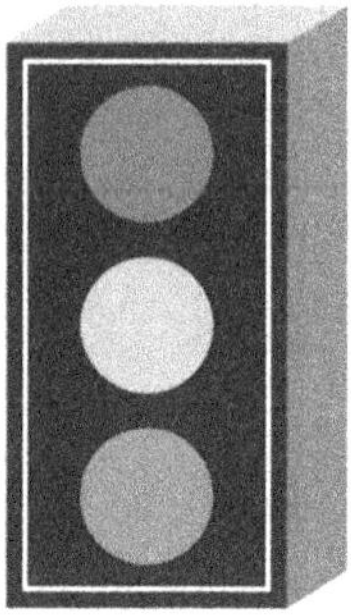

Abb. 5.5-14: Ampelgrafik stellt bildlich die einzelnen Phasen der Ampel-Moderation dar.

Die rote Phase

Bei der Farbe Rot schaltet man automatisch auf **höchste Aufmerksamkeit**. Die Natur gibt vor, dass bei rot gefärbten Kriechtieren Achtsamkeit geboten ist, rote Blüten eine besondere Aufmerksamkeit wecken und im roten Balzgefieder so mancher Vögel ein Zeichen besonderen Imponiergehabes zu entdecken ist.

Diese Vorlage hat man übernommen und Warnschilder, wichtige Hinweise und Zeichen mit roter Farbe versehen. Rot bedeutet einerseits, die Aufmerksamkeit auf etwas Wichtiges zu lenken und mit größter Umsicht vorzugehen. Andererseits fordert diese Farbe zu sofortiger Aktion auf, ist eine Farbe der Emotion, der Leidenschaft, des Kampfes.

Die gelbe Phase

In der gelben Ampelphase fragt man sich: »Fahre ich weiter« oder »bremse ich«. Es ist eine Phase des **Abwägens**. Ich beobachte den Verkehr um mich herum, bewerte die Zeit, die noch verbleibt, bis die Ampel auf rot umspringt. Schließlich entscheide ich mich für die eine oder andere Lösung.

Die grüne Phase

Bei grünen Signalen assoziiert man Aussagen wie: »Alles im grünen Bereich«, »Weitermachen«, »alles in trockenen Tüchern«. Sie können in Ruhe überlegen und können sich sicher sein, dass Sie sich in einem gefahrenfreien Umfeld bewegen. Die grüne Ampel signalisiert, dass man auf dem **richtigen Weg** ist und weiter fortfahren kann.

Anwendung in der Moderation

Das Bild der Ampel als Symbol für einen in drei Phasen gegliederten systematischen Ablauf bietet eine gute Grundlage für Moderationen zu verschiedenen Themen. Die folgenden Beispiele zeigen, dass es auch für Ihren Bereich Möglichkeiten gibt, dieses Modell einmal auszuprobieren.

Beispiel

A. Gesprächsführung
Angenommen, sie moderieren eine Diskussionsrunde zum Thema *Gesprächsführung*. Neben der Tatsache, wie ein Gespräch aufgebaut ist, möchten Sie den Teilnehmern vermitteln, welche Inhalte in den einzelnen Phasen einsetzbar sind. Ein Gespräch lässt sich in die drei Abschnitte – *Einstieg*, *Gesprächsmitte* und *Schluss* – einteilen. Wenden Sie nun das Ampelprinzip an, ordnen Sie der Einstiegsphase die rote, dem Mittelteil die gelbe und dem Gesprächsabschluss die grüne Phase zu. Visualisieren Sie die Einteilung durch große Moderationskarten mit entsprechender Überschrift. Nun bitten Sie die Teilnehmer, auf die Moderationskarten der jeweiligen Phase zu notieren, welche Gesprächsinhalte oder wörtlichen Redewendungen sie den jeweiligen Abschnitten zuordnen würden. Am Ergebnis werden Sie sehen, dass die eben beschriebenen Eigenschaften genau zutreffen.

Um sich in die Lage dieser Moderation zu versetzen, nehmen Sie bitte ein Papier zur Hand und unterteilen es waagerecht in die drei Gesprächsabschnitte. Überlegen Sie, welche Teile eines Gesprächs in welche Phase gehören und schreiben Sie es auf.

Die wichtigste Gesprächsphase ist rot. Hier befindet sich das größte Fehlerpotential und es muss mit größter Vorsicht vorgegangen werden. Ist mit einer Begrüßung und einigen einleitenden Worten ein positiver Gesprächseinstieg gelungen, leitet das Ampelprinzip in die gelbe Phase. Hier ist Raum für kreative Ideen, Gespräche, Diskussionen und es können verschiedene Aspekte eingebracht werden. Damit ist das Wichtigste erledigt und die letzte grüne Phase dient der Zusammenfassung, der Reflexion und der Beschreibung der weiteren Schritte.

Eine vorgefertigte Grafik unterstützt die Teilnehmer dabei, sich an das Ampelprinzip zu gewöhnen und dient als Vorlage, um in späteren Situationen die Orientierung in der Farbfolge während der Gesprächsphase zu behalten. Auf diese Weise vermitteln Sie Sicherheit in den Gesprächen und das Gefühl, stets den roten Faden zu behalten.

Beispiel

B. Projektmanagement
Geht es bei einer Diskussion um den erfolgreichen Verlauf eines Projekts, ist ein gut funktionierendes Zeitmanagement und auf eine detailliert geplante Abfolge der notwendigen Aktionen notwendig. Während **Netzpläne**, Projektablaufpläne und andere Planungsmöglichkeiten in der Projektarbeit eingesetzt werden, hat sich auch dort das Ampelprinzip in der Praxis bewährt.

Frage

Nachdem Sie sich nun bereits als Spezialist in Ampelfragen erprobt haben, wird es Ihnen nicht schwer fallen, folgende Frage zu beantworten: Wie lassen sich die Ampelphasen auf die Durchführung eines Projekts anwenden?

Antwort

- ROT

Die Startphase eines Projekts ist der wichtigste Abschnitt. Was muss beachtet werden? Welche Ressourcen werden benötigt? Welche Personen sind beteiligt? Wie sieht der Zeitplan aus? Erste Ideen müssen gefunden werden, die wegweisend für die späteren Projektphasen sein werden. Hier ist Vorsicht geboten, um den richtigen Einstieg zu finden. Andererseits sind auch Emotionen, Aktionen und Einsatz gefragt, um möglichst in ein intensives Projektgeschehen zu gelangen

- GELB

Die erste Phase des Projekts ist abgeschlossen. Anhand der Vorlagen aus der Einstiegsphase geht es nun an die Details. Hier ist kreative Weiterentwicklung der Ideen willkommen. Es werden Erfahrungen ausgetauscht, vorhandenes Wissen vorgebracht und auf seine Umsetzung hin überprüft.

- GRÜN

Die beschlossenen Maßnahmen aus der gelben Phase erfahren nun ihre Umsetzung und zeigen im Optimum die Ergebnisse einer wohlüberlegten Planung auf, erfüllen den Zielkatalog und entsprechen den Vorstellungen des Planungskomitees.

5.5.7 Farbvariation 2: Tabula Rasa ***

Mit dem lateinischen Begriff *tabula rasa* verbindet man ein Gefühl der Unbeschriebenheit und Klarheit. Häufig mit dem Bemühen, *reinen Tisch machen* zu wollen, steht er für einen thematischen Neuanfang und für ein bewusstes Reflektieren eines bestimmten Sachverhaltes. Dieses Bild dient als Ausgangspunkt für eine Diskussion, in der der Moderator mit seinem Publikum darauf hinarbeitet, über Verhalten und Prozeduren intensiv zu reflektieren und die Arbeitsergebnisse auf einer leeren Fläche zu präsentieren. Ziel ist es, durch eine bewusste Struktur Denkprozesse zu initiieren, die in ihrem Ergebnis eine wertvolle Grundlage für weitere Handlungsableitungen darstellen. Auch hier werden den rein sachlichen Informationen farbliche Impulse zur Visualisierung hinzugefügt, um ein Denken in tieferen Ebenen zu ermöglichen.

Frage

Sie alle kennen den Begriff *tabula rasa.* Frage: Kennen Sie einige Beispiele, die Sie mit diesem Begriff in Verbindung bringen?

Antwort

In unserem alltäglichen Sprachgebrauch verwendet man den Begriff *tabula rasa*, wenn es darum geht, gedankliche Aufräumarbeit zu leisten, sich thematisch neu zu orientieren und neue Ideen auf einem unbeschriebenen Blatt zu notieren. Auf diesem Grundgedanken beruht die Moderation nach dem **Tabula-Rasa-Prinzip**, die in ihrer Vorgehensweise und ihren strukturellen Eigenschaften dieses Gefühl von Neuorientierung innerhalb eines Prozesses erzeugt. Dabei werden auf einer leeren Fläche Ideen zusammengetragen, die als Basis für ein weiteres Vorgehen und Handeln dienen.

Um die Stoßrichtung der gedanklichen Arbeit in etwa vorzugeben, legt der Moderator einige Formulierungen als Ausgangspunkte fest, die zusätzliche emotionale Impulse auslösen und erfahrungsgemäß zu einer guten Beteiligung des Publikums führen. Diese Methode mag in ihren Ansätzen an das Thema ***Brainstorming*** erinnern (siehe hierzu auch »Ideenfindung mit Brainstorming«, S. 250). Der wesentliche Unterschied ist darin zu sehen, das die Teilnehmer nach dem *Tabula-Rasa-Prinzip* an einem bekannten Sachverhalt arbeiten, um dazu neue Impulse zu entwickeln und die vorhandene Situation aus einer anderen Perspektive zu betrachten. Das anzustrebende Ziel muss dabei nicht zwangsläufig schon vor Beginn der Diskussion feststehen, wohl aber die Strukturierung, nach der die Überlegungen angestellt werden. Eine sinnvolle Abarbeitung der Fragestellung bei gleichzeitiger Entwicklung neuer Denkansätze obliegt der feinfühligen Gesprächsführung durch den Moderator.

Beispiel

Stellen Sie sich Folgendes vor: Sie haben eine Folge-Sitzung zu einer vorausgegangenen Thematik. Bei einem ersten Treffen wurden bestimmte Aktionspakete vereinbart, um deren Abarbeitung die Teilnehmer bis zum heutigen Treffen gebeten wurden. In dem heutigen Treffen soll erarbeitet werden, welche Maßnahmen bereits in die Tat umgesetzt wurden, und zu welchen Dingen es noch offene Fragen gibt.

Natürlich wollen Sie schwerpunktmäßig erreichen, dass sich die Teilnehmer auf das konzentrieren, was bereits erfolgreich umgesetzt wurde. Also versehen Sie diesen Punkt mit der Überschrift: ICH SETZTE UM auf einer farbigen Moderationskarte und bitten darum, Kommentare auf bunt gemischte Moderationskarten zu schreiben. Durch die Ich-Form fühlt sich Ihr Publikum sofort angesprochen und zwar dort, wo es für diese Situation die besten Antworten parat hat: in dem Bauchgefühl der Teilnehmer.

Nun zu den Farben. Sie können die Aufgabe ankündigen, indem Sie sagen: »Was haben Sie seit dem letzten Treffen bereits in die Tat umgesetzt?« Um die Faszination noch stärker herauszukitzeln, legen Sie nach und formulieren wohlwollend provokativ Sätze mit Inhalten wie: *voller Action, voller Elan, mit Leidenschaft, gerne, am liebsten, mit Freude*. So erhält Ihre Aussage eine gewisse **Dynamik** und setzt genau den Denkprozess in Gang, den Sie brauchen: Kreative Ergebnisse von Menschen mit Ideen!

Welche Farben sollten demnach Ihre Moderationskarten haben? Frage

Antwort

- ○ Grün
- ○ Rot
- ○ Orange
- ○ Gelb

Beispiel

Auf der anderen Hälfte der Pinnwand erfragen Sie die noch zu klärenden Punkte. Auch hier bedienen Sie sich der Ich-Form mit der Überschrift: ICH FRAGE MICH... und haben die Faszination auf Ihrer Seite, denn: Dieser Halbsatz fordert zum Nachdenken auf. Jeder Ihrer Teilnehmer wird versuchen, diesen Satz für sich zu beenden und wird dies auch tun, denn schließlich haben Sie schon die Hälfte der Lösung vorgegeben und es ist nur noch ein kleiner Schritt, indem jeder selbst noch ein paar Wörter hinzufügt (Abb. 5.5-15). Sie können die Überschrift verbal ergänzen, indem Sie die Fragestellung erläutern: Wer hat noch dieses gewisse **Tabula-Rasa-Gefühl**? Wo gibt es noch einen blinden Fleck? An welcher Stelle können Sie noch zur Erhellung beitragen? Diese Umschreibung weist auf die Farbe der Karten hin, die für diese Aufgabe eingesetzt werden. Es ist...?

- ○ Weiß

Am Ende dieser Übung werden Sie feststellen, dass auch optisch ein stimmiges und ansprechendes Bild entstanden ist. Erfahrungsgemäß überwiegt die Anzahl der bunten Karten, was natürlich Ihrer Präsentationsleistung aus der vorangegangenen Veranstaltung zu verdanken ist. Ein paar aufgeworfene Fragen in Form von einigen wenigen weißen Moderationskarten – was macht das schon im Gegensatz zu einem Meer von kunterbunten Arbeitsergebnissen, die die Teilnehmer mit Elan, Freude, Leidenschaft und positivem Ehrgeiz in Angriff genommen haben.

Bringen Sie zum Abschluss die Karten in eine lesbare Reihenfolge und halten Sie das Bild mit einer Digitalkamera fest. Als beeindruckendes Fotoprotokoll zeugt es von einer dynamischen Sitzung und macht sich auch gut als Erinnerungsstück in einem Dozenten-Archiv.

Abb. 5.5-15: Pinnwandmoderation zum Thema »Arbeitsklima« mit konkreten Umsetzungen.

5.5.8 Farbvariation 3: Who is Who ***

In der Diskussion über Personengruppen liegt eine besondere Herausforderung für den Moderator. Oft geht es dabei um reale Situationen, so dass ein sensibler und einfühlsamer Umgang mit der Thematik erforderlich ist. Eine Visualisierung anhand von Menschenbildern, Fotos oder Grafiken ist ein lebhaftes Beispiel für faszinierende Visualisierung und schafft bleibende Erinnerungswerte im Erfahrungsschatz der Beteiligten.

Häufig werden Sie damit beauftragt, eine Präsentation zu einem Thema auszuarbeiten, die sich inhaltlich mit einzelnen Personen, Personen- oder Berufsgruppen beschäftigt.

Nach welchen Kriterien können Sie Personengruppen differenzieren?

Die Darstellung von Personengruppen kann sehr vielschichtig sein. Sie kann sich auf Eigenschaften beziehen (Was haben Personen bestimmter Berufsbilder für spezifische Fähigkeiten und Fertigkeiten?), auf Altersgruppen (Kinder, Erwachsene, Studenten, Senioren), auf hierarchische Gruppen (Auszubildende, Vorarbeiter, Betriebsleiter, Geschäftsführer) u.v.m..

Es geht also um Merkmale, Fähigkeiten, Fertigkeiten oder Eigenschaften, die in der Moderation entsprechend differenziert dargestellt werden sollen, um von dort aus weitere Überlegungen anzustellen. Einerseits hilft sicherlich die farbliche Unterstützung durch den Einsatz farbiger Moderationskarten. Aber hier haben Sie die zusätzliche Möglichkeit, auch die Personen schematisch zu visualisieren. Dazu gibt es vorgefertigte Moderationskarten in Menschenform, die vom Publikum gern angenommen werden (Abb. 5.5-16). Überlegen Sie sich vor dem Hintergrund der Eigenschaften der Farben, welcher Personengruppe Sie welche Farben zuordnen möchten. Ihrer Kreativität sind dabei keine Grenzen gesetzt. Um der Visualisierung von Personen eine besondere Faszination zu verleihen, können Sie jegliche Art von Fotos, *Cliparts*, Comics oder anderen Abbildungen einsetzen, auf denen Personen dargestellt sind. Natürlich sollten Sie von Abbildungen anwesender Personen absehen, um die Aufmerksamkeit nicht unnötig abzulenken. An einem Beispiel können Sie nachvollziehen, wie sich eine farbliche Unterstützung positiv auf ihre Moderation auswirkt.

Abb. 5.5-16: Moderationskarten in Form von Personen unterstützen den Moderator bei der Arbeit in charakter- oder eigenschaftsabhängigen Themenbereichen.

Beispiel

Thema Berufswahl:
Stellen Sie sich vor, Sie leiten eine Moderation zum Thema Berufswahl. Die Teilnehmer Ihres Gesprächskreises sollen ein Gespür dafür bekommen, bei welchen Berufen bestimmte Fähigkeiten von Vorteil sind. Nehmen Sie dazu von jeder Farbe eine Moderationskarte in Personenform, beschriften Sie sie mit Berufsbezeichnungen wie z. B. Installateur, Technischer Zeichner, Mechaniker, Programmierer, Laborant und heften Sie diese untereinander an die Pinnwand. Bereiten Sie vor der Veranstaltung Klemmbretter vor, auf denen Sie für jede Farbe ein oder zwei Moderationskarten heften; für jeden Teilnehmer ein Klemmbrett mit entsprechenden Karten, für alle in der gleichen Reihenfolge. Nun teilen Sie die Klemmbretter aus und bitten die Teilnehmer, entsprechend der Farben, den Berufsbildern die jeweiligen Fertigkeiten zuzuordnen. Da zunächst nur die oberste Karte auf dem Klemmbrett sichtbar ist, werden Ihre Teilnehmer fasziniert sein, wenn sie sich nach und nach durch den bunten Stapel der Kar-

ten arbeiten und Ihre didaktische Feinfühligkeit durch die Zuordnung zu dem Wandbild zu schätzen wissen. Bitten Sie anschließend jeden Teilnehmer darum, die fertig beschrifteten Karten an die Wand zu den jeweiligen Berufen zu heften. Es ergibt sich ein farbenreiches und doch sehr strukturiertes Bild, welches Sie durch Zusatzinformationen verstärken und somit dauerhaft im Gedächtnis der Teilnehmer angelegt haben.

Weitere Möglichkeiten

Wie Sie bereits festgestellt haben, sind die Möglichkeiten des Einsatzes von Farbe in der Moderation schier unerschöpflich. Sie moderieren vor Studenten im Fach Gartenbau? Stellen Sie doch das Arbeitsergebnis einer Diskussion in Form eines Moderationsbaumes aus grünen Blättern und einem gelben Stamm dar (es gibt selten braune Moderationskarten, außer Sie basteln sich welche). Hat Ihr Thema etwas mit Architektur oder Biologie zu tun? Wie wäre es mit einem Kartengebilde in Form eines Gebäudes oder eines Tieres? Lassen Sie Ihrer Fantasie freien Lauf, sofern Sie einschätzen können, dass Sie Ihr Publikum auch bei solchen extravaganten aber sehr kreativen und merk-würdigen (im doppelten Wortsinn!) Moderationskünsten mitreißen können.

Für welche Farbvariation Sie sich auch entscheiden, ein Tenor bleibt erhalten: Zusätzliche Visualisierung über Formen und Farben erhöhen die potentielle Merkfähigkeit des Publikums (Abb. 5.5-17). Es erfährt die Verknüpfung der sachlich-logischen Erklärung, welche im linkshirnigen Bereich abgelegt wird, mit einem dazugehörigen Bild als visuellen Impuls, das in rechtshirnigen Arealen seinen Bestimmungsort findet. Eine *merk-würdige* weil **hirngerechte Präsentation** ist die optimale Form, um die dargebotenen Informationen dauerhaft in das Gedächtnis der Zuhörer zu transportieren.

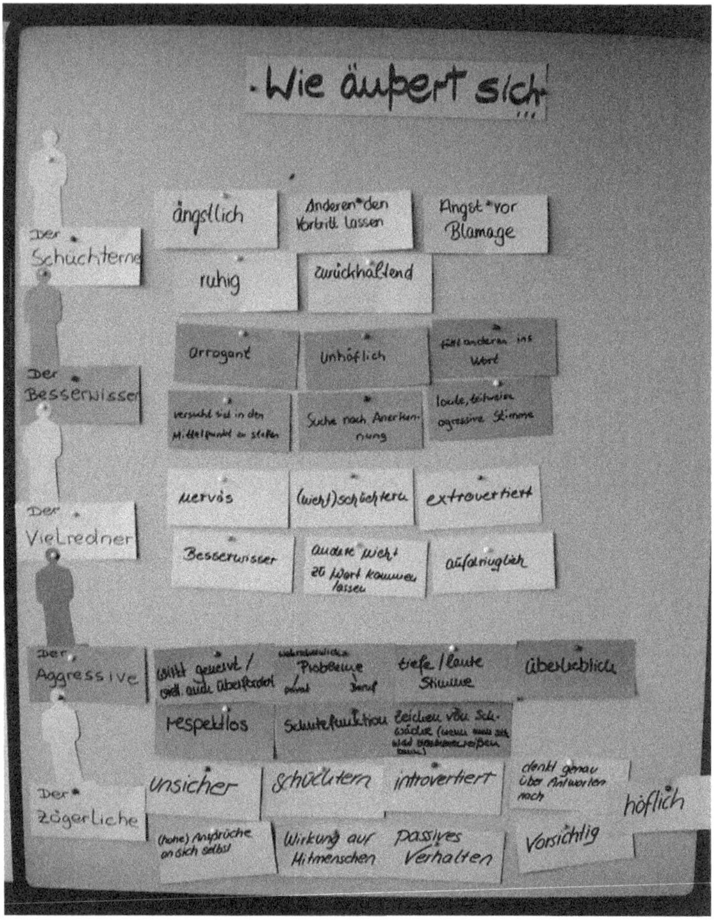

Abb. 5.5-17: Beispiel für eine Moderation über Personengruppen und ihre spezifischen Eigenschaften.

6 Von der Präsentation zur Faszination *

Während einer Präsentation kann der Moderator zu ganz unterschiedlichen Werkzeugen greifen, um die Aufmerksamkeit des Publikums zu erhalten oder zu intensivieren. Gerade der Zugang zu Themen, die die persönliche Situation oder das aktuelle Arbeitsfeld der Teilnehmenden betreffen, erfordert ein besonders einfühlsames Vorgehen des Moderators. Die neuen Ideen seitens des Publikums wollen einerseits strukturiert und systematisiert werden, sollen andererseits aber auch nichts von ihrem spontanen Charakter und individueller Färbung einbüßen. Einen besonderen Anreiz haben hierbei solche Maßnahmen, die das Publikum dazu motivieren, das Thema selbständig zu erarbeiten und gemeinsam mit allen Teilnehmenden interessante Besprechungspunkte zu finden. Dem Bemühen um mehr Interaktivität und teilnehmerorientierten Veranstaltungen folgend haben sich viele Methoden entwickelt, die diesem Anspruch gerecht werden. Einige davon haben sich als praxisnah und effektiv erwiesen, so dass Moderatoren sie in ihr Standardrepertoire aufgenommen haben. Zu diesen Favoriten gehören die Methoden Mind Mapping, Brainstorming und Brainwriting, die in den nachfolgenden Kapiteln vorgestellt werden:

- »Ideenverwaltung mit Mind Mapping«, S. 246
- »Ideenfindung mit Brainstorming«, S. 250
- »Ideenproduktion mit Brainwriting«, S. 255

Aus der praktischen Arbeit mit diesen Elementen heraus stellt sich die Frage, wie sich die Hinwendung zu teilnehmerorientierten Maßnahmen in das Gesamtkonzept von Präsentationen und Moderationen einfügt. Um diesen Zusammenhang dreht sich ein separates Kapitel, in dem die derzeitige Entwicklung in diesem Bereich aufgegriffen wird.

- »Trendwechsel: Entschleunigung in der Moderation«, S. 287

6.1 Ideenverwaltung mit *Mind Mapping* ***

Bei der Ideenfindung zur Bearbeitung komplexer Themen und intensiver Problemlösungen liegt es nahe, sich einer wirkungsvollen Methode zu bedienen, die alle eingebrachten Denkansätze zu einer zentralen Fragestellung berücksichtigt und auf das Ziel hin vorstrukturiert. Dazu eignet sich das Mind Mapping als optimales Werkzeug, um Gedankengänge nachvollziehbar zu visualisieren und entsprechende Maßnahmen abzuleiten.

Erst mit der Erschließung der Funktionsweisen menschlichen Denkens konnten in der Pädagogik solche Lehr- und Lernmethoden entwickelt werden, die das Ideenreichtum unserer Kreativität durchdringen und die hervorgebrachten Ideen bündeln, um sie für weitere Verwendungszwecke nutzbar zu machen. Neuere Erkenntnisse aus der Gehirnforschung geben Aufschluss darüber, welche unterschiedlichen Funktionen von der rechten und linken Gehirnhälfte gesteuert werden. Während sich die linke Gehirnhälfte in der Regel um rationales, logisches, strategisches und analytisches Denken bemüht, steuert der rechte Teil des Gehirns Kreativität, Emotionen, Farbsinn, Phantasie, räumliches Empfinden und Rhythmusgefühl.

Vor diesem Hintergrund ergibt sich in logischer Konsequenz, dass solche Lernmethoden von besonders intensiver Wirksamkeit sind, die beide Gehirnhälften ansprechen, um durch sich ergebende Synergieeffekte dauerhafte Merkprozesse zu erzeugen. Eine Information wird umso *merk-würdiger* (im doppelten Wortsinn zu verstehen!), je individueller sie aufbereitet ist und je intensiver sie die verschiedenen Gehirnfunktionen aktiviert. Ausgehend von diesen Erkenntnissen hat sich eine Entwicklung des **ganzheitlichen Lernens** unter Berücksichtigung der Einbindung aller menschlichen Sinne vollzogen. Nicht zuletzt durch die sich ständig erweiternden Ergebnisse aus der Gedächtnisforschung haben solche Methoden an Bedeutung gewonnen, die individuelle Lerneffekte ermöglichen und sich im Ergebnis gut visualisieren lassen. Eine effektive Visualisierung gelingt am besten, wenn sie den Denkprozessen des menschlichen Gehirns angepasst, also **gehirngerecht** aufbereitet ist.

Eine optimale Methode gehirngerechten Arbeitens ist das ***Mind Mapping***, welches in seinen Ursprüngen auf den englischen Reformpädagogen Tony Buzan zurückgeht. Im morphologischen Wortsinn handelt es sich um eine *Gedankenlandkarte*. Gedanken, Beiträge oder Ideen werden also gesammelt, in dem sie in Form einer Landkarte dargestellt werden. Im Mittelpunkt steht dabei eine zentrale Fragestellung, zu der sich zunächst einige Hauptgedanken ergeben, von denen sich dann weitere Verästelungen ableiten lassen. Die Darstellung einer ***Mind Map*** erinnert in ihren Grundzügen häufig an die Gestalt eines Baumes: Aus einer ursprünglichen Idee entspringen zahlreiche weiterführende Gedanken, aus denen wiederum neue Sprösslinge erwachsen.

Diese Methode hat auch zur Entwicklung diverser Software-Programme geführt, mit denen sich differenzierte *Mind Maps* erstellen lassen. Durch weitere interne Verknüpfungen lassen sich daraus Arbeitsaufgaben ableiten, Besprechungen protokollieren oder Projekte entwickeln. Oftmals sind *Mind Maps* mit anderen Methoden, wie z. B. dem *Brainstorming*, verbunden, so dass sich letztlich ein Protokoll mit den Ergebnissen aus beiden Methoden entwickelt. Eine Vielzahl verschiedener Module dieser Art hat beispielsweise die Firma Mindjet entwickelt (siehe Abb. 6.1-1).

Manuelle Vorgehensweise

Die Vorlage für den Einsatz einer entsprechenden Software liefert das manuelle Verfahren, wie es in zahlreichen Arbeitsgruppen eingesetzt wird: Ein Papierbogen im Querformat wird so in der Arbeitsgruppe platziert, dass alle Anwesenden auf gleiche Weise Zugang erhalten. Nun wird ein Bild, ein Schlüsselwort oder eine Skizze in die Mitte gezeichnet, die den Ausgangspunkt für die nun folgende Diskussion darstellt. Besonders animierend wirken dabei farbige Elemente oder Schriftzüge, die in dreidimensionaler Weise aufbereitet sind. Als Moderator steht es Ihnen frei, diesen Vorgang zusätzlich mit einem Overhead-Projektor oder einleitend mit einer Bildschirmpräsentation zu unterstützen. Bei längeren Diskussionsrunden empfiehlt sich auch die Vorbereitung eines solchen Arbeitsblattes als Ausdruck, um nicht zuletzt der Professionalität im Umgang mit dieser Methode Ausdruck zu verleihen.

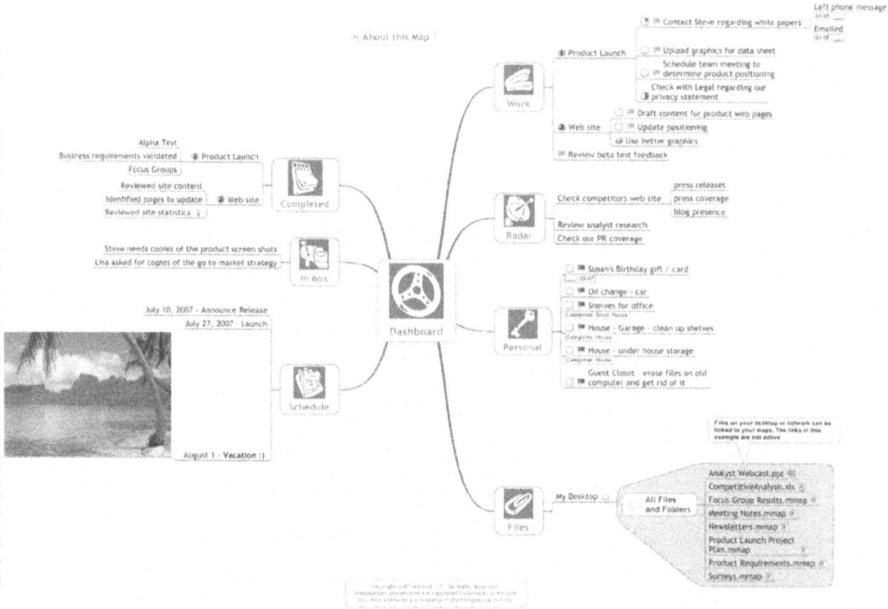

Abb. 6.1-1: Beispiel für eine *Mind Map*, die mit einem Programm erstellt wurde. Als zentrale Basis dient ein *Brainstorming*.

Ausgehend von dem Bildmittelpunkt erhält nun jeder Gedanke eine eigene Linie, die mit dem Schlüsselwort des jeweiligen Gedankens ausgezeichnet wird.

Ergeben sich von diesen Hauptgedanken weitere Ansatzpunkte, werden diese wieder in Form von beschrifteten Linien eingetragen. In dieser Art wird weiter verfahren, bis sich der Ideenreichtum in Form einer Gedankenlandkarte ablesen lässt und die Entwicklung neuer Ideen ausgeschöpft ist.

Es ist wichtig, möglichst schnell die spontanen Ideen zu notieren und sich nicht zu intensiv mit der optischen Gestaltung der Mind Map aufzuhalten. Eventuelle Änderungen können zu einem späteren Zeitpunkt noch vorgenommen werden. Es geht um die Aufrechterhaltung eines fortlaufenden Denkprozesses, der nicht durch aufwendige Formalia gehemmt werden möchte.

Dennoch ist der Einsatz von Farben und Symbolen unverzichtbar. Als Moderator werden Sie schnell feststellen, welche positiven Visualisierungseffekte bereits mit wenig Farbeinsatz möglich sind. Bei der Auswahl der Symbole sind ihrer Phantasie zwar wie immer keine Grenzen gesetzt, doch bricht sich auch hier Ihre Experimentierfreude an der Akzeptanz der Gruppe.

Um nicht nur diese Methode nachzuvollziehen, sondern Ihnen auch gleichzeitig eine Möglichkeit einzuräumen, einige Ideen für Ihre Präsentation zu finden, lassen Sie sich auf folgende Übung ein:

Sie sind beauftragt worden, eine kurze Präsentation zum Thema Zeitmanagement zu halten. Um einige Ansatzpunkte zu diesem Auftrag zu finden, nehmen Sie sich ein Blatt und malen in die Mitte eine Uhr. Nun überlegen Sie sich, was Sie in Ihrer Präsentation darstellen möchten. Da Ihnen nur eine kurze Redezeit vorgegeben ist, sind sie bemüht, in diesem Fall wirklich nur die wichtigsten Punkte zu erläutern. Für jede Idee zeichnen Sie von der Uhr in der Mitte ausgehend eine Linie und beschriften diese mit dem Schlüsselwort Ihres Leitgedankens. Nun können Sie hergehen, und die Enden der Linien entweder mit weiteren Verzweigungen fortführen, oder dort auch *To-Do-Listen* für die jeweiligen Themen erstellen, Arbeitsaufträge formulieren oder Fragen für weitere Vorgehensweisen notieren. Am Ende sollten Sie ein vollständiges Bild erhalten, welches Ihnen hilfreiche Unterstützung für Ihre Ideenverwaltung liefert.

Anwendungsbereich

Mind Mapping eignet sich nicht nur zur Ideenfindung, sondern kann immer dann eingesetzt werden, wenn für gedankliche oder wörtliche Beiträge eine Aufzeichnung in schriftlicher Form gewünscht wird. So können z. B.

- Protokolle,
- Gruppenmeetings,
- Vorlesungen oder
- persönliche Notizen

mit Hilfe einer *Mind Map* verwaltet werden. Eindrucksvoll sind die Ergebnisse intensiver Projektmeetings, die unter Verwendung von *Mind Mapping* durchgeführt werden. Hierin kommt es nicht selten zur Ausprägung regelrechter Gedankenlandschaften, an deren Betrachtung nicht nur eingeweihte Diskussionsteilnehmer ihre Freude haben.

Vorteile

+ Die gehirngerechte Aufbereitung der *Mind Map* ermöglicht ein schnelles Erfassen der Inhalte und eine problemlose Wiederaufnahme der Diskussion zu einem späteren Zeitpunkt.
+ Aufgrund der optischen Trennung separater Gedankenzüge ist eine Betrachtung einzelner Punkte unabhängig vom übrigen Zusammenhang möglich.
+ Die *Mind Map* bleibt stets offen und kann jederzeit beliebig erweitert werden. So können auch Beteiligte bei einem späteren Einstieg in die Thematik Gedankengänge nachvollziehen und die Lücken mit ihren Ideen füllen.
+ Durch die Darstellung in Haupt- und Nebenäste ist die Wertung der Themenpunkte offensichtlich. Die auf diese Art vorgenommene Strukturierung hierarchisiert die Beiträge und hebt die wichtigsten Punkte automatisch hervor.
+ Die Beschriftung der Linien mit Schlüsselwörtern reduziert die Inhalte auf wesentliche übergeordnete Begriffe, so dass die Merkfähigkeit enorm gesteigert wird. Auf diese Weise wird auch eine umfassende Thematik auf das Wesentliche reduziert und ermöglicht ein konzentriertes und zügiges Arbeiten für ein konstruktives und brauchbares Endergebnis.

Nachteile

Auf den ersten Blick mutet die Mind-Map-Methode etwas gewöhnungsbedürftig und diffus an, was häufig über den Gehalt der inhaltlichen Aussagekraft hinwegtäuscht. Es ist eine moderne Technik, die in einigen Bereichen noch eine geringe Akzeptanz erfährt. Dieses *sich nicht einlassen wollen* auf diese Arbeitsform ist oft der größte Hemmschuh, über den sich ein Moderator durch einfühlsames Heranführen hinwegsetzen muss.

6.2 Ideenfindung mit *Brainstorming* ***

In der Teamarbeit sieht sich der Moderator häufig vor die Aufgabe gestellt, mit der Gruppe eine Lösung erarbeiten zu wollen, zu deren Ausarbeitung innovative Beiträge möglichst aller Teilnehmer notwendig sind. Eine wirkungsvolle Methode dazu ist das Brainstorming. Dabei sammelt der Moderator die spontanen Ideen aller Anwesenden als Impulse für weitere Aktionen. Je nach Zusammensetzung

der Gruppe eignen sich verschiedene Varianten des Brainstormings, um auf ein erklärtes Ziel hinzuarbeiten.

Brainstorming = Gedankenstürme

Als Moderator sind Sie ständig bemüht, eine für die Gruppe ansprechende Methode zu finden, um neue Ideen zu sammeln, vorhandene Sachverhalte weiterzuentwickeln, oder für ein bestimmtes Problem gemeinsam eine Lösung zu finden. Eine optimale Vorgehensweise findet sich hier in der Methode des ***Brainstormings***. Ausgehend vom Begriff hat man es hier mit *Gedankenstürmen* zu tun, die von einer Gruppe gesammelt werden, wobei die Intensität und Brauchbarkeit dieser Ideen von der Spontaneität der Beiträge und der impulsgebenden Motivation des Moderators getragen wird.

Regeln

Für die erfolgreiche Durchführung einer Brainstorming-Sitzung gibt es einige Regeln, deren Beachtung zu einem effektiven und weiterführenden Gedankengut führen wird.

- Es ist wichtig *alle* Beiträge zu sammeln, mögen sie auch noch so kurios erscheinen. Daher ist Kritik an den spontanen Ideen anderer Teilnehmer oder eine Beurteilung absolut untersagt.
- Quantität vor Qualität: Nicht die praktische Verwertbarkeit oder etwa die gedankliche Vorstrukturierung ist hier gefragt, sondern eine spontane Ideensammlung, die zunächst völlig wertfrei *aus dem Bauch heraus* geschieht.
- Alle Mitglieder der Gruppe haben den gleichen Status und sind zu gleichen Teilen am Endergebnis beteiligt. Das Ergebnis ist eine demokratische Gruppenleistung, für deren Teilergebnisse keine Einzelperson herangezogen wird. Dieser Sachverhalt gewinnt insbesondere dann an Bedeutung, wenn sich in einem Unternehmen eine Gruppe zu einem Brainstorming zusammenfindet, sich die Teilnehmer aber aufgrund enormer Hierarchiedifferenzen nicht zu einer freien Meinungsäußerung durchringen können. In diesem Fall ist ein vorsichtiges und einfühlsames Vorgehen des Moderators gefragt, vor allem in von Konflikten durchzogenen Arbeitsverhältnissen.
- Der Moderator gibt für die Ideenfindung ein angemessenes Zeitlimit vor. Auf diese Weise arbeitet die Gruppe

fokussiert auf die Fragestellung hin, ohne sich in ausufernden informellen Gesprächen im Detail zu verlieren.

Praktische Durchführung

Die optimale **Gruppenstärke** für ein effektives *Brainstorming* liegt bei 5–7 Personen. In kleineren Personengruppen ist das Ideenrepertoire zu schnell ausgeschöpft, größere Gruppen driften hingegen zu häufig in unsachliche Nebendiskussionen ab oder bilden informelle Kleingruppen, die den Ablauf der Sitzung stören.

Zu Beginn einer *Brainstorming*-Sitzung erklärt der Moderator den Teilnehmern eine Fragestellung, welche schriftlich definiert auf einer Wandtafel oder auf einer Moderationskarte an einer Pinnwand für alle sichtbar fixiert wird. Wichtig ist, dass der Moderator impulsgebend auf die Gruppe einwirkt und sie zu spontanen, kreativen, ja auch *verrückten* Ideen motiviert. Nach einem vorgegebenen Zeitlimit beginnen die Teilnehmer mit der Sammlung ihrer Ideen.

Eine Möglichkeit ist die Aufnahme der zugerufenen Ideen durch den Moderator oder einen Protokollanten (**Zuruf-Abfrage**, siehe hierzu auch »Effektive Techniken der Pinnwandmoderation«, S. 214). In einer Sitzung mit einer größeren Gruppe ist es empfehlenswert, zusätzlich zu dem Moderator eine Person mit der **Protokollführung** bzw. mit dem Anschrieb der Ideen zu beauftragen, die sich selbst nicht aktiv am Prozess des *Brainstorming* beteiligt. Auf diese Weise behält der Moderator den Überblick über die Gruppe und kann sich seiner eigentlichen Aufgabe als Motivator und Vermittler widmen.

Bei der Auswertung der Ideen erfolgt eine Ordnung nach sich ergebenden Schwerpunkten, aber auch eine **Filtrierung** nach prinzipieller Verwertbarkeit der gesammelten Aspekte. Somit kann das mitunter sehr unübersichtlich gewordene Ideenfeld bereinigt und als wertvoller **Aktionsplan** für weitere Überlegungen zugrunde gelegt werden.

Nach Wertung und Ordnung der gesammelten Ideen werden die favorisierten Aspekte zur weiteren Bearbeitung auf ein separates Blatt auf dem Flipchart oder auf der Pinnwand übertragen. Nun kann die Gruppe entweder in einem weiteren *Brainstorming* neue Gedankengänge aufgreifen, oder konkrete Aktionen ableiten, die als **Maßnahmenpakete** in

Form von konkreten **Arbeitsaufträgen, Aktionsplänen** oder **To-Do-Listen** weitere Verwendung finden.

Zeitlicher Rahmen

Immer wieder wird die Frage nach dem **bestmöglichen Zeitfenster** gestellt, welches der Moderator seiner Gruppe als Bearbeitungszeit einräumt. In diesem Fall gibt es keine klaren Regeln. Es richtet sich immer nach der Intensität des zu bearbeitenden Problems und wird normalerweise über die Einschätzung des Moderators gesteuert. Viele Moderatoren halten eine Zeitvorgabe von 20 Minuten für sinnvoll. Aus der Praxis haben sich zudem einige Vorgehensweisen zur Zeiteinteilung als hilfreich erwiesen, die Ihnen die Entscheidung in dem einen oder anderen Fall erleichtern mögen:

So gelingt die optimale Zeitvorgabe

- Für eine kurze Fragerunde sollte ein Limit von zehn Minuten keinesfalls unterschritten werden. Sie müssen berücksichtigen, dass sich die Teilnehmer erst in ihrer Situation einfühlen und in der Fragestellung *warmdenken* müssen, bevor sie mit der eigentlichen Brainstorming-Leistung beginnen können.
- In umfassenden Sitzungen, die beispielsweise die Planung eines größeren Projekts beinhalten, können mehrere Stunden vergehen, ehe der spontane Denkprozess ein Ende findet. Hier ist es wichtig, in Teilschritten vorzugehen und die Kernfragen nur sukzessive freizugeben.
- Die Verweildauer für diese Teilschritte sollte mit maximal 30 Minuten abgedeckt sein, da nach dieser Zeitspanne unsere spontane Denkleistung in der Regel nachlässt. Dann beginnen nämlich die Teilnehmer, bereits gedachte Ideen erneut aufzugreifen, oder sich in der Weiterentwicklung Ihrer Ideenfindung im Kreis zu drehen.
- Sollte sich herausstellen, dass die Gruppe bereits vor dem vereinbarten Zeitlimit mit der Spontaneität ihrer Gedankenstürme am Ende ist, oder sich aufgrund von kreativen und nicht enden wollenden Ideenflüssen ein längeres Zeitbedürfnis ergibt, so haben Sie als Moderator die Möglichkeit, diesem Anspruch zugunsten einem effektiven Arbeitsergebnis entsprechend zu begegnen, ohne jedoch die zeitliche Schiene der Gesamtveranstaltung aus dem Auge zu verlieren.

Ein gutes Training für die zeitliche Einteilung einer *Brainstorming*-Sitzung ist es, wenn Sie sich selbst mit Blatt und Stift bewaffnet auf eine Gedankenreise begeben. Notieren Sie spontane Ideen zu den Fragestellungen *Was kaufe ich für die Grillparty ein? Was habe ich vor dem Urlaub zu erledigen? Wie organisiere ich die Teilnahme meiner Firma an der Sommermesse?* Sie werden feststellen, wie unterschiedlich Ihr Zeitbedürfnis zu den einzelnen Fragestellungen ausfallen wird.

Collective Notebook

Eine besondere Art des Brainstormings ist die Methode des ***Collective Notebooks***, die übersetzt ein *gemeinschaftliches Notizbuch* bezeichnet. Diese kommt zum Einsatz, wenn es den Teilnehmern nicht möglich ist, gleichzeitig an einem Prozess der Ideenfindung teilzunehmen.

Dazu kann ein Ordner oder Schellhefter als *Projektmappe* beschriftet und an bestimmter Stelle ausgelegt werden, um dort sukzessive die zu befragenden Personen ihre Beiträge eintragen zu lassen. Eine andere Möglichkeit ist es, eine Umfrage per E-Mail einzurichten, zu der sich dann die befragten Personen nacheinander und zeitunabhängig äußern. Die auf diese Weise gesammelten Beiträge werden anschließend zu einem Gesamtbericht zusammengefügt. In vielen Unternehmen gibt es hierzu auch Funktionen im firmeneigenen Netzwerk (**Intranet**), so dass jeder Teilnehmer auf eine entsprechende Datei zugreifen kann, um seine Ideen dort einzubringen.

Beispiel

Zur Renovierung der Kantine möchte eine Firma die Ideen und Wünsche der Mitarbeiter berücksichtigen. Dazu liegt am Kantineneingang ein Schnellhefter aus, der mit der Überschrift *Ideensammlung zur Kantinenrenovierung* versehen ist. In einem Rundbrief wurde zuvor auf diese Art des **kollektiven *Brainstormings*** aufmerksam gemacht, so dass sich die Seiten des Ordners schnell mit Ideenreichtum füllen und eine Renovierung der Kantine bald gestartet werden kann.

6.3 Ideenproduktion mit *Brainwriting* ***

Die schriftliche Variante des Brainstormings ist das Brainwriting. Neben der spontanen Ideenfindung geht es hier um die Bezugnahme auf geleistete Vorschläge und deren Weiterentwicklung. Hier ist vor allem die schriftliche Form der Ideenfindung wichtig. Diese Methode eignet sich zur Vorbereitung von Projekten und zur systematischen Bearbeitung von Fragestellungen, an deren Umsetzung eine Gruppe gemeinschaftlich beteiligt ist. Im Gegensatz zu Brainstorming sind die Aussagen im Brainwriting verbindlicher und strukturierter.

Während in einer Brainstorming-Sitzung spontane Ideen auch durch Zuruf in die Runde eingebracht werden können, vollzieht sich der Prozess des ***Brainwriting*** ausschließlich in **schriftlicher Form.** Es gibt viele Möglichkeiten, diese schriftlichen Ideen aufzunehmen. Eine bewährte Methode, die auch in versierter Form in anderen Moderationsbereichen ihren Einsatz findet, ist die **Methode 635**. Der hauptsächliche Ansatz dieser Methode liegt darin, die Teilnehmer dazu zu motivieren, Ideen gegenseitig aufzugreifen und weiterzuentwickeln, auf andere Argumente Bezug zu nehmen und auch Kritik an der eigenen Meinung zu erfahren und zuzulassen.

Die Methode 635

Die Grundlage zur Durchführung dieser Methode ist ein vorbereitetes Brainwriting-Formular in Tabellenform, in das jeder der **6** Teilnehmer **3** Ideen einträgt und der Moderator zur Erledigung dieser Aufgabe ein Zeitlimit von **5** Minuten vorgibt (Abb. 6.3-1).

Praktische Durchführung

- Zuvor stellt der Moderator die Ausgangsfrage, die alle Teilnehmer auf ihr 635-Formular als Überschrift notieren.
- Auf ein Startsignal des Moderators hin schreibt jeder Teilnehmer zu dieser Grundfrage drei Ideen in die dafür vorgesehenen Zeilen nebeneinander auf.

Brainwriting-Regeln

Problemstellung:

1. Notieren Sie hier die Problemstellung:
2. Schreiben Sie die drei ersten Ideen auf.
3. Geben Sie nach 5 Min. das Formular an Ihren linken Nachbarn weiter.
4. Schreiben Sie in die zweite Zeile weitere drei Ideen nieder. Ergänzen oder variieren Sie die Idee Ihres Vorgängers, oder notieren Sie eine völlig neue Idee.
5. Nach 5 Minuten tauschen Sie erneut
6. bis die letzte Zeile des Formulars ausgefüllt ist.

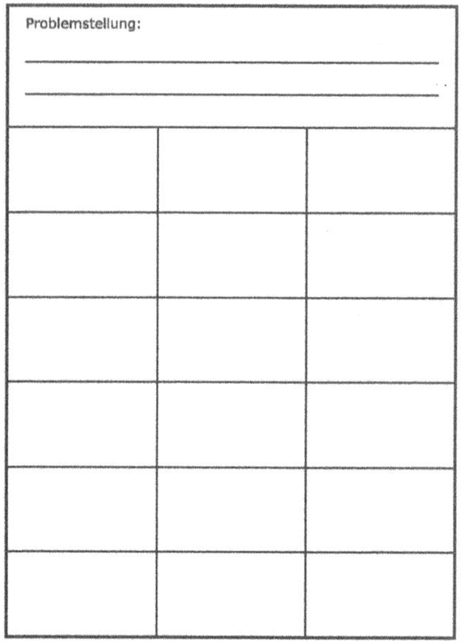

Abb. 6.3-1: Beispiel für ein Brainwriting Formular nach der »6-3-5-Methode«.

- Nach Ablauf der vorgegebenen Zeit schaltet der Moderator sich wieder ein und bittet die Teilnehmer, das Formular an den linken Nachbarn weiterzugeben.
- So erhält jeder Teilnehmer das Blatt seines rechten Nachbarn, auf dem bereits drei erste Ideen zur gestellten Ausgangsfrage notiert sind. In einer erneuten Runde fordert der Moderator die Teilnehmer nun auf, in die zweite Zeile drei weitere Ideen einzutragen. Diese können die Vorschläge des vorherigen Teilnehmers kommentieren, ergänzen, weiterentwickeln oder variieren. Es können aber auch völlig neue Ideen eingebracht werden.
- Nach Erreichen der Zeitvorgabe wird das Formular erneut nach rechts weitergegeben. So verfahren die Teilnehmer, bis alle sechs Zeilen des Formulars ausgefüllt sind und sich die Runde schließt, indem jeder Teilnehmer wieder sein Blatt aus der ersten Runde zugeteilt bekommt.

In der kommenden Phase erfahren die gesammelten Ideen, die nun in einer Art **Ergebnis-Matrix** vorliegen, eine Be-

In der kommenden Phase erfahren die gesammelten Ideen, die nun in einer Art **Ergebnis-Matrix** vorliegen, eine Bewertung durch die Teilnehmer. Dazu werden die Formulare noch einmal durch die Runde gereicht und jeder Teilnehmer kreuzt die nach seiner Meinung drei besten Ideen an. Auf jedem Blatt haben sich auf diese Weise 18 Kreuze angesammelt. Bei einigen Vorschlägen wird es erfahrungsgemäß zur Clusterung kommen, so dass der Moderator jene Punkte besonders vorstellt, bei denen sich die meisten Kreuze ergeben haben. Diese favorisierten Ideen können nun herausgenommen und in weiteren Verfahren über Brainstorming, Pinnwandtechniken oder anderen Moderationsmethoden weiterentwickelt werden.

Praxistipps für eine sichere Anwendung des *Brainwriting*

- Da eventuell einige Teilnehmer noch nicht mit der 635-Methode gearbeitet haben, stellen Sie diese zu Beginn möglichst anschaulich vor. Dazu eignet sich ein ausgefüllter Musterbogen aus Ihrem Moderatoren-Archiv oder eine durch Overhead-Projektor oder Beamer visualisierte Folie, auf der das 635-Formular abgebildet ist.
- Positiv auf die kreative Ideenfindung wirkt ein gestaltetes 635-Formular, welches mit zum Thema passenden Cliparts, Bildern und farbigen Ergänzungen die Phantasie der Teilnehmer beflügelt.
- Ermutigen Sie die Teilnehmer, auch bei nicht so großem Ideenreichtum an der Runde teilzunehmen. Eventuell frei bleibende Felder sind durchaus nichts Außergewöhnliches und sollten niemanden daran hindern, wenigstens einen kleinen Beitrag zur Fragestellung zu leisten.
- Bitten Sie ausdrücklich um eine deutliche Handschrift. Dies erleichtert die Zusammenarbeit und kommt der Einhaltung des Zeitlimits entgegen.
- In tieferen Phasen des Brainwriting kann das Zeitlimit zugunsten einer intensiven Ideenbearbeitung nach hinten verschoben werden, um das Lesen und erfassen der vorausgegangenen Vorschläge problemlos zu ermöglichen.
- Es gibt auch Konstellationen, die durch Personenzahl oder ein differierendes Zeitbedürfnis von der 635-Auftei-

lung abweichen. In diesen Fällen divergiert die Methode beispielsweise zur 938- oder 535 Methode.

- Sollten sich spontan mehr als drei Ideen zu der Fragestellung finden lassen, halten Sie leere Blätter bereit, um das Gedankengut aufzufangen und in der späteren Diskussion aufzugreifen.
- Fällt einem Teilnehmer überhaupt keine Idee ein, ermutigen Sie ihn, in der zweiten Zeile bei der Bearbeitung der Ideen seines Vorgängers einzusteigen. Es sollte kein Teilnehmer von der Aktion ausgeschlossen sein, da sich im Anschluss an die Brainwriting-Runde eine wichtige Diskussion ergibt, die sich auf die Ergebnisse aus dem Formular stützt.

Brainwriting-Pool

Eine etwas aufgelockerte Variante des Brainwriting ist der **Brainwriting-Pool**. Dazu stellt der Moderator das Problem vor und definiert die sich ergebende Fragestellung, welche auf einer Moderationskarte oder Overhead-Folie notiert wird. Jedem Teilnehmer wird ein leeres Blatt ausgehändigt auf das er eine Idee zur gestellten Frage ausführt. Anschließend legt er das beschriebene Blatt in die Mitte, wo sich auch die Blätter der anderen Teilnehmer zu einem Pool zusammenfinden. Für das abgelegte Blatt nimmt sich jeder Teilnehmer ein anderes und führt die darauf beschriebene Idee weiter aus, variiert sie, oder fügt einen völlig neuen Ansatz hinzu.

Besonders interessant wird die Arbeit dann, wenn der Moderator den Pool mit zusätzlichen Ideen anreichert, so dass immer wesentlich mehr Blätter im Ideenpool vorhanden sind als Teilnehmer. Über den Brainwriting-Pool lässt sich nicht so sehr nachvollziehen, wer welche Ideen entworfen hat, so dass die Teilnehmer in der Regel recht unbefangen mit den zu bearbeitenden Bögen umgehen.

Stellt der Moderator fest, dass sich keine weiteren Ideen mehr finden lassen, wird auch hier eine Bewertung durch die Teilnehmer vorgenommen, um die favorisierten Ideen für weitere Bearbeitungszwecke herauszufiltern.

Bevor Sie diese Methode in Ihr Handwerkszeug übernehmen, hilft eine *Trockenübung*, die sich mit zwei Kollegen oder im Freundeskreis ohne großen Aufwand durchführen lässt. Um sich in diese Übung mit einer wirklich einfachen Fragestellung einzufühlen, können Sie das empfohlene Zeitlimit von fünf Minuten natürlich unterschreiten, so dass Sie diese Methode z. B. als **333-Modell** ausprobieren (**3** Personen, **3** Ideen, **3** Minuten):

Erstellen Sie ein **Brainwriting-Formular** und erklären Sie Ihren beiden Übungspartnern die Vorgehensweise. Tragen Sie in das entsprechende Feld die Fragestellung ein: *Wie kann ich meinen Tagesablauf effizienter gestalten?* Bitten Sie nun darum, jeweils drei Ideen innerhalb von drei Minuten zu notieren. Danach reichen Sie das Blatt in oben beschriebener Weise weiter und werten das Ergebnis entsprechend aus. Anhand der sich ergebenden Diskussion werden Sie schnell feststellen, ob Ihnen diese Methode sympathisch erscheint und sie einen festen Platz in Ihrem Modertoren-Repertoire findet.

6.4 Innovative Moderationsformen ****

Die zunehmende Vernetzung von Arbeitseinheiten bei gleichzeitig abflachenden Hierarchieebenen hat zu einem gesteigerten Bedürfnis an Meinungsaustausch und Kommunikation geführt. Dies kann in konventionellen Moderationsformen nur in begrenztem Umfang erreicht werden. Vor diesem Hintergrund haben sich innovative Moderationsformen entwickelt, die dem Anspruch der intensiven Kommunikation auch gerade für die Arbeit mit größeren Teilnehmergruppen gerecht werden. Aus den zahlreichen Varianten innovativer Gruppenarbeit werden vier Methoden vorgestellt, die sich in der Praxis als effektive Unterstützung erwiesen haben:

- »Interaktives Whiteboard«, S. 260
- »Open-Space-Moderation«, S. 266
- »Moderation im *World Café*«, S. 272
- »Moderation einer Zukunftswerkstatt«, S. 280

6.4.1 Interaktives *Whiteboard* ****

Aus dem Bemühen heraus, die Vorteile des konventionellen *Whiteboards* intensiv zu nutzen und gleichzeitig die Entwicklung interaktiver Präsentationstechnik voranzutreiben, ist das interaktive *Whiteboard* in den Fokus neuerer Diskussion geraten. Durch die intensive Beziehung zwischen Moderator und Publikum zeigt es den interaktiven Charakter, der wegweisend für die Moderation der Zukunft sein wird.

Neue Entwicklungen in Pädagogik & Technik

Die Weiterentwicklung der Technik öffnet auch neue Möglichkeiten für die Moderation und Präsentation. So hat sich auch die Struktur der Lernprozesse wesentlich verändert. Die Vorläufer der aktuellen Diskussionen über den Einsatz der heutigen interaktiven Medien gehen auf die Thematik der Berufspädagogik zurück. Bisher galt es als unumwunden, dass dem Moderator die Aufgabe zukam, bestimmte Inhalte interessant zu gestalten und diese einfühlsam und nachhaltig in die Köpfe seiner Zuhörer und Teilnehmer zu transportieren. Die aktuellen Entwicklungen in Technik und Pädagogik stellen diese Beziehung in zweierlei Hinsicht auf den Prüfstand: Einerseits entwickelt sich die Pädagogik seit Jahren hin zu interaktiven Lern- und Lehrprozessen. Ziel ist es dabei, den Lernenden in all seinen **Sinneswahrnehmungen** ganzheitlich in den Präsentationsprozess zu involvieren, um die sich daraus ergebenden intensiven Selbstlerneffekte als zusätzliche Motivationsleistung zu nutzen. Andererseits ist der technische Fortschritt auch in der Pädagogik der Forderung nach praxisnaher Interaktion gefolgt. Nicht zuletzt hat die explosionsartige Entwicklung pädagogischer Software-Lösungen dazu geführt, dass eine Vermischung klassischer Medien mit der Spitzfindigkeit individueller Programme zu einem völlig innovativen Lernansatz konvertiert: Der Lernende bzw. der Teilnehmer wird Mittelpunkt der Präsentation, um den herum die Rahmenbedingungen und Medien angepasst werden.

Damit dringt die Technisierung der Lehr- und Lernprozesse in den Bereich des **ganzheitlichen Lernens** ein. Diese Entwicklung, den Lernprozess in seiner Ganzheitlichkeit wahrzunehmen, ergibt sich aus den kürzeren Verfallzeiten des Wissens und der zunehmenden Bedeutung sozialer Kompetenzen. Im Mittelpunkt steht nicht mehr die Lehre, sondern in erster Linie die Möglichkeit zur Selbsterfahrung. So kommt auch der Strukturierung von Präsentations- und Moderationsprozessen immer mehr die Notwendigkeit zu, sich nach **integrativen Möglichkeiten** auszurichten, um die Teilnehmer und Zuhörer bewusst und interaktiv in den situativen Ablauf zu involvieren.

Veränderte Erwartungen des Publikums

Hinzu gesellt sich die Tatsache, dass sich das Teilnehmerprofil verändert hat. Als Moderator werden Sie bereits festgestellt haben, dass man es immer weniger mit einem Publikum zu tun hat, welches eine Präsentation aktionslos an sich vorüberziehen lässt. Die Verwöhnung mit Animationen und computergestützer Aufrüstung haben zu einer gewissen Ermüdung geführt, die jeder noch so ideenreich aufgearbeiteten Präsentation nur noch eine marginale Faszination abringt. Nachdem die möglichen Effekte mittlerweile den Grad der Ausreizung erfahren, hat diese Tatsache den Weg geebnet, sich umso stärker der Entwicklung der Medien hin zu einer interaktiven Kommunikation in Moderation und Präsentation zu widmen. Auch ist in diesem Zusammenhang nicht zu vernachlässigen, dass der Zugang zu allen erdenklichen Informationen aus unterschiedlichen Datenquellen dazu geführt hat, dass die Gesellschaft mit einem sehr hohen Informationsstandard ausgestattet ist. Mitunter sieht sich der Moderator nicht selten vor eine Teilnehmergruppe gestellt, die mit ihrem erworbenen Informationsschatz den Moderator zu einem interessanten Wortgefecht herausfordert.

Eigenschaften & Anwendungsbereich

Eine Möglichkeit, sich dem Anspruch der teilnehmerorientierten Kommunikation zu nähern, ist das **interaktive *Whiteboard*** (Abb. 6.4-1). Dieses umfangreiche und bereits praxiserprobte Produkt ist das Ergebnis aus der Liaison zwischen pädagogischen Erkenntnissen und technischem Fortschritt. Nachdem es in einigen Ländern bereits standardmäßig zur Präsentation in Schulen und Seminarräumen gehört, hält es mehr und mehr Einzug in den Bereich der Präsentation und Moderation. Es stehen mehrere Größen dieses Mediums zur Auswahl, die sich an der Gruppenstärke und an der Art der gewünschten Übungen ausrichten. Wegen des vorwiegenden Arbeitseinsatzes in größeren Gruppen und

Teams hat sich für alle Arten des interaktiven *Whiteboards* auch der Begriff **Teamboard** etabliert.

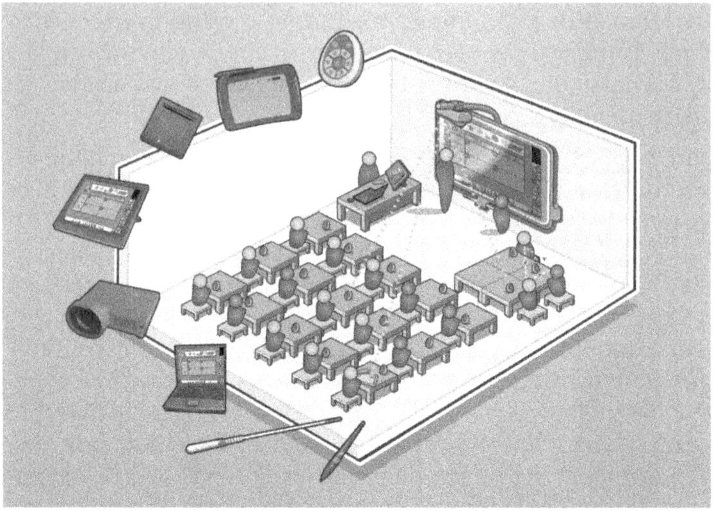

Abb. 6.4-1: Aktionsszenario mit dem interaktiven Whiteboard als systematische Methode für Gruppenarbeiten.

3 Arten interaktiver *Whiteboards*

Die Eigenschaften interaktiver *Whiteboards* können auf drei verschiedenen Techniken basieren. Für welche Art sie sich entscheiden, hängt sicherlich davon ab, wie häufig und intensiv dieses Gerät zum Einsatz kommt, aber auch von der beabsichtigten Arbeitsweise und ist nicht zuletzt auch eine Frage des verfügbaren Budgets. Je nach Einsatzbereich und verfügbarem Budget ist eine sorgfältige Beratung notwendig, um für den beabsichtigten Moderationsrahmen das geeignete Gerät zu finden.

Whiteboard auf Analog-Basis

Die analogen *Whiteboards* zeichnen sich durch eine berührungsempfindliche Doppelmembran-Oberfläche (***Touchscreen***) aus. Diese empfängt Drucksignale, die mit Gegenständen oder auch mit den Fingern erzeugt werden können. Durch die bedingte Interaktivität, die sich z. B. in der eingeschränkten Nutzung von Internetseiten oder Flash-Animationen ausdrückt, wird bei der Verwendung dieser analogen Technologie auch von **passiven *Whiteboards*** gesprochen.

Whiteboard auf Infrarot/ Ultraschall-Basis

Bei der Arbeit mit einem *Whiteboard* auf Infrarot/ Ultraschall-Basis wird auf ein bereits installiertes *Whiteboard* eine zweite Oberfläche angebracht, die mit entsprechenden Clipsen oder Saugern zu befestigen ist. Die leuchtende Schreibfläche ist für den dauerhaften Einsatz wenig effektiv, andererseits aber unter Berücksichtigung des verfügbaren Budgets eine bedenkenswerte preiswerte Alternative zur Durchführung kurzweiliger Veranstaltungen.

Whiteboard auf Digital-Basis

Das digitale *Whiteboard* bietet die intensivste Variante der interaktiven Präsentationsmöglichkeiten. Über ein vorgeschaltetes Computersystem werden die Bildschirminhalte mittels eines Beamers auf die Tafelfläche projiziert und sind somit als übergroßes Bildschirmformat für alle Beteiligten sichtbar. Je nach Raumkonstellation kann die Projektionsfläche als feste Wandinstallation oder auch als mobile Variante betrieben werden. Das Gerät kann Formate aus allen möglichen Datenquellen identifizieren und projiziert damit auch Videos, Dateien aus CD-ROMs oder Internetseiten. Es ist so konzipiert, dass es möglich ist, die Bildschirmfunktionen über ein Eingabegerät in Form eines elektronischen Stifts zu bedienen (Abb. 6.4-2).

Der Eingabestift ersetzt dabei die klassische Mausfunktion und hält damit das komplette Interaktionsspektrum einer arbeitsbereiten Bildschirmoberfläche bereit. Über eine integrierte Touchscreen-Funktion, wie es auch in analogen *Whiteboard*-Systemen vorgesehen ist, kann eine weitere Funktionsebene über die Fingerberührung aktiviert werden. Die sensitive Oberfläche reagiert auch hier auf manuelle Berührungsimpulse, die als digitale Signale weitertransportiert werden und zu entsprechenden Funktionen führen.

Die Oberfläche des digitalen *Whiteboards* ist wie ein klassisches *Whiteboard* mit entsprechenden Markern beschreibbar, wobei die handschriftlichen Inhalte gespeichert und somit archiviert werden können. Über eine Zusatzfunktion mit einer kabellosen Funkverbindung ist es jedem Teilnehmer möglich, sich mittels einem Eingabestift und einer dazugehörigen Unterlage von jedem Punkt des Raumes an der Diskussion zu beteiligen. Besondere Bedeutung hat diese

Abb. 6.4-2: *Activboard* mit *Touch Screen* ermöglicht direkte Dateneingabe.

Möglichkeit bei der Sammlung und Bewertung von verschiedenen Meinungen, sowie bei der Ermittlung von Feedback oder Umfrageergebnissen. Auf diese Weise kann der Moderator innerhalb weniger Augenblicke eine aktuelle Momentaufnahme der Teilnehmersituation als Wandbild abbilden und dabei die Anwesenden an einem sehr interaktiven und produktiven Prozess teilhaben lassen. Jede Eingabe kann sofort am Bildschirm verfolgt werden und zieht somit die Aufmerksamkeit der Teilnehmer auf sich, die den dynamischen Entstehungsprozess am Bildschirm aktiv und motiviert begleiten möchten. Durch die aktive Inszenierung der Projektionsfläche hat sich für dieses Medium auch der Name ***Activboard*** entwickelt.

Einsatzbereich

Das digitale *Whiteboard* eignet sich überall dort, wo Lerninhalte visualisiert, direkt an der Tafel bedient und Ergebnisse abgespeichert werden sollen. Das ist z.B. sinnvoll in Arbeitsgruppen, in Moderationen oder in schulischen und universitären Veranstaltungen.

Mit zusätzlichen Peripherie-Geräten ist das digitale *Whiteboard*-System erweiterbar. Möglich ist hier der Anschluss einer Kamera oder von Modulen zur Videokonferenz, um Interaktivität auf höchster Ebene zu erreichen. Weitere Optionen, zum Beispiel über eine Live-Schaltung eine Situation aus der Praxis einzublenden, Rollenspiele einzusetzen, benötigte Experten visuell teilnehmen zu lassen, bieten einen unerschöpflichen Ressourcenpool.

Vor- und Nachteile

Für welches Modell des interaktiven *Whiteboards* Sie sich auch entscheiden, sollten Sie sich vorher genau über den Einsatzbereich bewusst sein, um die Potentiale dieses hoch entwickelten Geräts auch wirklich ausschöpfen zu können. Oft sind Hemmschwellen zu erkennen, sich auf diese neuen Medien einzulassen. Immerhin ist damit eine Investition verbunden, die wohlüberlegt sein will. Moderatoren, die begonnen haben, mit diesem Medium zu arbeiten, haben an vielen Stellen festgestellt, dass hierin eine zukunftsweisende Medientechnologie zu finden ist. Bereits heute werden digitale *Whiteboards* mancherorts in schulischen und universitären Bereichen mit großem Erfolg standardmäßig eingesetzt (Abb. 6.4-3).

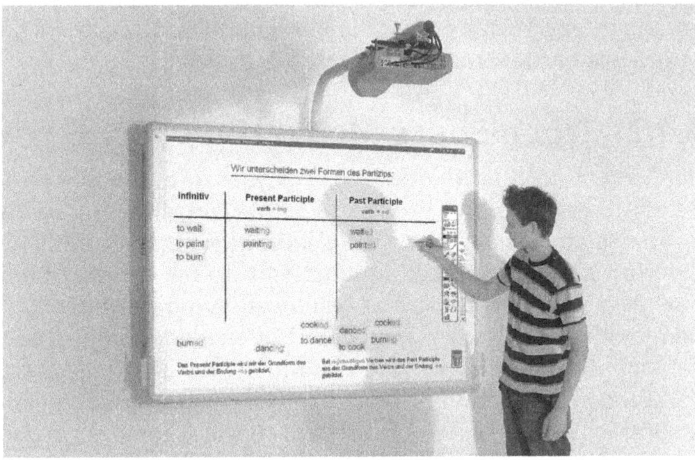

Abb. 6.4-3: Die Oberfläche des *Avtivboard* ist direkt beschreibbar.

Die Frage nach den Vor- oder Nachteilen ist wohl er die Frage danach, ob man sich auf ein solches System einlässt oder nicht. Die Arbeit mit dem interaktiven *Whiteboard* ist in der einen oder anderen Ausgestaltung mit einer enormen Medienintensität verbunden, die andere eingesetzte Medien auf einen Minimodus reduziert und der Präsentation einen völlig anderen Rahmen ermöglicht. Dessen muss man sich bewusst sein, bevor die Entscheidung für dieses Medium fällt. Der Erfolg der medialen Arbeit in diesem Bereich impliziert auch ein hohes Maß an Bereitschaft seitens des Publikums, sich auf das Medium einzulassen und dem Moderator die Zuarbeit zu leisten, die für die einwandfreie Funktion dieses Systems von fundamentaler Bedeutung ist. Auch der Moderator selbst ist gefordert, sich mit noch mehr Einfühlsamkeit und Sozialkompetenz auf eine enorme Nähe zu seinem Publikum einzulassen. Er muss bereit sein, die durch dieses Medium angeregte Diskussionsbereitschaft der Teilnehmer zu tragen und demgegenüber entsprechend kompetent zu reagieren.

Es geht also nicht so sehr um die Bewertung des interaktiven *Whiteboards* an sich, sondern es ist vielmehr die Auseinandersetzung mit den Rahmenbedingungen, die eine Vielzahl von Vorüberlegungen notwendig werden lässt. Unbestritten ist das interaktive *Whiteboard*, und hier insbesondere das digitale *Whiteboard*, ein Medium, dessen Potenziale erst am Anfang ihrer Entwicklung stehen und nur darauf warten, von Benutzern entdeckt und eingesetzt zu werden.

6.4.2 Open-Space-Moderation ****

Der Bedarf an Kommunikation, wie man ihn heute erlebt, ist das Ergebnis einer stetigen Entwicklung hin zur Arbeit in Teams und Projekten. Diese Situation setzt in der Moderation neue Maßstäbe, um auch mit großen Gruppen ein Thema effizient erarbeiten zu können und der gewünschten Kommunikation Raum zu geben. Vor diesem Hintergrund hat sich die Open Space Moderation entwickelt, die für Moderator und Teilnehmer neue Akzente setzt und interessante Möglichkeiten für die praxisorientierte Themenbearbeitung bietet.

Zur Entwicklung von *Open Space*

Der Moderator bereitet sich sorgfältig auf ein Thema vor, um es seinem Publikum effektiv zu präsentieren und die Inhalte möglichst schlüssig vorzustellen. Die Teilnehmer nehmen die Präsentation auf, stellen Fragen und lassen sich je nach Kreativität des Moderators intensiv in den Prozess involvieren. Während der Pausen kommen Moderator und Teilnehmer auf einer eher informellen Ebene ins Gespräch. Dabei stellt sich nicht selten heraus, dass es noch viel Gesprächsbedarf zu diesem Thema gibt und viele Ideen zu Tage treten, die der Moderator aus seiner Perspektive mitunter noch gar nicht berücksichtigt hatte. Dies ist insbesondere dann der Fall, wenn ein Moderator eingeladen wird, um zu einem aktuellen Thema aus dem Umfeld der Teilnehmer einen Beitrag zu leisten, oder gemeinsam mit ihnen einen neuen Ansatz zu erarbeiten und plötzlich mit internen Details betraut wird.

Auf dieser Basis entwickelte der Organisationsberater Harrison Owen bereits Mitte der 80er Jahre in den USA eine Möglichkeit, um eben diesem Kommunikationsbedarf einen Rahmen zu geben und die vielen kleinen Informationsmosaike aus solchen informellen Pausengesprächen zu sammeln. Aus den erwogenen Eigenschaften, einerseits also Raum für Meinungen und Argumente bereitzustellen, andererseits aber auch die Gestaltungsfreiheit so offen wie möglich zu halten, ist der Begriff ***Open Space*** (engl. geöffneter Raum) entstanden – ein treffender Ausdruck für diese Moderationsmethode, die zunehmend in vielfacher Ausprägung eingesetzt wird.

Ablauf einer Open-Space-Veranstaltung

Die Open-Space-Methode setzt dort an, wo herkömmliche Moderationen in kleineren Gruppen an ihre Grenze stoßen. Ab einer Gruppenstärke von 20 Teilnehmern bietet sich hier eine völlig neue Arbeitsweise, die zunächst ungewöhnlich anmutet, doch durch ihre prägnanten Ergebnisse besticht. Nach oben hin sind der Anzahl der Teilnehmer kaum Grenzen gesetzt. Wenn es möglich ist, Raum und Zeit bereitzustellen, können ganze Organisationen mit über 1000 Mitgliedern an einer Open-Space-Veranstaltung teilnehmen. Die Methode basiert auf **absoluter Selbstorganisation**, die lediglich einen wenig definierten Rahmen zum Ablauf und zur zeitlichen Vorgabe benötigt, wobei dieser unter ein bestimmtes Motto gestellt wird.

Angeregt durch das **Hauptthema** der Veranstaltung erstellen die Teilnehmer zu Beginn eine Tagesordnung, die zur Bearbeitung des Themas oder zur Lösung eines Problems herangezogen werden soll. Jeder Teilnehmer kann einen Beitrag dazu beisteuern unter der Maßgabe, dass er sich für diesen Diskussionspunkt verantwortlich fühlt und er diesen mit weiteren Interessenten in einer Gesprächsrunde fortführen möchte. Der Kreativität der Themenfindung sind dabei keine Grenzen gesetzt, sofern das Kernthema durchgängig erkennbar bleibt und sich als Hauptziel der Veranstaltung wie ein roter Faden durch alle Gesprächsrunden zieht. Je aktueller und dringender das zu bearbeitende Thema von den Teilnehmenden empfunden wird, desto fruchtbarer wird sich dies im Arbeitsergebnis präsentieren lassen. Denn dort, wo dringender Gesprächsbedarf besteht, werden kommunikative Potentiale freigesetzt, die sich über die offene Struktur dieser Methode erheblich intensivieren.

Vor der Open-Space-Konferenz werden die Teilnehmenden in das Verfahren eingeführt und über bestehende Regeln informiert. Um den selbstbestimmenden Charakter der Methode zu gewährleisten, ist der Rahmen auf vier Regeln beschränkt:

4 Regeln des Open-Space

- Die Person, die kommt, ist die richtige.
- Was auch immer geschieht, es ist das einzig Richtige was passieren konnte.
- Der Prozess beginnt, wenn die Zeit reif ist.
- Wenn es vorbei ist, ist es vorbei.

Das Gesetz der zwei Füße

Diese vier Regeln werden von einem Gesetz begleitet, welches die Teilnehmenden uneingeschränkt anerkennen. Es ist das **Gesetz der zwei Füße**, welches auch als **Mobilitätsgesetz** bezeichnet wird. Hiermit verpflichtet sich jede teilnehmende Person, genau zu überprüfen, ob sie sich in der richtigen Arbeitsgruppe befindet und zu der Bearbeitung des hierin definierten Themas auch wirklich etwas beitragen kann. Sollte dies nicht der Fall sein, hat der Teilnehmer die Gruppe zu verlassen, um seine Mitarbeit dort einzusetzen, wo er durch seine Argumente zu einem effizienteren Ergebnis beitragen kann. Das *Gesetz der zwei Füße* macht unmissverständlich deutlich, dass **eigenverantwortliches Handeln** und flexible Bewegung in der Auswahl der Arbeitsgruppe existentielle Grundlagen der Arbeit im *Open Space* darstellen.

Wenn allen Teilnehmenden der organisatorische Ablauf bekannt ist, werden Inhalte und Themenstrukturierung gemeinsam erarbeitet. Jede Person kann dazu einen eigenen Vorschlag abgeben, der dann als Arbeitstitel für eine Gruppe gewählt wird. Die Vorschläge werden so mit Namen versehen und auf einer Plakatwand gesammelt. Jedem Themenblatt werden ein Raum und eine geplante Zeitvorgabe zugeordnet. Haben sich an der Plakatwand genügend Arbeitsthemen angesammelt beginnt die **Marktphase**: Nun können alle Anwesenden wie auf einem Marktplatz aus dem bereitstehenden Angebot wählen und sich in die Themenkreise eintragen, für die sie ein persönliches Interesse hegen, oder für die sie besondere Kenntnisse und Kompetenzen einbringen können.

Sobald die Aufteilung der Gruppen feststeht, können diese sich in die vorgesehenen Räume zurückziehen, um in kleineren Arbeitskreisen an ihren Themen zu arbeiten. In dieser **Divergenzphase** setzen sich die Teilnehmenden mit verschiedenen Beiträgen auseinander, können ihren eigenen Standpunkt vertreten, oder sich von der anderen Perspektive überzeugen lassen. Eine Gesamtübersicht an zentraler Stelle gibt jederzeit Auskunft darüber, an welchem Ort sich welcher Arbeitskreis befindet. So ist die gewünschte Bewegungsfreiheit für die Teilnehmer *gemäß dem Gesetz der zwei Füße* gewährleistet. Jeder kann nach eigenem Ermessen die Gruppe wechseln, so dass sich eine abwechslungsreiche und intensive Kommunikationskultur ergibt. Über die Art und Weise der Themenbearbeitung kann die Gruppe eigenverantwortlich entscheiden. Der Teilnehmende, der den Vorschlag für die Themenbearbeitung eingebracht hat, bleibt während der Veranstaltung federführend für diese Arbeitsgruppe. Er dokumentiert die Ergebnisse aus der Gruppenarbeitsphase und stellt diese für alle sichtbar zusammen.

Die weitere Verwendung der Ergebnisse aus den einzelnen Gruppen kann auf vielfältige und kreative Weise innerhalb der **Konvergenzphase** gestaltet werden. Es ist denkbar, dass Zwischenergebnisse von begleitenden Moderatoren als Kopien an zentraler Stelle ausgestellt werden, so dass jeder andere Teilnehmende zu jeder Zeit Einsicht in den *Status Quo* der anderen Gruppen nehmen kann. Es ist aber auch möglich, auf eine Abschlussrunde hinzuarbeiten, in der die eingebrachten Beiträge als Diskussionsgrundlage für die Bearbeitung im Plenum dienen. Um aus der *Open Space Konferenz* Maßnahmenpakete oder Aufgaben zu definieren, können die favorisierten Argumente über ein Abstimmungs-Verfahren (**Voting**) ermittelt werden.

Zeitliche Struktur

Der zeitliche Ablauf einer Open-Space-Veranstaltung ergibt sich aus der Anzahl der Arbeitsgruppen und aus der Intensität, mit der das Thema diskutiert wird. Handelt es sich um ein Seminar, für das Open Space als Methode gewählt wurde, können die Inhalte auch während eines halben Tages vermittelt werden. Hier steht der reine Wissenstransfer im Mittelpunkt und nicht etwa die Erarbeitung völlig neuer Grundgedanken. Geht es um eine komplexe Themenbearbeitung, wie sie beispielsweise zur Projektplanung oder Umstrukturierung von Teams und ganzen Organisationen eingesetzt wird, kann sich dieser Prozess sogar über mehrere Tage hinziehen.

Die einzelnen Arbeitsblöcke dauern in der Regel 60–90 Minuten. In diesem Format ist die Bearbeitung von vier Arbeitsblöcken pro Tag möglich, ohne die Qualität der Ergebnisse zugunsten einer zeitlichen Überbeanspruchung einzubüßen. In Ausnahmenfällen, beispielsweise bei sehr komplexen Fragestellungen, die zunächst eine intensive Anwärmphase erfordern, kann die Gruppenarbeitszeit auf bis zu vier Stunden ausgeweitet werden. Kürzere Veranstaltungen und thematisch wenig vertiefende Fragestellungen lassen bei der Planung zahlreiche, dafür kürzere Gruppensitzungen zu.

Bei mehrtägigen *Open-Space-Konferenzen* stellt der thematische Übergang von einem Tag zum anderen eine besondere Herausforderung dar. Um am Ende eines Tages die Zwischenergebnisse zu resümieren, werden diese in den *Abendnachrichten* formuliert. Entsprechend läuten die *Morgennachrichten* den Start eines weiteren Konferenztages im Open Space Format ein. Die Erfahrung hat gezeigt, dass die Arbeitsergebnisse zum Ende der Veranstaltung hin marginal sind und es meist effizienter ist, Wert auf ein gut strukturiertes Abschlussritual zu legen, anstatt sich in den Arbeitsgruppen unnötig lange aufzuhalten (Hier greift die Regel: *Wenn es vorbei ist, ist es vorbei.*)

Rolle des Moderators

Die mit der *Open-Space-Methode* verbundene Selbstbestimmung und Selbstorganisation sieht für den Moderator die Rolle eines **Prozessbegleiters** vor. In größeren *Open-Space-*

Veranstaltungen wird dies auch häufig von einem Moderatorenteam übernommen. Hierdurch kann an vielen Stellen gleichzeitig dafür Sorge getragen werden, dass der organisatorische Rahmen wohlwollend aufrechterhalten wird und die gewonnenen Einsichten auch strukturell zu einem prägnanten Ergebnis durch die Vorstellung der Teilergebnisse der einzelnen Arbeitsgruppen gelangen. So stellt etwa der Moderator das Verfahren des Open Space vor, macht die Teilnehmenden mit den örtlichen Räumlichkeiten vertraut und gibt der Veranstaltung mit ein paar einleitenden Worten einen entsprechenden Rahmen, der die Neugierde und Kreativität der Teilnehmenden weckt. Letztlich hält sich der Moderator mehr im Hintergrund und lässt den Teilnehmenden freien Lauf bei der Entwicklung ihrer intensiven Gespräche.

Vorteile

Die praktische Entwicklung dieser *Open Space Methode* hat einige klare Vorteile herausgestellt, die sich wie folgt darstellen:

+ Es ist möglich, komplexe Themenfelder mit großen Gruppen in relativ kurzer Zeit effizient zu bearbeiten.
+ Das Prinzip der Selbstorganisation setzt **kreative Potenziale** frei, die es den Teilnehmenden erleichtern, sich mit eigenen Argumenten und Ideen einzubringen.
+ Die auf diese Weise gewonnenen **Motivationsanreize** steuern zu einer intensiven Themenbearbeitung bei, die bei direktiver Arbeit nicht in diesem Ausmaß erwirkt werden kann.
+ Ein hohes Maß an **Selbstverantwortung** trägt dazu bei, dass sich die Teilnehmenden auch nachhaltig für die weitere Gestaltung der abgeleiteten Maßnahmen einsetzen.
+ Die besondere Stärke liegt in der **gemeinschaftlichen Arbeit**. Die Teilnehmenden lernen sich aus einer neuen Perspektive kennen und schöpfen so weitere Ansatzpunkte für das tägliche Miteinander.
+ Die intensive **Dokumentation** der bearbeiteten Themen stellt eine wichtige Grundlage für weitere Aktionen dar. Das Ergebnis ist die gefilterte Essenz einer intensiven Gruppenarbeit und bringt in der Regel ein enormes Feld an Handlungsbedarf hervor.

Nachteile

Die Open-Space-Methode birgt auch einige Gefahren, die im Vorfeld der Arbeit mit diesem Verfahren zu berücksichtigen sind:

- Es besteht die Gefahr, dass Teilnehmende sich nicht in der Lage sehen, Konflikte oder schwierige Themen in der Gruppe offen zu diskutieren. Hier ist es notwendig, eine einfühlsame **Vertrauensbasis** zu schaffen, um das Ergebnis der Veranstaltung nicht abzuschwächen. Dieses kann innerhalb einer Arbeitsgruppe über die Festlegung bestimmter Regeln zur Vertraulichkeit der Informationen erwirkt werden. Gilt diese Notwendigkeit gruppenübergreifend für die gesamte Veranstaltung, ist es die Aufgabe des Moderators, hierfür einen adäquaten Rahmen zu schaffen.
- Das Ergebnis der Open-Space-Veranstaltung kann mitunter **Forderungen** an eine Organisation stellen, um für die beschlossenen Maßnahmen entsprechende Mittel bereitzustellen. Die Bereitschaft hierzu sollte im Vorfeld abgeklärt werden, um einen reibungslosen Ablauf auch nachhaltig zu ermöglichen. Wird das Arbeitsergebnis aufgrund organisatorischer Defizite ausgebremst kommt es zu Demotivation und Frustration, die in diesem Fall aufgrund der Intensität der Methode sehr intensiv zum Tragen kommt.
- Der langfristige Erfolg einer Open-Space-Konferenz steht und fällt mit der Intensität der **Nachbearbeitung**. Es ist sinnvoll, nach etwa vier bis sechs Wochen die Leiter der Arbeitsgruppen und das Organisationsteam erneut zusammenzuführen, um den Status der beschlossenen Maßnahmen festzustellen. Auch hier greift das Prinzip der Selbstverantwortung, welches sich aber in der Realität leider häufig an Zeitmangel oder Prioritätsverlust bricht.

6.4.3 Moderation im *World Café* ****

Die zunehmende Vernetzung von Informationen hat dazu geführt, dass auch die Vorteile sozialer Netzwerke erkannt und dadurch die Bedürfnisse nach einem intensiven Kommunikations- und Erfahrungsaustausch ernst genommen werden. Für den Moderator stellt sich die Frage, wie netz-

werken für größere Teilnehmergruppen möglich sein kann. Hierzu hat sich unter dem Begriff *World Café* eine Moderations-Methode entwickelt, die für große Gruppen diesen Raum bietet, sich über bestimmte Sachverhalte auszutauschen, neue Kontakte zu knüpfen und Antworten auf persönliche und fachliche Fragen zu finden.

Von *Outsidern* und *Insidern*

Während einer Veranstaltung in Form einer Tagung, einer Präsentation oder eines Seminars entsteht häufig der Bedarf, sich nicht nur mit dem nächsten Nachbarn oder einigen wenigen Anwesenden, sondern mit möglichst allen Teilnehmern über diverse Informationen zu einem Thema auszutauschen. Hierzu kann der Moderator vorsehen, die Mitwirkenden in kleinere Gruppen zu unterteilen, sie an einer Karten-Moderation arbeiten zu lassen, um dann später im Plenum die Ergebnisse für alle sichtbar vorzustellen. Dies ist für kleinere Gruppen sicherlich möglich und auch sinnvoll, stößt aber bei einer größeren Teilnehmerzahl an ihre Grenzen. Hinzu kommt die Tatsache, dass ein wirklicher Austausch der einzelnen Mitglieder der einen Gruppe mit denen einer anderen Gruppe verloren geht. Zwar werden die Endpunkte visualisiert, wie sich aber die Argumentationsstruktur entwickelt hat, wird den Außenstehenden einer Gruppe für immer verschlossen bleiben. Mögen die Inhalte auch noch so gekonnt visualisiert sein, ein Gespür für das detaillierte Themengefüge wird nur den *Insidern* vorbehalten bleiben. Diesen Zusammenhang greift die Methode des ***World Cafés*** auf: Jeder Teilnehmende soll sich als involvierte Person eines intensiven Dialogs wahrnehmen, in dem jeder individuelle Ansatz zur Entstehung eines intensiven Netzwerkes beiträgt.

Eigenschaften & Ablauf des *World Cafés*

Um dem Gedanken der Kommunikation in einer möglichst entspannten Atmosphäre aufzugreifen, hat sich der Begriff *World Café* etabliert. Hierin wird, dem Bild eines gemütlichen Straßencafés folgend, einem uneingeschränkten Miteinander Möglichkeit zur Entfaltung gegeben: Hinweg über alle Kulturen, ohne förmlichen Zwang und in lockerer ansprechender Umgebung. Dazu werden kleine runde Tische aufgebaut, die großzügig und unstrukturiert den Raum füllen. Sie sind so auszurichten, dass an ihnen vier bis sechs, in Ausnahmefällen auch zehn Personen Platz nehmen können. Je nach Raumausstattung können Sie auch lediglich mit einigen Sesseln oder Stühlen eine kreisförmige Anordnung bilden, um eine Basis für das *World Café* zu schaffen. Zur Notiz des Gesprächsverlaufs muss dann auf andere Medien, wie z. B. Flipchart oder Pinnwand zurückgegriffen werden, was allerdings nicht ganz dem Sinn und Zweck des *World Cafés* entspricht.

Die Mindestanzahl von vier Teilnehmern sollte nicht unterschritten werden, um ein gewisses Perspektivenpotenzial und damit eine gesunde Kommunikationsgrundlage zu gewährleisten. Eine Begrenzung der Teilnehmer nach oben hin sollte ebenfalls das Bestreben des Moderators sein. Zu viele Teilnehmende innerhalb einer Gruppe hemmen die Bildung von Interaktionspartnerschaften und lassen die Kontakte in einer gewissen Oberflächlichkeit verarmen.

Eine besonders intensive World Café-Arbeit erreichen Sie, wenn Sie Papiertischdecken oder Papierbögen verwenden, auf denen die Teilnehmer ihre Gedanken direkt schriftlich fixieren können. Diese Methode fördert den intuitiven Reiz, sich mit einem eigenen Beitrag auf der Unterlage zu verewigen und hat den weiteren Vorteil, dass die Kommentare sofort für die nächsten Café-Besucher sichtbar sind, ohne erst in einem Zettelwerk zu blättern. Wenn sie zusätzlich noch Stifte in mehreren bunten Farben bereitlegen, wird ein visuell angenehmes, graffiti-artiges Gebilde entstehen. Dieses kann auch in Form einer ***Mind Map*** (siehe hierzu »Ideenverwaltung mit Mind Mapping«, S. 246) visualisiert und in der abschließenden Plenumsrunde eindrucksvoll vorgestellt werden. Auch als Protokoll der Veranstaltung liefert es einen sehr individuellen Erinnerungswert. Für die Möglichkeiten persönlicher Notizen ist es nützlich, zusätzliche Blätter, Moderationskarten und Marker bereitzulegen.

Typisch für das *World Café*: der Gastgeber

Innerhalb der Gruppe wird ein Leiter bestimmt, der nach einer Gesprächsrunde als **Gastgeber** an diesem Tisch verweilt und in der nächsten Runde andere Gäste in Empfang nimmt, um sie in die besprochene Thematik und den Stand der Dinge einzuweisen. Je mehr es der Gastgeber vermag, die einzelnen Beiträge gedanklich zu verlinken, desto engmaschiger wird das am Ende geknüpfte Netzwerk. Die Zeitvorgabe bestimmt der Moderator gemäß den zuvor bestimmten Rahmenbedingungen. Er achtet darauf, dass der zeitliche Rahmen in den Gruppen eingehalten wird, um einen koordinierten Ablauf mit der Arbeit der anderen Einheiten zu ermöglichen. Die Teilnehmer tauschen nun Ihre Meinungen und Erfahrungen zu einem bestimmten Thema aus. Das entsprechende Thema der Tischrunde wird von dem Gastgeber vertreten und kann zusätzlich als Plakat oder als Tischfahne visualisiert werden. Nach Ablauf einer Zeitphase wechseln die Anwesenden einer Tischrunde das Umfeld, um sich an einem anderen Tisch zu informieren und auszutauschen. Sie werden sozusagen zu Informations-Nomaden, nehmen Botschaften aus der beendeten Runde mit in die neue Arbeitsphase und verbinden nun die gemachten Erfahrungen mit den neuen Eindrücken. Die zahlreichen Informationen werden jeweils auf der Unterlage notiert und nach mehreren Tischrunden in einer abschließenden Plenumsphase zusammengebracht. Um die Diskussion erneut zu beleben, ist es möglich, die letzte Runde mit einer Zusatzfrage anzureichern, um zu einer weiteren impulsgebenden Gesprächsrunde anzuregen. Durch die zunehmende Vernetzung der Dialoge sind alle Teilnehmenden mit der Entwicklung der Argumentationskette vertraut, die sich in der Plenumsphase als Endergebnis darstellt. Ein besonders intensiver Austausch erfolgt, wenn der Moderator die Teilnehmenden bittet, sich vor der Plenumsphase nochmals in ihre ursprüngliche Runde zu begeben. Dort besteht dann die Möglichkeit, die gesammelten Erkenntnisse zu reflektieren und ein erstes Gefühl für die Intensität der gewonnenen Informationen zu bekommen.

Gestaltung des Plenums

Die Vorstellung der Arbeitsergebnisse im Plenum des *World Cafés* stellt das große Finale der kreativen Veranstaltung dar. Um dem Gelingen und dem vielfältigen Charakter des bisherigen Verfahrens eine besondere Note zu verleihen, kann sich der Moderator faszinierende Wege und Möglichkeiten überlegen, wie er das Plenum gestaltet.

Eine Möglichkeit ist, die beschriebenen Papiertischdecken an eine Leine zu klammern und die Gastgeber jeweils über die Ergebnisse berichten zu lassen. Es kann auch versucht werden, zum Abschluss die Inhalte auf einer *Endlos-Pinnwand* miteinander zu verknüpfen und eine Art Geschichte dazu zu kreieren (siehe »Eigenschaften und Anwendungsbereich«, S. 202). Häufig werden auch Fotoprotokolle erstellt, die dann im Nachhinein zusammen mit einer Textdokumentation als Workshop-Zeitung den Beteiligten zugestellt werden. Der Kreativität sind auch hier keine Grenzen gesetzt; das Repertoire reicht von Kartenlandschaften an Moderationswänden (Abb. 6.4-4), Bildern und Zeichnungen bis hin zu Rollenspielen, in denen die vielen Informationen eindrucksvoll inszeniert werden und sich einige Anwesende spiegelbildlich dargestellt wieder finden.

Abb. 6.4-4: Auf einer großen Pinnwand können die Ergebnisse der Diskussionen aus dem *World Café* dargestellt werden.

Angenehme Rahmenbedingungen

Um dem kreativen Charakter des *World Cafés* gerecht zu werden, sind Ihrer Phantasie keine Grenzen gesetzt. Erlaubt ist, was gefällt. Ob Sie sich für die zusätzliche Dekoration mit Wandgemälden, Grünpflanzen, Kerzen oder farbigen Tischdecken entscheiden, können Sie in Relation zum Veranstaltungsort und vor allem zur Teilnehmergruppe abwägen. Denken Sie auch daran, dass kleinere Schalen mit Snacks und eine gewisse Getränkeauswahl nicht nur den Gedanken an die Café-Atmosphäre stützen, sondern auch verhindern, dass die Teilnehmer in separate Pausen abdriften, welche dem Gemeinschaftsgedanken und der kontinuierlichen Netzwerkarbeit in einem *World Café* hinderlich sind.

Spielregeln

Das *World Café* als Moderationsmethode für große Gruppen beinhaltet einige Regeln, deren Beachtung maßgeblich zum gewünschten Erfolg beiträgt.

- Je klarer die Fragestellung der Runde, desto intensiver die Gespräche.
- Den Fokus umgehend auf den Kern des Gesprächs lenken, denn die Zeit innerhalb einer Caférunde ist limitiert.
- Auch Zuhören ist eine Form der Teilnahme.
- Ausreden lassen und bei Nichtverstehen nachfragen.
- Alle Argumente zählen. Keine vorschnelle Bewertung oder Entscheidung vornehmen.
- Ideen aufeinander beziehen, verbinden und verlinken.
- Kritzeln und malen auf der Unterlage sind ausdrücklich erwünscht.
- Spaß haben und die Grundstimmung positiv beeinflussen.

Benötigte Zeit

Die benötigte Zeit für die Durchführung eines *World Cafés* hängt im Wesentlichen von der Intensität des zu behandelnden Themas ab. Die einzelnen Tischrunden kommen in der Regel in einer Zeit von 20 bis maximal 30 Minuten zu einem guten Arbeitsergebnis. Zuviel verfügbare Zeit in den Gruppen verleitet häufig dazu, den Fokus der Runde aus den Augen zu verlieren. Nach drei bis vier intensiven Gesprächsrunden ist der Kommunikationsbedarf der Teilnehmer normalerweise ausgeschöpft. Nun kann die gesamte Gruppe zu einem Plenum einberufen werden. Bei längeren Veranstaltungen empfiehlt es sich, nach drei Einheiten eine längere Pause einzulegen, um dann erneut in einen zweiten Abschnitt mit drei weiteren Gesprächsrunden zu starten. Auf diese Weise können sogar mehrtägige Konferenzen organisiert werden.

Rolle des Moderators

Da die wesentlichen Hauptakteure bei der World Café-Methode die Teilnehmenden sind, ist der Moderator für die Geschicke im Hintergrund verantwortlich. In der Vorbereitungsphase verschafft er sich einen großen Vorteil für die Veranstaltung, wenn er die Passung und die Intensität der Fragen so präzise wie möglich erarbeitet. Geeignet sind offene Fragen, die sich nicht auf den ersten Blick mit ja oder nein, sondern nur durch intensive Reflexion beantworten lassen. Ist der Moderator selbst für die thematische Gestaltung verantwortlich, kann er dies nach eigenem Ermessen im Interesse der Sache vorbereiten. Schwierig wird die Situation häufig, wenn das Thema von einem Auftraggeber bestimmt wird, der mit der Methode des *World Cafés* wenig vertraut ist und in der Formulierung der Ausgangsfragen wenig praktische Erfahrung hat. Auch das Einhalten der vorgegebenen Zeitfenster und ein zügiges Wechseln der Mitwirkenden am Ende einer Tischrunde sind dem Aktionsfeld des Moderators anzurechnen. In etwas schleppenden Phasen einer Tischrunde ist er zudem angehalten, den jeweiligen Gastgeber dabei zu unterstützen, alle Beteiligten zu einer aktiven Mitarbeit zu motivieren. Da es für viele zunächst ungewöhnlich erscheint, etwa auf die Tischdecke zu kritzeln, ist hier eine wohlwollende Ansprache seitens des Moderators hilfreich, der damit deutlich herausstellt, das dieses kreative Verhalten nicht nur durchaus erwünscht, sondern Bestandteil der Methode ist. Aufgabe des Moderators ist es auch, den Gastgeber in seine Rolle einzuweisen und ihm einige Tipps an die Hand zu geben, wie er das Kommunikationsverhalten der Teilnehmenden motivierend beeinflussen kann. Dieses übernimmt anfangs der Moderator selbst, in dem er zu Beginn der Veranstaltung die Methode vorstellt und um eine rege Teilnehme an den Gesprächen bittet.

Vorteile

Im Rahmen der Entwicklung von Moderationsmethoden für große Gruppen wird das *World Café* zunehmend eingesetzt, welches nicht zuletzt den folgenden Vorteilen zu verdanken ist.

+ Das *World Café* ist eine kommunikative Methode, die neue Verbindungen knüpft und vorhandene Kontakte intensiviert.
+ Die ungezwungene Atmosphäre setzt kreative Potentiale frei, die zu anderen Perspektiven und neuen Ansätzen führen kann.
+ Die Teilnehmer profitieren von dem kollektiven Meinungsaustausch und gelangen zu einer neuen Wahrnehmung der Situation.
+ Nach der intensiven Arbeit in einem *Word Café* gehen die Teilnehmenden erfahrungsgemäß respektvoller mit dem Wissenspotential der anderen Teilnehmenden um, da sie

über die Verknüpfung dieser Netzwerkkontakte positive Effekte für das eigene Handeln erfahren haben.

+ Auch aus der passiven Teilnahme an einem *World Café* kann eine Person als Zuhörer wichtige Informationen sammeln. Zwar nutzt sie somit nicht die Chance der Verknüpfung der eigenen Argumente mit denen der anderen Anwesenden, aber auch hierfür sieht die World Café-Methode den erforderlichen Rahmen vor.

Nachteile

Trotz der positiven Entwicklungen in der Moderation eines *World Cafés* werden einige Nachteile diskutiert, die auf folgenden Argumenten basieren:

- Gerade in sehr fachlastigen Themenstellungen wird die Wirkung des *World Cafés* in Frage gestellt. Es geht dabei um die Sorge, dass in Gesprächsgruppen, die aus Personen unterschiedlicher Fachrichtungen bestehen, eine ausreichende Darstellung des jeweiligen Tätigkeitsfelds nicht ausreichend erwirkt werden kann. Wichtig ist in diesem Zusammenhang die Berücksichtigung der grundsätzlichen Eigenschaften des *World Cafés*: Es geht in erster Linie darum, auf einer übergeordneten Ebene die möglichen Kontakte zu nutzen und zu verbinden. Ein intensiver fachlicher Austausch kann nur in themenhomogenen Gruppen stattfinden und ist dann auch im Rahmen eines *World Cafés* möglich und sinnvoll. Dies sollte der Einladende im Vorfeld berücksichtigen und das Thema entsprechend auslegen, um das Ziel der Veranstaltung nicht zu verfehlen.
- Häufig trifft man Vorbehalte gegen das *World Café* in Organisationen an, die es gewohnt sind, Fragen in erster Linie in direktiver und struktureller Weise zu beantworten. Die Methode des *World Cafés* setzt voraus, sich auf diesen freien Raum der Kommunikation einlassen zu können und von den daraus geschlossenen Kontakten profitieren zu wollen.
- Wenn der Gastgeber eines Tisches nicht nachhaltig darauf achtet, dass der Focus der Themenstellung eingehalten wird, kann es passieren, dass die gesamte Runde in informelle Dialoge abdriftet, die zwar für sich genommen sehr interessant sein können, aber in Relation zum Thema doch eher unterwünscht sind.

6.4.4 Moderation einer Zukunftswerkstatt ****

In der Regel geht es in einer Moderation um gegenwartsbezogene Themen, die für das Publikum relevant sind. Der Moderator bereitet den Inhalt für den aktuellen Status der Diskussion entsprechend auf und verhilft auf diesem Wege den Teilnehmenden zu neuen Informationen und Erkenntnissen. Die Arbeit in einer Zukunftswerkstatt bewegt sich auf einer völlig anderen Zeitschiene. Hier steht die Vision einer künftigen Situation im Mittelpunkt, aus der sich die zu ergreifenden Maßnahmen bis in die Gegenwart hin ableiten lassen.

Von der Vergangenheit der Zukunftswerkstatt

Bereits Anfang der 60er Jahre formierten sich erste Entwürfe einer **Zukunftswerkstatt**, zunächst aus dem Bestreben heraus, dem auf Technik und Fortschritt basierenden Ansatz der Zukunftsforschung eine soziale Variante entgegenzusetzen. Ging es zuvor lediglich um die Betrachtung der Entwicklung technisch machbarer Zukunftsvisionen, stellte sich nun plötzlich auch die Frage, wie sich der Mensch mit seinen sozialen Systemen wohl um diese Technik herumbauen möge. Schnell avancierte die soziale Form der Zukunftswerkstatt als beliebtes Werkzeug in die oberen Etagen von Politik und Wirtschaft. Die sich entwickelnde Demokratisierung ermöglichte den Einzug der Zukunftswerkstatt als Moderationsmethode schließlich in alle Ebenen hinein, was nicht zuletzt von Pädagogen und Soziologen intensiv vorangetrieben wurde. In diesem Zusammenhang hat der Zukunftsforscher Robert Jungk das aus drei Phasen bestehende **Grundschema** der Zukunftswerkstatt entwickelt, wie es auch in seiner heutigen Form noch Anwendung findet.

Eigenschaften & Ablauf

Die Zukunftswerkstatt ist eine Moderationsmethode, mit der konkrete Ziele und Lösungen zur Gestaltung zukünftiger Prozesse erarbeitet werden. Die Erarbeitung der Maßnahmen, die zu dem gewünschten Ergebnis führen, ist das erklärte gemeinschaftliche Ziel dieser Methode, wobei die Arbeitsgruppen in einer Workshop-ähnlichen Atmosphäre diese Lösungsansätze fixieren. Der inhaltliche Aufbau der Zukunftswerkstatt ist sehr flexibel und kann daher für alle Personengruppen individuell aufbereitet werden. Der kreative Charakter der Methode erlaubt die Thematisierung aller

Fragestellungen, die im Umfeld der Teilnehmenden in Zukunft von Bedeutung sein werden. Dabei kann es sich beispielsweise um die Vorbereitung der Einführung einer bestimmten Software handeln, um eine neue Definition von sozialen Beziehungen, oder um eine geplante Umstrukturierung einer Organisation.

Die optimale Gruppenstärke liegt in der Regel bei 12 bis maximal 30 Personen. Je nach Art und Umfang des gewählten Themas kann dieses Verfahren mit dem Einsatz eines Moderatorenteams auch für größere Gruppen oder gesamte Organisationen durchgeführt werden.

Die Besonderheit der Zukunftswerkstatt ist der Ansatz an den **unentdeckten Potenzialen** der Mitwirkenden. Ziel ist es, die Arbeit nicht in einer neuen Struktur zu definieren, sondern aus eigenen Kräften heraus neu zu entdecken und zu erfahren. Auf diese Weise werden die in der Gruppe vorhandenen Potentiale und Ressourcen aktiviert und nutzbar gemacht. Diese Methode basiert auf dem Gedanken, die Zukunft als etwas Gestaltbares anzunehmen: Erst wenn ich genau weiß, welches Ziel ich erreichen möchte, lässt sich der Weg dorthin erkennen. Die Zukunft lässt sich nicht erleben, sie kann aber in Form einer intensiv erarbeiteten Vision vorempfunden werden. Wenn die Zukunft als etwas Greifbares bewusst gemacht wird, kann die Gegenwart mit sehr viel entspannterer Zuversicht angegangen werden, aus der sich dann wiederum enorme Motivationsressourcen schöpfen lassen.

Um diese Ressourcen wirkungsvoll hervorheben zu können, folgt die Zukunftswerkstatt einem System von **drei aufeinander folgenden Phasen**, die es den Teilnehmenden ermöglichen, sich an diese Art der Arbeit zu gewöhnen, um die individuellen Potentiale für sich selbst zu entdecken und in die Gruppe einzubringen:

1. Kritikphase

Die Kritikphase dient der Aufnahme des Ist-Zustandes. Sie wird unterstützt von zentralen Fragestellungen: »Was läuft gut«, »Was läuft nicht so gut«, »Was kann verbessert werden«. In dieser Form eines **kollektiven *Brainstormings*** (siehe »Ideenfindung mit Brainstorming«, S. 250) wird alles, was den Teilnehmenden wichtig erscheint, gesammelt.

Hier bietet es sich an, die Kommentare auf Moderationskarten festzuhalten und auf einer Moderationswand zusammenzuführen. Wichtig ist hier, dass die Gruppe in einer bewertungsfreien Zone arbeiten kann. Es muss innerhalb der Gruppe zulässig sein, Unzufriedenheit, negative Erfahrungen oder Verzweiflung kommentarlos und ohne die Befürchtung von Sanktionen aussprechen zu können. Die Kritikphase endet mit einer Bewertungsphase, in der die wichtigsten Punkte herausgestellt werden, um diese als Ausgangssituation für die zweite Phase zu fokussieren.

2. Phantasiephase

Hat die Gruppe die wichtigsten Themen aus der ersten Phase aufgenommen, wird daran in der Phantasiephase intensiv gearbeitet. Dazu ist es erst einmal nötig, sich von strukturellen Vorgaben zu lösen und den Kopf frei zu bekommen, um sich an ungewöhnliche Denkmuster heranzutrauen und Visionen außerhalb des erwartbaren Rahmens zu ermöglichen. Diese Phase ist typisch für die Zukunftswerkstatt und hat sich durch die visionären Eigenschaften auch als **Visionsphase** etabliert. Entgegen der Moderation in normaler linearer Struktur werden die in der ersten Phase erarbeiteten Argumente nicht zwingend als Lösungsgrundlage für die zweite Phase behandelt. Als Orientierungshilfe kann die Gruppe mit einem auf das Thema *Visionen* ausgelegten Moderationsbogen arbeiten, wie er auch in anderen Moderationsformen Anwendung findet (Abb. 6.4-5).

Dazu stellt der Moderator auf die Gruppe abgestimmte Aufgaben, zu deren Lösung *um die Ecke gedacht* werden muss. Dies erfordert ein einfühlsames Vorgehen des Moderators um die kreativen Potenziale der Teilnehmenden freizusetzen. Da in dieser Phase auch dem Unmöglichen Raum gegeben wird, hat sich für diese Arbeitsphase auch der Begriff **Utopiephase** entwickelt. Es bestärkt die Teilnehmer, weit über das Machbare hinaus zu denken, um von dort aus zu einer Vision für das Mögliche zu gelangen. Der Moderator unterstützt diesen Prozess mit der Vorstellung einiger Leitsätze an die Gruppe, wie z. B. »Wenn morgen ein Wunder geschehen würde, was wäre dann plötzlich möglich?«, »Wenn jemand unendlich viel Geld für Ihr Projekt zur Verfügung stellen würde, was wären dann Ihre größten Wünsche?«

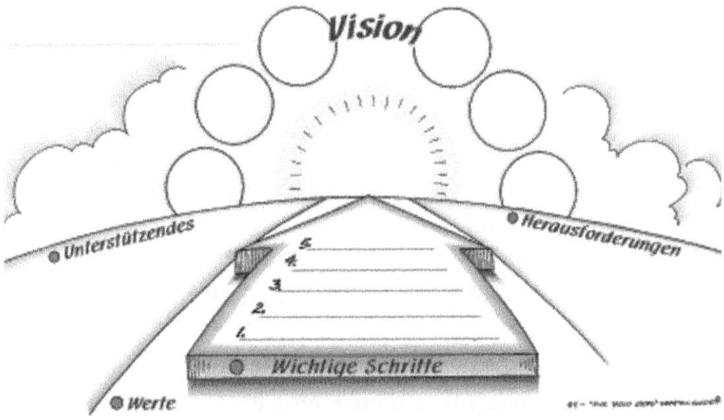

Abb. 6.4-5: Beispiel für ein Moderationsposter zum Thema Vision.

3. Umsetzungsphase

Die Umsetzungsphase oder auch **Praxisphase** nähert sich der Konzeptionierung zuvor erarbeiteter Ideen und Vorschläge, die mit den realen Bedingungen und Möglichkeiten konsolidiert werden. In konkreten Maßnahmeplänen formieren die Teilnehmenden Aufgaben, die verteilt und über Verantwortliche nachverfolgt werden (Abb. 6.4-6). Es ist erstrebenswert, dass sich diese Verantwortlichen zu einem Treffen nach etwa vier Wochen bereit erklären, um die Nachhaltigkeit der Aktionen zu verfolgen.

Zielvereinbarungen als Anlage zur Moderation vom (Datum)

- (Thema)
- (Anwesende Personen)
- Zeit

Aktivität (Was?)	Person (Wer?)	Zeit/ Datum (Wann?)

Abb. 6.4-6: Beispiel für einen Maßnahmenplan als Dokumentation der Vereinbarungen einer Arbeitsgruppe.

Zeitlicher Rahmen

Bei der Arbeit mit der Zukunftswerkstatt ist zu berücksichtigen, dass gerade die Phantasiephase einen längeren Zeitraum benötigt, da sich die Teilnehmenden erst einmal eindenken müssen. In der Regel wird aus diesem Zeitbedürfnis heraus ein Rahmen von zwei intensiven Werkstatt-Tagen empfohlen, obwohl Berufspädagogen und erfahrene Moderatoren sich eine optimale Verweildauer in der Zukunftswerkstatt von drei Tagen wünschen. Allerdings bricht sich diese Vorstellung an den sozialen und wirtschaftlichen Bedingungen der Teilnehmenden, die für diese Maßnahme eigens freizustellen sind, oder nicht selten erst mit dem Einsatz von Urlaubstagen zu aktiven Gestaltern der Zukunftswerkstatt werden.

Das Format der Zukunftswerkstatt hat heute auch in Bürgerinitiativen auf kommunaler Ebene eine besondere Bedeutung. Durch das Bestreben einer informierten und thematisch aufgeklärten Teilnehmerschaft gibt es zahlreiche Projekte, die sich mit der Entwicklung von Städten und Gemeinden befassen. Zu diesem Zweck formieren sich Arbeitsgruppen, die in regelmäßigen Abständen Lösungsmöglichkeiten zu diversen Fragestellungen erarbeiten. Diese Art der Zukunftswerkstätten kann mitunter über mehrere Jahre aktiv sein, bevor ein abschließendes Ergebnis präsentiert wird.

Aufgabe des Moderators

Um die *Zukunftswerkstatt* zu einem greifbaren Ergebnis zu bringen hat es sich in der Praxis als vorteilhaft erwiesen, einen Moderator einzusetzen. Einige mögen die Selbstregulierung innerhalb einer Gruppe bevorzugen, aber spätestens an dem schwierig zu gestaltenden Verlauf der Phantasiephase wird hier die Rolle eines von außen eingesetzten Moderators deutlich. Der Ausgangspunkt einer *Zukunftswerkstatt* wird häufig von aufgelaufenem Unmut und passivem Aushalten struktureller Unzufriedenheit getragen. In dieser Situation ist ein einfühlsames Vorgehen eines Moderators gefragt, der beispielsweise **Killerphrasen** (»Das klappt doch sowieso nicht«, »Das haben wir schon so oft erfolglos versucht«) zu schlichten vermag und die Mitwirkenden zu konstruktiven Meinungsäußerungen aktiviert. Dies ist insbesondere zu Beginn der *Visionsphase* der Fall. Hier ist häufig ein Knackpunkt zu spüren, da keiner der Teilnehmenden der erste sein möchte, der sich mit einer phantastischen Idee outet. Schließlich gibt der Moderator einer derartigen Veranstaltung den entsprechenden Rahmen. Er kann die Abläufe der einzelnen Phasen als neutrale Person erläutern und die Ergebnisse für alle verständlich zusammenfassen. In der Praxis gibt es häufig die Situation, dass sich Teilnehmer nicht zutrauen, ihre kreativen Ideen für die Gruppe zugänglich zu machen, aus Scham oder Angst vor Ablehnung. Hier kann der Moderator die wichtige Rolle des **Mediators**, also eines Vermittlers, übernehmen, und als Botschafter innerhalb der Gruppe fungieren. Letztlich gibt der Moderator einer Zukunftswerkstatt eine professionelle Note, die sich an der Intensität der Arbeit und Nachhaltigkeit der Ergebnisse positiv bemessen lässt.

Vorteile

In vielen Organisationen und Einrichtungen, in denen die Zukunftswerkstatt eingesetzt wurde, sind folgende Vorteile in der Dokumentation der Arbeit zu finden:

+ Der **universelle Charakter** macht die Zukunftswerkstatt für viele Bereiche einsetzbar und kann individuell auf die Bedürfnisse zugeschnitten werden.
+ Da es in erster Linie um die Erarbeitung von visionären Lösungswegen durch kreativen Arbeitseinsatz geht, öffnet sich die Teilnahme auch für Mitwirkende, die fachlich nicht differenziert beteiligt sind, aber doch wichtige Faktoren zu sozialen Voraussetzungen oder Rahmenbedingungen beisteuern können.
+ Die Arbeit jenseits struktureller und institutioneller Grenzen ermöglicht die **Freisetzung kreativer Potentiale** in besonderem Maße und führt oft zu Lösungsansätzen, die unter einschränkendem organisatorischen Denken nicht möglich wären.
+ Durch die **Aufhebung der Hierarchieebenen** während der Werkstattphase ist es den Entscheidungsträgern möglich, Ihre geplante Zielvorgabe an den Ideen der gesamten Gruppe zu reflektieren und somit zu praxisnahen Ergebnissen zu gelangen, die von allen getragen werden können.

Nachteile

Für manche Arbeitsgruppen oder Organisationen scheint die Zukunftswerkstatt nicht die geeignete Arbeitsform zu sein, welches häufig aus den folgenden Nachteilen abgeleitet wird:

- Die Arbeit in der Zukunftswerkstatt erfordert eine momentane **Vernachlässigung von Hierarchien** und Strukturen, um zu einer kreativen ungehemmten Visionsbildung zu gelangen. Diese stellt in Organisationen eine Schwierigkeit in sofern dar, da sich Mitarbeiter in Gegenwart Ihres Vorgesetzten tendenziell anders verhalten, als sie es in einem strukturfreien Raum erwägen würden. Andererseits haben auch Vorgesetzte häufig Hemmungen, sich vor ihren Mitarbeitern auf ein visionäres Denken einzulassen. An dieser Stelle ist der Moderator gefordert, die Teilnehmenden durch sein aktives Auffordern zur Handlung bei einfühlsamer Ansprache zu motivieren, um sie die Schwelle der derartigen Hemmnisse zu überwinden.

- Eine durchdringende Maßnahme, die mitunter ein Umdenken aller in einer Organisation Beteiligten erfordert, benötigt eine enorme *gemeinschaftliche* Ressource an Optimismus und positivem Denken. Aus der Erfahrung wissen wir, dass zwar auf Gruppenebene häufig Zugeständnisse gemacht werden, um das gemeinsame Ziel nicht zu gefährden, dass es aber unterschwellig auf individueller Ebene häufig einen **unterentwickelten Optimismus** gibt, der das Ergebnis der Zukunftswerkstatt unterwandert, welches dann an Zweifeln und fehlendem Zutrauen zu zerbrechen droht.
- Eine besondere Herausforderung ist die Relation der kreierten Visionen und den *machbaren Umsetzungen* in der Realität. Wird vor Beginn der Zukunftswerkstatt von den Verantwortlichen ein Austausch über das verfügbare Budget oder die möglichen Rahmenbedingungen versäumt, kann dies am Ende zu Enttäuschung und Verzweiflung führen. Damit ist eine Demotivation der Teilnehmenden auf breiter Ebene vorprogrammiert und die Zukunftswerkstatt würde sich als Rohrkrepierer erweisen. Hier ist im Vorfeld eine **intensive Evaluation** des Umfeldes erforderlich, die dann in die Praxisphase mit einzubeziehen ist.
- Je nach Intensität der betriebenen Zukunftswerkstatt wird ein **hoher Aufwand zur Vorbereitung** und Durchführung der Aufgaben benötigt. Dieser sollte unbedingt in Relation zu dem erwartbaren Ergebnis stehen, so dass ein angemessener Aufwand vertretbar erscheint und nicht zur Belastung wird.

7 Ausblick ***

In den letzten Jahren hat sich die Art und Weise des Moderierens und Präsentierens grundlegend verändert. Die Hinwendung zu Maßnahmen, die die Teilnehmer involvieren und Präsentationen, die mehr denn je zielgruppenorientiert ausgerichtet sind, hat ein neues Bewusstsein für alle Beteiligten nach sich gezogen. Mit welchen Konsequenzen dies in der Praxis für den Moderator oder den Vortragenden einhergeht, werden Sie im Kapitel »Trendwechsel: Entschleunigung in der Moderation«, S. 287, erfahren.

Wenn Sie bei der Bearbeitung dieses Buches festgestellt haben, dass Ihnen das Thema liegt und Sie sich weiterführend in diesen Zusammenhang einarbeiten möchten, kann es hilfreich für Sie sein, sich der Frage zu widmen, wie sich die Aufgabenbereiche eines Trainers oder Coachs voneinander abgrenzen. In der Praxis wird Ihnen nicht selten diese Frage gestellt und selbst für erfahrende Moderatoren ist die Antwort auf diese Fragestellung nicht leicht aus dem Bauch heraus zu beantworten. Daher finden Sie im Kapitel »Trainer oder Coach, das ist hier die Frage«, S. 292, eine Auseinandersetzung zu dieser Diskussion, die es Ihnen erleichtert, Ihre eigene Position in Ihrer Tätigkeit als Moderator oder Vortragender zu finden.

7.1 Trendwechsel: Entschleunigung in der Moderation ***

Seit einiger Zeit ist in der Moderation ein Trend zu beobachten, der sich wesentlich auf das Verhalten des Moderators auswirkt. Nachdem in Präsentationen jahrelang durch intensive Technisierung aufgerüstet wurde, erfahren wir nun wieder eine Hinwendung zu persönlichen individuellen Fähigkeiten, die sowohl in der Person des Moderators, aber auch in den selbsterfahrenden Lern- und Übungsergebnissen der Zuhörer und Teilnehmer zu finden sind.

Bis vor einigen Jahren noch wurden Präsentationen technisch aufgerüstet. Die Vortragenden konkurrierten regelrecht darum, wer die neuesten Animationstrends beherrschte und diese versiert einsetzen konnte. Nicht selten mündete eine Präsentation in eine preisverdächtige Medien-Inszenierung.

Als es schließlich nichts Außergewöhnliches mehr war, sich der technischen Raffinessen zu bedienen, war der Reiz der weiteren Aufrüstung verloren. Das Szenario einer Präsentation als regelrechtes **Infotainment** hat sich heute in eine andere Richtung entwickelt. Die Spirale der Reizüberflutung hat eine **Entschleunigung** erfahren. Es geht heute mehr um die Qualität der zu präsentierenden Inhalte. Geprägt von der **Vielbezogenheit** der übervisualierten Präsentationen wird heute die Forderung nach Transparenz und moderatem Umgang mit den zur Verfügung stehenden Möglichkeiten erfüllt.

Die dazu parallel verlaufende Entwicklung der Arbeitsprozesse zugunsten von Gruppen-, Team- und Projektabläufen in abgeflachten Hierarchieebenen innerhalb der Arbeitseinheiten haben ein Umdenken in der medialen Gestaltung der Präsentation nach sich gezogen. Wir erleben heute immer mehr, dass es bei der Präsentation z. B. in Arbeitsgruppen oder Moderationen zunehmend darauf ankommt, die Selbstlernkräfte der Zuhörer und Teilnehmer dahingehend zu aktivieren, dass Lernerfolge dauerhaft durch ganzheitliche Motivationseffekte ermöglicht werden.

Diese Entwicklung lässt sich daran erkennen, dass noch vor etwa drei bis vier Jahren eine gute Moderationsleistung mit den Worten: *Das war eine wirklich gekonnte Inszenierung zu diesem Thema!* honoriert wurde. Heute kann sich ein Moderator gelobt fühlen, wenn seine Veranstaltung mit Ausdrücken wie: *Ich hätte nicht gedacht, dass ich zu dieser Leistung selbst fähig bin!* bewertet wird.

Die Erwachsenen-Pädagogik hat sich, nachdem alle Möglichkeiten zur weiteren Technisierung ausgehöhlt schienen, auf die Reise begeben, die Selbstlernkräfte und individuellen Lernleistungen der Teilnehmer und des Publikums wieder zu entdecken. Neben der Ent-Technisierung nehmen spielerische Elemente eine feste Position in der Seminarplanung ein. Auch in Vorträgen hat konventionell eingesetztes Anschauungsmaterial gute Aussichten, computeranimierte Perfektionsleistungen von ihrem Olymp zu verdrängen (Abb. 7.1-1).

Abb. 7.1-1: Neue Wege in der Moderation setzten neue Akzente. Die technische Ausstattung ist nicht unbedingt der Garant für eine gelingende Veranstaltung.

Folgt man dazu der Entwicklung auf dem Weiterbildungsmarkt so wird deutlich, dass sich die Hinwendung zu natürlichen Lerneffekten vor dem Hintergrund geänderter Rahmenbedingungen vollzieht. Die optimale Verbindung der individuellen Arbeitssituation mit einem gewissen Anspruch an Lebensqualität und -gestaltung, setzt unter dem Begriff ***Work-Life-Balance*** intensive Akzente nicht nur in der Berufspädagogik. Eine Präsentation ist nach wie vor mit dem Bemühen einer bestmöglichen Moderatorenleistung zu vollziehen, aber mehr denn je unter Berücksichtigung eines gewissen Wohlfühlfaktors, der die sensiblen sozialen Fähigkeiten des Moderators auf besondere Weise in Beschlag nimmt.

Eine Präsentation gestaltet sich zum Erlebnisraum für die Zuhörer bzw. zur interaktiven Lernwelt für Seminarteilnehmer. Und dies eben nicht im Sinne von technisch aufgepolsterten Megabyte-Konstrukten, sondern auf einfühlsame und dezente Weise, die möglichst viele Sinne erreicht und damit dem neueren Anspruch von ganzheitlichem Lernen, Arbeiten und Leben gerecht wird.

Konsequenzen für die Arbeit des Moderators

Die Entwicklung zu in Teams geformten Arbeitseinheiten bietet Ihnen als Moderator für die Seminargestaltung den Vorteil, dass sich heutige Teilnehmergruppen problemlos in kleine Arbeitseinheiten aufteilen lassen, ohne dass Sie die damit verbundenen Vorgehensweisen umständlich erklären müssten.

So können Sie zum Beispiel einen Seminarraum in mehrere kleine Werkstätten unterteilen, in denen jeweils unterschiedliche Übungen zu verrichten sind. Bezogen auf den Anspruch des ganzheitlichen Lernerlebnisses kann so jeder **Lernort**mit einer Übung versehen werden, die jeweils bestimmte kognitive Fähigkeiten erfordert. Es entstehen **Lerninseln** oder **Lernstationen**, an denen wie in einer Art **Zirkeltraining** unterschiedliche Informationen vermittelt werden, bis schließlich ganzheitlich mit allen Sinnen die zu vermittelnden Inhalte flächendeckend bearbeitet wurden. Auf der Suche nach immer neueren Möglichkeiten, individuelle und faszinierende Ergebnisse für jeden Teilnehmer zu erzielen, haben sich neuere Methoden entwickelt, die z. B. als **Open-Space-Veranstaltung** (siehe »Open-Space-Moderation«, S. 266), **Zukunftswerkstatt** (siehe »Moderation einer Zukunftswerkstatt«, S. 280) oder als **Seminar-Café** (siehe »Moderation im *World Café*«, S. 272) abgehalten werden.

Sie werden damit Ihrer Aufgabe als Moderator auf besondere Weise gerecht: Als Lernbegleiter sind Sie stets parat, um eventuelle Fragen aufzunehmen und können aus der Mitte der Gruppe heraus vor Ort Auskunft geben. Diese Art der Lernerfahrung lässt klassische Sitzordnungen und Gruppengefüge obsolet erscheinen. Zudem unterstützen Sie das Ziel, den Teilnehmern möglichst viel Raum für interaktives Lernen einzurichten. Wie wir wissen, sind Lerninhalte, die durch eigenes Tun erfahren werden jene, die dauerhaft im Gedächtnis abgespeichert werden können.

Hinzu gesellt sich der Wohlfühlfaktor, den Sie als Moderator durch eine ansprechende Raumgestaltung z. B. mit Postern oder angenehmer Beleuchtung unterstützen können. Natürlich sind Sie dabei wesentlich auf die räumlichen Gegebenheiten vor Ort angewiesen. Das heißt also einmal mehr:

Kreativität ist gefragt. Gerade bei einem Vortrag, bei dem sich die Zuhörer eben nicht mit Ihnen auf eine interaktive Lernerlebnis-Reise begeben können, ist eine zusätzliche Visualisierung von Nöten. Aus Erfahrung wissen wir, dass solche Aspekte wesentlich zum Erfolg Ihrer Veranstaltung beitragen, da eine positive Grunddisposition im Verhalten der Teilnehmer der Grundstein für eine erfolgreiche Moderationsleistung ist.

Wenn es die Sache also wert ist und Sie den Eindruck haben, die Zuhörer sind *geländegängig* genug, um Ihre Gestaltungsideen anerkennend zu würdigen, kann Ihre Ideenkiste vielleicht einige der folgenden (erfolgreich erprobten) Möglichkeiten zur Vorbereitung einer faszinierenden Visualisierung preisgeben:

- Große Pflanzen in den Raum stellen.
- Kleinere Topfpflanzen auf Tischen platzieren.
- Zum Thema passende Bilder oder Poster aufhängen.
- Auf kahlen Wänden farbige Stoffbahnen drapieren.
- Diverse Ausstellungsstücke aufstellen.
- Eine Bücherauswahl aus Ihrer Literaturliste zur Einsicht auslegen.
- Stühle mit verschiedenen farbigen Sitzkissen (evtl. in Logo-Farben des Unternehmens) belegen.
- Zusätzliche (gesunde) Minisnacks auf den Tischen verteilen.
- Kleine Gegenstände auf die Plätze legen und diese thematisch in den Vortrag einbinden.
- Selbsthaftende Zettel (evtl. mit Informationen, Bildern oder Antworten versehen) oder kleinere Gegenstände unter die Tischplatte (wahlweise unter den Stuhl) kleben und im entsprechenden Moment in den Vortrag integrieren.
- Während eines Vortrags geeignetes Anschauungsmaterial durch den Zuhörerraum wandern lassen.
- Zusätzliche Stehlampen (mit Dimmer) für eine optimale Raumausleuchtung einsetzen.
- Mit Duftmaterialien wie Räucherstäbchen, Kerzen oder Öllampen eine gute Atmosphäre erzeugen (besonders wirksam bei Veranstaltungen am Abend).
- Installieren von diversen Medien als **Visualisierungsinseln** (anlehnend an den Begriff *Lerninsel*) im Raum: in

der einen Ecke ein Flip Chart, in der anderen eine Pinnwand, etc.).

- Für zusätzliche räumliche Akzente mit farbigen Stoffen bespannte Pinnwände als Trennwände oder Raumteiler aufstellen.

Letztlich sind Ihrer Phantasie bei der Gestaltung weiterer Ideen zur Visualisierung ihrer Veranstaltung keine Grenzen gesetzt. Achten Sie nur darauf, dass Ihr gut gemeinter Visualisierungs-Eifer nicht überzogen wirkt und dass sich die inszenierten Anschauungsobjekte auch thematisch in Ihrer Präsentation wieder finden, um ein rundes und ganzheitlich durchdachtes Konzept zu liefern. Je weiter Sie sich dabei mit der Kreativität Ihrer Bemühungen aufs Eis begeben, desto mehr Zeit müssen Sie in die Vorbereitung investieren, damit Sie sich mit dem professionellen Ablauf der einzelnen Elemente intensiv vertraut machen. Sicherlich können wir uns hierbei auf eine gewisse Routine verlassen. Aber nicht selten fordert doch das von außen an uns heran getragene thematische Einfühlungsvermögen eine besondere Improvisationsleistung, die gerade den Reiz einer gelungenen Moderation begründet.

7.2 Trainer oder Coach, das ist hier die Frage ***

In der Frage der Abgrenzung der Begriffe *Trainer* und *Coach* gibt es häufig Diskussionen über die richtige Zuordnung. Auch als Moderator kommt man öfter in die Situation, sich als Trainer oder eben als Coach zu erklären. Je nach fachlicher Perspektive kann es mehrere richtige Denkansätze geben. Im Rahmen der Moderations- und Präsentationsthematik können jedoch beide Handlungsrichtungen zweifelsfrei voneinander abgegrenzt werden.

Welche Eigenschaften hängen Ihrer Meinung nach mit dem Begriff »Trainer« zusammen und welche gelten eher für die Bezeichnung »Coach«?

Nicht selten wird einem als Moderator die Frage gestellt, ob man sein Tätigkeitsfeld eher als Coach oder Trainer wahrnimmt. Für viele mag es auf den ersten Blick keinen wesentlichen Unterschied geben. Zu Verunsicherung führt nicht zuletzt die Anlehnung an den englischen Sprachgebrauch, in dem ein Trainer als *Coach* bezeichnet wird und umgekehrt. Auch in offiziellen Erklärungen, wie sie beispielsweise in steuerlichen Zusammenhängen oder in Fragen der Existenzgründung notwendig sind, herrscht Uneinigkeit über die begriffliche Abgrenzung, so dass nachstehende Definitionen zur Erhellung beitragen und den Moderator im Rahmen seiner Selbstdarstellung unterstützen mögen.

Berufs-pädagogischer Ansatz

Nach dem Verständnis der berufspädagogischen Wissenschaft liegt die Differenzierung zwischen Trainer und Coach in folgendem Ansatz begründet:

Für den Trainer

Als Trainer gelten in der Berufspädagogik solche Lehrenden, die mit ihrem Trainingsangebot ein spezielles Thema behandeln, dies aber nicht an spezifischen Einzelfällen oder Personen dingfest machen. Es geht mehr um die Vermittlung der sachrelevanten Inhalte als um die Lösung eines individuellen Problems. Die **Didaktik** ist unspezifisch und richtet sich nach dem aktuellen Stand der Wissenschaft und an der Zielgruppe aus. Ein Trainer präsentiert seine Ergebnisse und ist nicht unbedingt gehalten, die Inhalte zu bewerten und in den gesamten Kontext zu implementieren.

Für den Coach

Ein Coach hingegen hat die pädagogische Aufgabe, eine individuelle Didaktik zu finden, die einem spezifischen, oft an Einzelpersonen gebundenen Problem zur Heilung (im Sinne einer Lösungsstrategie) verhilft. Der Plan zur Durchführung des Coachings ergibt sich meist aus den Teilergebnissen des fortlaufenden Prozesses und ist nicht unbedingt zielorientiert. Daraus ergibt sich eine mitgehende Didaktik, die sich dem jeweiligen Status der Erhebung anpasst. Es geht mehr um den rechten Zugang zur Problematik, als um die Einhaltung eines pädagogischen Leitfadens. Im Ergebnis versucht der Coach, die erarbeiteten Aspekte gegeneinander abzuwägen, um somit auf konkrete Perspektiven zu verweisen. Die Didaktik richtet sich hierbei auf diesen individuellen Fall und muss nicht zwangsläufig wiederholbar sein.

Arbeitssoziologischer Ansatz

Aus der Sicht der Arbeitssoziologie werden Trainer und Coach folgendermaßen unterschieden:

Für den Trainer

Ein Trainer stellt sich zur Verfügung, für eine Einzelperson oder eine Gruppe einen Trainingsplan zu erstellen, um anhand dieses Leitfadens Kenntnisse in einem bestimmten

Sachgebiet zu vermitteln und zugleich auf den sozioökonomischen Zusammenhang zu verweisen. Es geht um die praktische Anwendung der erlernten Kenntnisse und deren Realisierung in sozialen Kontakten am Arbeitsplatz. Das Training ist auf die Zukunft gerichtet und stärkt Kompetenzen der Teilnehmer auf ihre umgehende Verwertbarkeit hin.

Für den Coach

Ein Coach nimmt nach arbeitssoziologischer Sichtweise den Bezugspunkt seiner Arbeit aus der individuellen Situation einer bestimmten Person oder Gruppe. Ein Coaching ist ein personifiziertes Training, welches sich intensiv einem bestimmten Sachverhalt widmet. Ziel ist es, bestimmte Verhaltensmuster zu überwinden und eine Situation durch die Einschätzung aus einer anderen Perspektive neu zu entdecken. In einem Coaching geht es mehr um die Bearbeitung störenden Verhaltens, unangenehmer Situationen oder aufgespürter individueller Bedürfnisse, während ein Training sich mehr dem theoretischen Kontext widmet, um die Teilnehmer theoretisch in bestimmten Interessenfeldern zu fundieren. Ein Coach verhilft dazu, für ein soziales Feld neue Parameter zu stecken und das Verhalten nach ihnen auszurichten. Wichtig ist in diesem Zusammenhang die bewusste Aufnahme der Ist-Situation, die als wichtiges Fundament bestimmend für die weitere Vorgehensweise ist.

Glossar

Affirmation *(affirmation)*
Eine Affirmation ist eine zustimmende, bejahende Aussage. Der positive Charakter einer Affirmation dient in verschiedenen Wissenschaften dazu, persönliche Motivationsanreize zu schaffen. So wird z. B. ein wünschenswerter Zustand formuliert, der in Form einer Affirmation (»Ich bin glücklich!«) das Bewusstsein positiv beeinflusst.

bilateral *(bilateral)*
Zweiseitig, von beiden Seiten ausgehend. (Syn.: zweiseitig)

Brainstorming *(brainstorming)*
Eine Kreativitätstechnik zur Entwicklung neuer Ideen. In einer *Brainstorming*-Sitzung äußern die Teilnehmer zunächst ihre Ideen und ergänzen die Ideen anderer Teilnehmer. Hierbei ist jegliche Kritik an den geäußerten Ideen verboten. Erst in einer zweiten Phase werden die gesammelten Ideen strukturiert und hinsichtlich ihrer Umsetzbarkeit bewertet.

Bullettierung *(bullets)*
Ausgehend vom englischen Begriff »bullet« (Kugel), beschreibt die Bullettierung eine bestimmte Art und Weise der Aufzählung. Dabei wird nicht, wie üblich, eine Auflistung über den Einsatz von Spiegelstrichen, sondern über deutlich sichtbare Punkte (Bullets) vorgenommen. Zusätzliche Variationen bietet der Einsatz von Symbolen oder Piktogrammen als Aufzählungszeichen. Diese Maßnahme dient in der Moderation und Präsentation der zusätzlichen Visualisierung. Eine Auswahl an verschiedenen »Bullets« ist in Computerprogrammen standardmäßig vorhanden.

Cluster *(cluster)*
Cluster sind »Klumpen« von Informationen. Dabei werden Wisseneinheiten, die ähnliche Merkmale aufweisen, zu einem Haufen zusammengefasst. Bei der Arbeit mit Moderationskarten strukturiert man Karten, bis sich verschiedene Themen herausbilden. Die zusammengehörenden Karten bilden jeweils ein *Cluster* (engl. cluster: eine Anzahl von zusammengefügten oder zusammengewachsenen Elementen, Häufung von einzelnen Teilen, ungeordnete Menge, Traube, Büschel, Gruppe).

Corporate Design *(corporate design)*
Einheitliche Gestaltung des Erscheinungsbildes einer Organisation oder eines Unternehmens. Es geht hier ausschließlich um die visuelle Wahrnehmung, also um gleichförmige und farblich identische Entwürfe bei der Gestaltung sämtlicher Kommunikationsmittel und Produktlinien, die in einer Unternehmung eingesetzt werden. Ein einheitliches »Corporate Design« wirkt auf das Gesamtbild des Unternehmens und unterstützt somit die »Corporate Identity«.

Corporate Identity *(corporate identity)*
Ausgehend von der Bedeutung des Wortes »corporate« (engl. gemeinschaftlich) und »identity «(engl. Identität) beschreibt die Corporate Identity ein gemeinschaftliches Erscheinungsbild eines Unternehmens nach außen hin. Dies kann sich z. B. in Form von wiederkehrenden

Symbolen und farblichen Elementen, einheitlichen Kleidungsstücken der Mitarbeiter, oder werbeträchtigen Maßnahmen ausdrücken. Entscheidend ist hier der Wiedererkennungswert, welcher eine identitätsstiftende Funktion für das Gesamtbild der Organisation hat.

Didaktik *(didactics)*
Die Didaktik stellt die Frage, wie in der Praxis Lehren und Lernen funktionieren kann. Dabei geht es neben der Aufbereitung der Lerninhalte auch um den theoretischen Kontext der Inhalte.

Didaktische Reduktion *(didactical reduction)*
Um dem Lernenden die Wissensaufnahme zu erleichtern, können Informationen so aufbereitet werden, dass aus einer Fülle von Fakten lediglich solche herausgefiltert werden, die dem aktuellen Lernprozess dienlich sind. Auf diese Weise reduziert sich die Fülle von Informationen, so dass eine Konzentration auf das Wesentliche möglich ist. Solch eine »didaktische Reduktion« ist ausschlaggebend für ein intensives Sachverständnis, sowie für die Sicherung des persönlichen Lernerfolgs.

Empathie *(empathy)*
Einfühlungsvermögen; die Fähigkeit, sich auf Bedürfnisse und Stimmungen anderer Personen in besonderem Maße einstimmen zu können.

Ganzheitliches Lernen *(wholistic learning)*
Der Prozess des ganzheitlichen Lernens sieht vor, den Lernenden mit all seinen Sinnen einzubeziehen. Das Lernen an sich wird somit zu einem sehr intensiven Prozess der Informationsverarbeitung, so dass nachhaltige Lernerfolge erzielt werden können. Über das Lernen mit allen Sinnen werden zusätzliche Potenziale der Selbstmotivation freigesetzt, weil der Lernende diese Art der vielseitigen Wissensaufnahme als interessant und spannend empfindet. Ganzheitliches Lernen ist effektiver, weil es eine hirngerechte Aufbereitung der Inhalte berücksichtigt.

Infotainment *(infotainment)*
Ein Kunstwort, das sich aus den Begriffen »Information« und »Entertainment« zusammensetzt. Es geht also um Information bei gleichzeitiger Unterhaltung und umgekehrt.

monolateral *(monolateral)*
Einseitig, von einer Seite ausgehend. (Syn.: einseitig)

Netzplan *(network plan)*
In einem Netzplan werden Vorgänge, Projektphasen oder Meilensteine in Form einer Grafik dargestellt. Die Grafik ist so aufgebaut, dass der jeweilige Fortgang der einzelnen Abschnitte in entsprechenden Feldern abgelesen werden kann.

Physiognomik *(physiognomy)*
Physiognomik bezeichnet den Zusammenhang zwischen äußeren physiologischen Merkmalen einer Person und deren psychischer Befindlichkeit. Im Laufe der Sozialisation werden bestimmte Interpretationen von Äußerlichkeiten übernommen, die zwar wissenschaftlich diskutiert, aber nicht eindeutig nachweisbar sind. Die Physiognomik zählt zu den Pseudowissenschaften.

pt *(pt)*
Typografische Einheit zur Bestimmung der Schriftgröße.
1pt = 0,3528 mm.

Rating *(rating)*
Schätzung im Sinne einer Klassifizierung. In der Pädagogik werden auf diese Weise Bewertungen vorgenommen, um zu bestimmten Rangfolgen oder Gruppierungen zu gelangen. In der Moderation dient dieses Verfahren hauptsächlich dazu, aus mehreren Argumenten eine sinnvolle Rangfolge zu bilden.

Scoring *(scoring, score)*
Eine Art der Bewertung, der ein zuvor definiertes Punktesystem zugrunde gelegt ist. In pädagogischen Zusammenhängen wird in einem Scoring-Verfahren aus einer großen Anzahl von Argumenten, Listeninhalten, Beiträgen oder Objekten eine Auswahl getroffen. Auf diese Weise werden die Inhalte mit größter Priorität herausgefiltert. Diese Art der Bewertung kann mit Markierungspunkten, aber auch als schriftliches Abstimmungsverfahren erfolgen.

Selbstevaluation *(self-evaluation)*
Unter Evaluation an sich versteht man eine Bewertung oder Beurteilung. Selbstevaluation ist also eine Bewertung der eigenen Person oder Leistungen.

serifenfrei *(without serifs)*
Unter Serifen versteht man die kleinen Strichabschlüsse an den Buchstabenenden. Je nach Schriftart können diese mehr oder weniger ausgeprägt sein. Handelt es sich um eine Schriftart, bei der diese kleinen Endstriche (auch »Füßchen« genannt) fehlen, handelt es sich um eine serifenfreie Schrift. Eine serifenfreie Schrift ist beispielsweise Arial.

Sokratische Lehre *(Socratic Method)*
Der griechische Philosoph Sokrates war der Begründer der »sokratischen Lehre«. Es geht dabei nicht um einen reinen Dialog zwischen Lehrendem und Lernendem, sondern um eine kritisch-reflexive Argumentation, die dem Lernenden in erster Linie dazu verhelfen soll, durch Selbsterkenntnis zur Lösung des Problems zu gelangen. Der Lehrende beobachtet dabei die Reaktionen des Befragten und lenkt das Gespräch in eine entsprechende Richtung.

Unternehmenskultur *(business culture)*
Basis gemeinsamer Werte, Haltungen oder Denkmuster, auf die sich die Zusammenarbeit der Mitarbeiter einer Unternehmung stützt. Die Unternehmenskultur ist eng verbunden mit der Unternehmensethik einer Organisation. Die angehörigen Mitarbeiter teilen die gleiche Auffassung zu bestimmten Haltungen oder Orientierungen. Das Handeln der Repräsentanten einer Organisation nach unternehmenskulturellen Werten wird in der Unternehmensphilosophie sichtbar.

Literatur

[Scha08]
Schaake, Monika; *Anforderungen an die moderne Rede*, in: manager-Seminare, Heft 124/ Juli 2008, 2008, S. 32–40.

Sachindex

Z